智元微库
OPEN MIND

成 长 也 是 一 种 美 好

大额保单
成交攻略

曾祥霞 著

JUMBO
INSURANCE
TRANSACTION STRATEGY

人民邮电出版社

北京

图书在版编目（ＣＩＰ）数据

大额保单成交攻略 / 曾祥霞著. -- 北京 ：人民邮
电出版社，2021.4（2022.3重印）
　ISBN 978-7-115-55583-0

　Ⅰ．①大… Ⅱ．①曾… Ⅲ．①保险业务 Ⅳ.
①F840.4

　中国版本图书馆CIP数据核字(2020)第244628号

◆ 　　　著　　曾祥霞
　　　责任编辑　王振杰
　　　责任印制　周昇亮
◆ 人民邮电出版社出版发行　　北京市丰台区成寿寺路 11 号
　 邮编 100164　 电子邮件 315@ptpress.com.cn
　 网址 https://www.ptpress.com.cn
　 三河市中晟雅豪印务有限公司 印刷
◆ 开本：720×960　1/16
　 印张：18.5　　　　　　　　2021 年 4 月第 1 版
　 字数：260 千字　　　　　　 2022 年 3 月河北第 2 次印刷

定　价：108.00 元

读者服务热线：（010）81055522　印装质量热线：（010）81055316
反盗版热线：（010）81055315
广告经营许可证：京东市监广登字 20170147 号

创业难，守业更难，后面这个"难"主要与传承有关。从本质上讲，财富创造与传承就是从风险中获取与保全收益，因此，高净值人群经常借助现代金融工具降低风险。毫无疑问，保险就是一种有效的避险工具。曾祥霞在这本书里介绍了大量的风险案例与应对策略，值得各位奔命在路上的创业者与企业家一读。

——陈开元

恩萌投资创始人、直达金融创始股东、乐宁教育创始人

高净值客户的财富管理需求主要体现在财富保护、家族传承与长期稳定收益3个层面，大额保单是家族传承规划中的必要配置。在财富管理发展的新阶段，要做好买方投资顾问服务，就要真正长期帮助客户管理好风险。《大额保单成交攻略》结合不同案例，分析了财富管理的各种风险，并给出了实用的应对策略和建议，对致力于财富管理行业的从业者来说，是一本值得研读的好书。

——李　文

民生银行私人银行创始人、中国家族财富管理行业的推动者和实践者

财富管理的价值链由三部分构成：财富积累、财富保全和财富传承。保险则是贯穿始终的人身和财产风险管理的重要工具。《大额保单成交攻略》通过对大量鲜活案例的分析，为保险在人身和财产风险管理上的中国场景应用进行了开拓性的尝试，积累了丰富的方法和策略，值得该领域专业人士学习与借鉴。

——刘　锋

中国银河证券首席经济学家

如果拉长时间维度，财富应该用风险来衡量。正如作者所言，只有剥离了风险的资产，才能称之为财富。而风险无时不在，无论是"活得太长"还是"走得太早"，都可能潜藏风险，危及个人、家庭、企业乃至财富传承。而且，风险不仅有内部风险和外部风险，还有人性带来的道德风险。《大额保单成交攻略》的每一个章节都在解析贯穿人的生命周期的种种风险。大额保单的真正价值并不在于资金的多少，而在于它应对整体风险的功效。

——王立鹏

《家族企业》杂志主编

作者基于丰富的实操经验与长期的理论探索，不吝将多年的积累汇集成文，普惠大众，不禁令人欣喜。这本《大额保单成交攻略》与作者3年前的力作《大额保单操作实务》，可谓互为呼应，相得益彰。书中针对高净值客户的风险管理与保险规划，进行了全面的阐述，内容翔实，深入浅出，堪称匠心之作。本书既可作为该类客户的知识读本，又可作为广大从业者的指导手册。

——王　鹏

明亚保险经纪股份有限公司副总裁

除了众所周知的保障、理财功能，大额保单业务还将"创造财富，守护财富，传承财富"完美结合，是当今社会不可或缺的财富保全与传承利器。《大额保单成交攻略》不仅拥有丰富、生动的案例，作者总结的技巧也让人受用无穷。它的出版，不仅让专业人士可以更系统地交流业务知识，也为投资者全面认识大额保单打开了一扇窗户，让投资者与专业人士共同绘制家庭财富的完美蓝图。

——王思聪

北京市互联网金融行业协会秘书长

《大额保单成交攻略》提供了大额保单的正确打开方式。对于保险从业人员而言，它可以帮助他们真正地了解客户需求，找到最合适的组合；对于使用者而言，它可以帮助他们提高认识、辨别、运用保险工具的能力；对于学术研究人员，它也具有非常高的参考价值。无论你站在哪个角度，本书都会助你一臂之力，为你扫清家族财富保全与传承道路上的障碍。

——颜怀江

磐合家族办公室创始人

正处于黄金期的中国保险产业吸引了越来越多优秀人士的加入，但如何准确把握客户需求并实现落单是保险销售人员共同思考的问题。本书为大家提升业绩提供了丰富的参考案例和清晰的思路，其核心内容是让销售人员站在家族办公室合伙人视角思虑客户的真正需要，从而通过找准需求点并实施周全服务，达到提升保险销售业绩的目的。只有帮助客户用买方思维做出配置安排，才能快速、有效地实现大额保险业务的成交。

——郑锦桥

嘉富诚家族办公室创始人

与作者相识不觉已经15年了，那时候的曾曾才刚刚走出校门、步入职场，虽不免青涩、稚嫩，但充满朝气，锐意敢为。如今的她，青涩早已褪去，尽显成熟与知性，但朝气依旧，锐意不减。从保险经纪人、金融管理师，到专业杂志的特约撰稿人、全国巡讲嘉宾，再到私人银行家俱乐部的创始人、金融作家，她既是市场实践者，又是授业解惑者，还是相关理论的研究者与科普者，一身数职，在不同角色之间游刃有余，俨然已是专家风范。

我国保险业的发展与国民经济的发展几乎是同步的，1978年改革开放，继而1979年保险业复业。目前，我国GDP排世界第2位，保费规模也排世界第2位。如今，整体经济经过了40多年的高速增长，正面临市场转型、产业升级等压力，但保险业仍属于朝阳产业，方兴未艾。仅以保险深度为例，目前我国不足5%，尚低于世界平均水平，这与市场规模第2位的水平是不相匹配的，也说明了我国保险业在国民经济中的地位与作用尚待提高，市场潜力依然巨大。

我国保险业的发展潜力来自不同板块，一方面，随着全民步入小康社会，中等收入人群不断增多，医疗、养老等基础保障的需求愈发旺盛，一定额度的商业保险已逐渐成为大多数城镇居民的标配；另一方面，高净值人群规模增长快速，其相对特殊的债务隔离、资产传承等需求，以及保险在此类问题中独特的功用，也极大地激发了大额保单市场，使其成为我国保险业持续增长的重要动因之一。

保险是基于风险产生的金融工具，是重要的风险管理手段。而风险的最大特性就是不确定性，是否发生、何时发生、影响大小、损失多少都难以预知，故而需要未雨绸缪。不同人群的风险承受能力不同，需重点关注的风险类型不同，保险的配置方法与额度选择自然也不同。对于普通家庭来说，一场意外或罹患重病往往可能成为无法承受之重，需要提早通过保险进行风险转嫁。对于高净值人群而言，普通风险未必会造成太大的影响，但商业风险、债务风险、婚姻风险、继承风险等都可能对其财富产生重大影响。而在应对这些风险时，保险同样有着不可替代的作用。保险除了具有最本源的分摊风险的保障功能，伴随其发展，还逐渐衍生出了资产保值、指定受益、合理避债、合理税务筹划等功能。虽然任何保险都不可能规避和消除风险，但可以将风险所引发的影响与损失降至最低。

总之，风险永远是不可预知的，保险也无法改变这一点，但完善的保险规划，却能让人们在未知的忧虑中获得已知的安全感，就像英国前首相丘吉尔曾说的："保险是唯一的经济工具，能够保证在未来一个不可知的日子，有一笔可知的金钱。"缺乏合理的保险配置的人生就像一场豪赌，赌赢了只是省下了些许的保费，赌输了却可能倾家荡产。无论升斗小民，还是亿万富豪，对于安全感的诉求是人人必备的，从而保险也就成了现代家庭中不可或缺的资产选项。越是高净值客户，越需要综合、全面地规划与配置保险。

中国的高净值人群规模增长之快世所罕见，但究其发展周期，尚显短暂。20世纪80年代，"万元户"曾是富豪的代名词；90年代，百万富翁也是凤毛麟角。由此可见，大多数人的财富激增皆发生于近二三十年内，原始积累刚完成不久。对很多人而言，诸如家企债务分离、婚姻财产规划、多元化资产配置、合理税务筹划、家族财富传承等课题都还是全新的和未被思考的。所谓

"术业有专攻",专业之事应托与专业之人,所幸这一领域现已聚集了不少具有开创精神的先行者,一如本书的作者。

作者基于丰富的实操经验与长期的理论探索,不吝将多年的积累汇集成文,普惠大众,不禁令人欣喜。这本《大额保单成交攻略》与作者3年前的力作《大额保单操作实务》,可谓互为呼应,相得益彰。书中对高净值客户的风险管理与保险规划,进行了全面的阐述,内容翔实,深入浅出,堪称匠心之作。本书既可作为该类客户的知识读本,又可作为广大从业者的指导手册。

还望作者继续精进业务,笔耕不辍,创作出更多的佳作。

明亚保险经纪股份有限公司副总裁

普通人需要保险，难道超高净值人群就不需要保险了吗？

从表面看，超高净值人群拥有巨额财富，享有优质的医疗条件，根本无须担心生活和养老问题，似乎完全不需要保险。事实上，超高净值人群比普通人有更深层的担忧，如企业发展、代际传承等，这些不确定性因素都会给他们的财富增添一份风险。因此，超高净值人群更需要保险。

在磐合家族办公室服务超高净值客户的8年中，我曾遇见一位民营企业家客户，其所创办的综合性集团拥有境内外上市公司，资产总额逾300亿元。他育有5个儿女。当年过半百、两鬓斑白时，他开始思考家族的可持续发展问题。如何让家族成员在企业发生意外时仍可维持一定的生活质量？如何确保5个孩子不会因为家产纷争而产生矛盾？最后，他想到了一个办法——编撰一部《家法》，把自己的想法写在里面，通过《家法》进行家族治理，使家族财富得以永续传承。

该客户的《家法》，从起草到终稿，耗时1年多。内容涵盖了家族愿景、家族价值观、家族传承规划、家族成员权利义务等多个方面，其中很重要的一部分就是对家族成员未来生活的保障安排。其中，《家族成员享有权利、义务及奖惩原则》第八条规定，核心家族成员享有按照《家法》有关规定（包括但不限于家族信托）获得家族企业收益分配，享有获得保险、教育、医疗、成年前生活保障、失业生活保障、养老生活保障等福利待遇的权利；第十五条规定，家族成员的子女出生后享有成长储蓄保险，家族成员享有健康医疗、终身寿险等保险。

企业不可能一直存在，家族却需要永续传承。对家族而言，如何保障子孙后代的传承与企业存续解绑，并获得源源不断的资金供给？不少企业家已经将公司财产和家族财产分离，打造家族的永续现金流——通过对债券、股权、地产、保单等投资组合的管理，构建一个底层的资产包，为家族成员提供长期、稳定的现金流。该资产包的投资回报与家族成员的能力、家族企业经营的好坏无关，从而最大限度地规避了因企业发展、代际传承等不确定性带来的风险。在众多底层资产中，保单是确定性最高的资产，无论是终身寿险、年金险还是健康险，都能把家族成员未来可能遇到的风险转嫁给保险公司，带来持续稳定的现金流，保证家族"财富大厦"屹立不倒。

整体而言，保险在实现超高净值人群非投资性目标上具有独特且不可或缺的作用。回归其本源，英文单词Insurance（保险）包含Insure（确定），意指把不确定性因素转为相对确定性因素。

事实上，保险是风险管理的有效手段，被保险人通过支付保费的方式将风险最大限度地转嫁给保险公司。即使在盛行"高风险，高收益"的投资界，也有一句经典名言："百鸟在林，不如一鸟在手。"面对重要的选择题，保底思维很重要，"百鸟在林"和你没关系，先要保证"一鸟在手"。

在保险领域，我经历了20多年理论与实践的探索。1990年，我在读大学，本科专业是保险学；1993年，我取得了保险经纪人执照；1995年，我取得精算及财务工程硕士学位。通过近20年的私人银行和家族办公室服务经验，我认为保险本质上是收入减去支出的稳定器，它通过科学的精算实现风险损失的均摊。与信托公司存在期限错配、项目错配、风险错配的问题不同，保险更为简单明确、适用性更高。保险在合同成立的时候，就实现了每位客户的保费支出及理赔收入的有效匹配。

我与祥霞相识近10年。2005年，在获得国际金融理财师（Certified Financial Planner，CFP）认证后，我开始致力于财富管理及私人银行的人才培养，至今已有3万多名学生。祥霞是2012年北京CPB①培训班的班长，她是一名随时对学习新知识饱含热情的学生。在探索事物本质上，她的执着精神给我留下了深刻的印象。同时，祥霞具有"利他"的人格特质，2013年，她推动成立了私人银行家俱乐部并担任理事长，带领一群财富管理行业的同路人共同学习与成长。在俱乐部运营了五六年后，祥霞开始了她的创作历程，希望通过书籍帮助更多需要了解保险的人。我为祥霞的成长感到骄傲，并发自内心地为她感到高兴。

本书提供了大额保单的正确打开方式。对于保险从业人员而言，它可以帮助他们真正地了解客户需求，找到最合适的组合；对于使用者而言，它可以帮助他们提高认识、辨别、运用保险工具的能力；对于学术研究人员，它也具有非常高的参考价值。无论你站在哪个角度，本书都会助你一臂之力，为你扫清家族财富保全与传承道路上的风险障碍。

磐合家族办公室创始人

2020年8月3日

---

① 注册私人银行家职业资格（Certified Private Banker，CPB）是在私人银行与财富管理方面的专业资格，培养私人银行部的高级客户经理和管理人员。CPB由国际金融专业人士协会（International Society of Financial Professionals，ISOFP）组织授权认证，主要通过认证课程提升学员的专业能力，其次为注册会员提供各种优惠和好处。

时光荏苒，自2017年1月第一本书《大额保单操作实务》面世，到2018年年底第二本书《中国式慈善基金会》的顺利出版，我成为"挂牌作家"转眼已经过去3年多的时间。在这几年中，随着保险市场的发展和人们保险意识的提升，年缴千万元甚至上亿元的大额保单频繁见诸报端，"大额保单"的概念也伴随着私人银行、境外保单、家族信托、家族办公室等相关的财富管理①业务在国内的发展而得到广泛的传播。

财富的高速增长，催生了大额保单市场。可以说，大额保单的需求是随着财富积累与高净值人群增长而发展的。根据招商银行与贝恩公司公布的《中国2019私人财富报告》，2018年，中国个人可投资资产总规模达190万亿元。高净值人士达到197万人，比2016年增加了约40万人，他们共持有61万亿元的可投资资产。其中，超高净值人士约17万人，持有资产25万亿元。从世界范围来看，瑞信研究院《2016年全球财富报告》显示，截至2016年，中国以1.1万超高净值人士的规模位居亚军，北美地区以7.34万人的规模傲视群雄，德国以6100人的规模名列第三。

---

① 财富管理是一种综合金融服务，由专业财富管理人员通过分析和评估客户财务状况与生活状况，明确客户的财富管理目标，最终帮助客户制订合理的、可操作的财富管理方案，使其能满足客户人生不同阶段的需求，并最终帮助客户实现自由、自主、自在的人生。

　　无论从中等收入阶层的人口数量来看，还是从家庭平均占有财富的规模来看，中国都已经跃居世界前列，同时对财富管理行业的需求将出现井喷式爆发的现象。人们财富管理的心态和理念也愈发成熟、开放，财富管理方面的需求也越来越复杂和多元化。他们已不再只是单纯地追求收益，而是更关注如何在保障现有财富安全的情况下实现财富稳健增值，并能将财富有效、有益地传递给下一代。他们的目光也不再囿于国内市场，而是更加积极、主动地参与海外投资。

　　在这样的时代大背景之下，财富管理行业面临新的发展与挑战。可以说，过去20年考验的是财富家庭创造财富的能力，未来20年考验的是财富保全和传承的智慧。在财富保全和传承的过程中，人们常常遇到各种各样的挑战，如家企不分、夫妻不分、代际传承，由此衍生的种种风险，都有可能危及家庭的财富基石，从而导致"家庭财富败局"。因此，作为从业人员，我们必须做好专业知识的储备，积极投身到财富管理的实践当中。

　　如何更好地理解保险在财富管理中的作用？我们可以一起来玩两个拆字游戏。我们知道，世界上大多数人寿保险公司都会用"LIFE INSURANCE"来表示"人寿保险"，我们来看"LIFE"这个单词，"L"可以理解为"LIVE"，有"生活""生存"的意思，"E"可以理解为"END"，是"结束"的意思，中间剩下两个字母是什么？是"IF"，意即"如果"。人生有起点也有终点，这两件事情是确定的，但是在这个过程中会存在很多"如果"，有好的"如果"，也有坏的"如果"，这就是不确定性，我们将这种不确定性称为"风险"。一般提到"风险"，我们更多地会想到生老病死残，这是狭义的风险概念；对于高净值客户而言，在企业经营、婚姻存续、财富传承等过程中，他们都会面临各种各样的风险。

　　当"如果"不期而至，你是否做好了准备从容面对？另一个拆字游戏则给我们提供了解决方案。既然人生有那么多的"IF"，我们把它"IN SURE"

即可，保险的本意就是这个意思，将"如果"放置到"确定"之中，保险应运而生。LIFE INSURANCE就是关于生命风险的确定性工程。私人财富管理的重点就在于，在公司资产之外，用完税之后的资金，搭建一个具有资产隔离效果的法律架构。作为财富风险管理的重要工具，大额保单能够发挥资产界定的作用，从而达到风险隔离的效果。

然而，就像很多人懂得了很多的道理，还是过不好这一生一样，我们很多业务同人学了很多知识，还是会遭遇"大额保单成交难"的问题。归根结底，是不同的人在理解用户和理解产品的能力方面存在巨大差异。真正理解用户需求和产品特点的人，才能成功地架设起供需两端的桥梁。

如何认识大额保单的作用与意义，如何让大额保单为客户财富保全与传承赋能，如何给客户一个成交的理由，需要我们具备"三度空间"。有深度，财富管理细分领域众多，每个人都要有安身立命的工具；有广度，大额保单三分专业，七分杂学，你需要什么都略懂一点，才能和客户愉快地聊天；有温度，理财师与客户之间、理财师之间，我们期待有温度的连接，传递行业正能量。

那么，如何获得这样的能力？书中也给出了明确的答案：一是需要具备大额保单成交的思维模型；二是通过对"KK系统"的刻意练习。所谓"KK"，就是KYC和KYP，"Know Your Clients, Know Your Products"（懂你的客户，懂你的产品）。在信息大爆炸的时代，我们应该化繁为简，直击大额保单成交的本质，通过大量KYC和KYP的刻意练习，逐渐完善财富管理行业知识与技能体系的拼图，从而取得技能上真正的提升，这也是一个逐渐认知自我（Know Yourself）的过程。

结合这两年新的实操经验，我重新梳理了风险管理需求点及运用场景等相关体系，萃取其中精华，并在此基础上创作了本书。全书旨在与大家共同探讨财富管理中的风险需求和成交攻略，希望通过本书，可以让关注大额保单领域的理财师和高净值人群均有收获。希望和你一起，穿越财富陷阱的重重迷雾，探索风险管理的共同法则，实现家庭财富的健康成长。

本书一共分为6章：人身风险攻略、品质生活攻略、婚姻财富规划攻略、家企隔离攻略、税务安排攻略、家族财富传承攻略。在各章中，我将为大家详细剖析每一个模块的风险需求点，从而形成一个理论体系，并在后续内容中针对不同的需求点提供相应的规划策略，希望对大家的实际业务能有所帮助和启发。

感谢我在财富管理行业的两位引路人——明亚保险经纪副总裁王鹏先生与磐合家族办公室创始人颜怀江先生，感谢他们为本书撰写推荐序。感谢陈开元先生、李文先生、刘锋先生、王思聪先生、王立鹏先生以及郑锦桥先生为本书撰写推荐语。感谢人民邮电出版社王振杰先生对本书创作给予的宝贵意见。感谢青年篆刻师传奇先生为本书篆刻印章。感谢财富管理行业各领域好朋友们的支持。感谢许文乐、侯松涛、孟宪石等律师为我答疑解惑法律方面的问题！感谢我的家人一直以来对我无条件的支持和陪伴！感谢大额保单"霞客岛"的岛友们！感谢祥霞家族办公室各位小伙伴的一路同行！感谢每一位在我成长过程中帮助我、鼓励我的朋友！

罗辑思维创始人罗振宇说："要做时间的朋友。"我也想对大家说：在财富管理的路上，我们已经走过了几年的时光，希望未来的5年、10年，甚至更长的时间里，我们依然在一起！在时间的长河中，我们相伴成长，共同浇铸行业的勋章！

最后，再次感谢广大读者朋友们一路的陪伴。谢谢你们，一直在！希望你们，一直都在！

曾祥霞

2020年7月5日

目录
CONTENTS

引　言　财富的风险管理 / 1

第 1 章　人身风险攻略 / 15

实现人力资本的定价问题 / 16

用大额重大疾病保险搭建健康风险管理体系 / 25

用高端医疗保险锁定健康风险费用 / 35

用大额年金险助力优质养老 / 42

第 2 章　品质生活攻略 / 51

双管齐下做好教育规划 / 52

做好投资风险管理 / 59

用保险金信托助力特殊家庭成员保障 / 70

品质生活现金流规划 / 77

第 3 章　婚姻财富规划攻略 / 83

做好婚前财产安排 / 84

巧用法律架构加强对婚内资产的保护 / 94

以大额保单架构预防离婚后资产被无谓分割 / 101

构建对抗共同债务的财富壁垒 / 109

用大额保单打造完美嫁妆 / 118

再婚家庭的婚姻财富规划 / 124

第 4 章　家企隔离攻略 / 131

合理选择投保人，建立家业和企业的"防火墙" / 132

巧设保单受益人，合法隔离现金流 / 债务风险 / 141

使用代为清偿权部分保全家庭财产 / 148

巧用低现价产品或无现价产品保单应对担保风险 / 156

股东互保助力企业股权平稳过渡 / 163

用保单质押贷款换取东山再起的资本 / 171

附录 4A　关于股权比例的 5 个重要数据 / 177

第 5 章　税务安排攻略 / 183

税收居民身份与大额保单规划 / 184

剥离企业税务风险，实现大额保单规划 / 194

大额保单应对遗产税税源问题 / 201

CRS 时代的大额保单规划 / 208

第 6 章　家族财富传承攻略 / 219

有控制力的财富传承 / 220

用"信托 + 保险"预防婚变对家族财富的影响 / 228

以个人资产法人化化解代持风险 / 235

设定防"败家子"计划 / 241

不同财产类型的传承规划 / 248

构造家族财富传承系统 / 256

后　记　进攻或可试错，防守无法重来 / 265

参考文献 / 273

财富的风险管理

2000多年前，司马迁在《史记·货殖列传》中写道："天下熙熙，皆为利来；天下攘攘，皆为利往。"2000多年后，斗转星移，沧海桑田，科学技术日新月异，尽管人类社会得到了大发展，但芸芸众生似乎还是在为了各种利益而奔波。然而，从某种程度上讲，正是人们对财富的孜孜以求，跨越历史长河，推动了人类社会的极大发展。

财富是什么？创造财富的目标是什么？财富用什么来衡量？关于财富的终极问题引领我们走进财富管理领域，探索关于财富的奥秘。

关于财富的思考

从2005年踏入金融行业到现在，笔者的身份发生过数次变化，从保险经纪人到银行理财顾问，再到买方定位的财富工作室的创建者；从财富沙龙的组织者到台上的讲授者；从创业女性到金融自媒体人；从杂志专栏作者到畅销书作家。每一次身份的变化，都会给笔者带来全新的生命体验和启示。笔者发现，不管身处哪个位置，笔者的工作与学习都是围绕财富管理这件事情展开的，在生活中自然而然就会谈论到钱的话题，也经常会遇到各种各样与钱相关的故事。

这些故事的主角，有踩准点实现财富倍增的时代弄潮儿，也有在股市中被深度套牢的黯然神伤者；有遭遇流动性危机而临时抱佛脚以致焦头烂额的企业家，也有通过提前做财富规划，在风险到来时从容面对的幸运儿；有因为各种原因一夜暴富的"投胎小能手"，也有很快就花光家产的败家子……

更多的人如你、如我，认认真真地生活，踏踏实实地工作，或多或少学了一些财富管理知识。花开花谢，潮起潮落，看得多了，我们会不由得去思考一些关于财富的问题。世间的财富，大体上要用钱来衡量。那么钱究竟是什么？

世上本没有钱，自从有了商品交换，才出现了真正意义上的"钱"。从物物交换到贝壳等实物货币，从白银到黄金，从纸币到数字货币，钱以不同的形式出现在人类社会发展的各个时期，被人们使用着。

钱的出现简化了交易程序，促进了社会分工，提高了生产效率，加速了技术发明的出现，从而促进了整个社会的发展。也正是因为有了钱这样一个媒介，人类的财富才有了更好的衡量尺度，财富的计量也才有了强有力的技术支撑。

然而我们会发现，无论在东方文化中还是在西方文化中，很多人对钱的态度都是比较矛盾的。一方面，人们鄙视钱，视金钱如粪土，觉得有钱人都是为富不仁的，西方的经典文学也把葛朗台、威尼斯商人这样的有钱人描写得面目可憎；另一方面，钱又被当作很高的衡量标准，比如"朋友值千金"、一诺千金、时间就是金钱，等等。

确实，有些人为了追求财富，做出了很多有悖人伦的事情，甚至不惜铤而走险，走上违法犯罪的道路；同时，也有很多人用钱扶危济困，雪中送炭。

事实上，钱就如同一把双刃剑。当我们控诉金钱伤人的时候，是钱本身有问题吗？正如凶手用菜刀杀人，是应该怪菜刀，还是怪凶手？钱只是一面棱镜，折射出了人性的善与恶。

在财富管理领域，一般把财富的管理分为以下4个阶段：创造财富、享受财富、保全财富、传承财富。创造财富是处于第一位的，那么创造财富的终极目标是什么呢？有人是为了生活，有人是为了活着，有人是为了财务自由，有人是为了自我实现，还有人是为了财富的传承。正如一千个人心中有一千个哈姆雷特，这个问题没有标准答案，不同的答案各有各的道理！

对大多数人而言，创造财富的目标首先在于让生活变得更美好。就如我们所做的工作，我们提供了自己的体力或智力，从而得到一个相应的对价，获取自己正当的收入，为的就是让自己和家人生活得更幸福。我们身边的客户也是如此。但在现实中，我们会发现很多人并没有在享受财富带来的幸福感，而是被财富绑架。举一个耳熟能详的经典案例：一对夫妻拼命工作挣钱，买了一栋海景别墅，结果夫妻俩为了还贷，依然每天早出晚归，而他们家的保姆每天做完家务，便抱着家里的猫在阳台晒太阳，面朝大海，春暖花开。这个故事固然有演绎的成分，但是我们会发现，有时候我们走得太快，结果忘了自己最初的梦想。

当财富对幸福的效用出现边际递减效用的时候，更多人会希望通过创造财富实现自己更宏大的人生目标，比如利用财富传承实现家族的基业长青，又如投身慈善以回馈社会。正所谓"穷则独善其身，达则兼济天下"。

我很喜欢这样一个小故事：小狗问妈妈，幸福在哪里，妈妈说"在你的尾巴上"，小狗就去咬它的尾巴，却怎么也咬不到。它沮丧地告诉妈妈，说自己总抓不住幸福，妈妈笑着说："只要你往前走，幸福就会一直跟着你。"我想财富也是如此，只要你一直开心地往前走，它就会一直跟着你！

人们对财富的追求，造就了人世间多少悲欢离合；对金钱的执着，牵动了多少人的喜怒哀乐。正所谓"成也有你，败也有你；生也有你，死也有你。悲也因你，喜也因你；来也因你，往也因你"。

既然绕不开，不如拱手作揖，道一句："你好，孔方兄！"来一场与钱的对话！

财富管理处理的就是我们与财富的关系。财富是什么？财富从哪来？或许每个人心中都有一个独一无二的答案。那么，财富用什么来衡量？货币、时间、购买力、资产、价格？从财富保全和传承的视角看，笔者认为财富是用风险来衡量的。关键不在于你创造和累积了多少财富，而在于你的财富管理存在多少风险，能否隔离风险、消化风险。

例如，为了扩大生产，大部分企业会负债经营，那么企业贷的这笔款能算作家族财富吗？这里恐怕要打一个问号。又如，在财富传承的过程中，因为后代的婚姻出状况而导致家族资产完整性遭遇破坏，这里的家族资产能算真正的财富吗？这也需要打一个问号。从风险管理的角度来看，只有真正剥离了风险的资产，才能被称为财富，才能真正顺利地被传承下去。

近年来，我们身边屡屡出现亿万富翁"跑路"、入狱、自杀、破产的案例。笔者研究发现，尽管富人阶层在不断壮大，私人资产在不断增长，但是，大多数人对自己的资产没有明确的概念，不知道也从未考虑过自己的资产是否存在风险以及存在多大的风险，更不用说采取手段去规避和防范风险。而风险一旦发生，大多数人往往损失惨重，甚至倾家荡产，毕生心血付诸东流。

所以，财富并不是简单的一串数字就可以衡量的，纸上富贵并非财富，真正挤掉风险的水分，才是踏踏实实的、货真价实的财富。

风险与风险管理

什么是风险？我们将通过两种动物说明。第一种是黑天鹅。17世纪之前的欧洲人认为，天鹅都是白色的，但随着澳大利亚第一只黑天鹅的出现，这个不可动摇的信念被颠覆了。"黑天鹅事件"（Black swan event），意指一类非常难以预测且不同寻常的事件。这类事件通常会引发市场的连锁负面反应，甚至是颠覆效应。"黑天鹅事件"引起了著名财经作家纳西姆·尼古拉斯·塔勒布（Nassim Nicholas Taleb）的注意，他在《黑天鹅》一书中对此问题进行了详尽的研究。在这一堪称具有革命性意义的书中，塔勒布研究了高度不可能事件以及不可预期事件的强大影响力，相当精彩且极具启发性。目前，大众熟知的黑天鹅事件有："泰坦尼克号"沉没、"9·11事件"、东南亚海啸、次贷危机，或者一场突如其来的自然灾害。

相对于黑天鹅事件的难以预见性和偶发性，灰犀牛事件则是在一系列警示信号和迹象之后出现的大概率事件。这是米歇尔·渥克（Michele Wucker）提出的一个颠覆认知的现象级词汇。灰犀牛事件是可预测、可感知、可预防的，正如犀牛的个体很大，大多数的危险并不来源于突如其来的灾难或者太过微小的问题，更多的是因为我们对问题长久地视而不见，没有给予其足够的重视，从而导致严重后果。例如，全球气候变暖、公司的风险积累导致破产，如柯达。

黑天鹅事件提醒我们要注意那些意料之外的事件，认识到其发生的可能性；而在每一个黑天鹅事件的背后，都潜藏着一个巨大的灰犀牛式危机。无论黑天鹅还是灰犀牛，在面对这些风险时，我们都应该有一个防患于未然的态度。风险在哪里？风险有多大？如何管理风险？我们需要了解并分析这些风险的特点，未雨绸缪。

以前提到风险，我们更多的会想到生老病死残，这是狭义的风险概念；对于高净值客户来说，在企业经营、婚姻存续、财富传承等过程中都存在不同的风险。在全球化的今天谈论风险，更需要我们拓宽眼界，打破思想壁垒！大家可以做一项小调查，你的高净值客户有没有可能拥有海外的产业？你的高净值客户会不会在境外做了资产配置？再比如，在全球税务透明的背景下，共同申报准则[①]的全面实施会对拥有境外资产的客户造成什么样的影响？这些都需要我们具有全球视野和全局风险观，协助客户，针对不同的风险类别发生的可能性和影响进行评估与防范。

一般情况下，风险管理的方法包含以下4种：风险自留、风险规避、风险控制和风险转移。为了更好地理解风险管理，我们首先来看风险的两个维度：风险发生概率和风险损失程度，如表0-1所示。

表0-1 风险发生概率与风险损失程度

	损失小	损失大
发生概率小	1. 猫抓狗咬 2. 意外受伤 3. 交通小事故	1. 重大疾病 2. 火灾 3. 飞机失联 4. 婚姻破裂
发生概率大	1. 感冒发烧 2. 飞机晚点 3. 女朋友迟到	1. 资产混同 2. 吸二手烟 3. 富不过三代

1. 风险自留

风险自留又称风险承担，是指个人主动承担风险，即以自有资源弥补损失。对于发生概率大且损失程度小的风险，如感冒发烧，可以通过自由资金支付看病费用。实际上，风险自留是一种积极的风险控制手段，它会使人们为承受风险损失而事先做好种种准备工作，例如，积极锻炼身体等，努力将风险损失降到最低。

---

① 又称"统一报告标准"，Common Reporting Standard，CRS。CRS的提出者是经济合作与发展组织（OECD）。该概念来自美国的《海外账户税收遵从法案》（FATCA）。CRS旨在推动成员之间税务信息自动交换，虽然不是具有法律效力的范本，但发起CRS的OECD提倡各成员应按照要求，签署公民信息交换的协议。

2. 风险规避

风险规避是指事先预料风险产生的可能性，判断导致其发生的条件和因素，并在事前规划尽可能避免。风险规避是较彻底的风险控制方式，采取有效的风险规避措施可以完全消除某一特定风险，而其他风险控制手段是通过降低风险概率和损失程度减轻风险的潜在影响。例如，若知道某个地方近期地震频繁发生，就可以选择取消去该地方的行程。

3. 风险控制

风险控制是指在对风险投资的风险因素进行充分辨识和分析的情况下，事前对风险进行预测和预控，降低风险发生的可能性或风险发生后的损失程度。对于可控的风险因素，可以通过计划、组织、协调等方式对其加以预防和控制；对于不可控的风险因素，可以采用风险规避、风险转移等方式进行处理。

4. 风险转移

风险转移是指风险承担主体通过合同或非合同的方式将风险转嫁给另一个人或单位的一种风险处理方式。风险转移是对风险造成的损失的转移，当风险来临时，以小额且确定的成本，补偿大额且不确定的损失。对于发生概率小且造成损失大的风险，风险转移的方法最为经济实用。

可以用保险的方式进行转嫁的风险必须是可保风险，它一般需要具备以下特征。

第一，风险发生的概率比较小，而损失往往比较大。

第二，必须存在大量具有同质风险的保险标的，这样可以保证风险发生的次数及损失值以较高的概率集中在一个较小的波动幅度内。在实务中，保险人为了保证自身经营的安全性，常常采用再保险方式，在保险人之间分散风险，这样集中起来的巨大风险在全国甚至国际范围内得以分散，被保险人得到的保障和保险人经营的安全性都得以提高。

第三，具有确定的概率分布。对于保险人而言，通过正态分布正确选择经验数据至关重要，有些统计概率，如人口死亡率等，具有一定的"时效性"，对于这种经验数据，保险人在做决策时一定要随时关注。

第四，损失发生必须具备随机性，即风险的发生是偶然的、意外的、非出于投保人本意的，并且是超出投保人控制范围的。

第五，损失必须是可以确定和测量的，损失发生的原因、时间、地点均可被确定以及损失金额可以测定，如此才能对保险合同中的保险责任、保险期限等做出明确规定。

第六，损失不能同时发生，例如，战争、地震等非系统性风险，发生概率极小，一旦发生，保险标的会大规模受损，这类风险一般被列为不可保风险。随着保险公司实力的日渐雄厚，保险新技术的不断发展，再保险市场的进一步扩大，一些原本不可保的风险已被保险公司列在保险责任范围之内。

我们由此可以看出，不同的风险类型适用于不同的风险管理方式，同时，4种风险管理方法的运用并非孤立的，结合起来可以发挥更大的功效。通过合同的形式将风险转嫁给另一个机构，化不确定为确定，这样的风险转移方式正是现代意义上的保险。作为现代社会最为重要的金融工具之一，保险所具备的独特功能让其越来越广泛地被运用于人们的日常生活和商事活动中。

作为一种保障机制，保险是我们在做人生财务规划时必须用到的工具。从经济角度看，保险是分摊意外事故损失的一种财务安排；从法律角度看，保险是一种合同行为；从社会角度看，保险是社会经济保障制度的重要组成部分，是社会生产和社会生活"精巧的稳定器"；从风险管理角度看，保险是风险管理的一种方法。正如英国前首相丘吉尔所说的："保险是唯一的经济工具，能够保证在未来一个不可知的日子，有一笔已知的金钱。"保险的运用不是要改变你的生活，而是为了确保你的生活不会被改变。就像我们前面所述，在风险管理中，最大的风险就是我们永远无法预知什么是最大的风险，就像我们永远不知道"黑天鹅"什么时候会来临。但我们可以未雨绸缪，做好应对，如此才能尽量避免家庭财富的损失，真正享受自由、自主、自在的人生。

重新认识保险

前文我们提到关于财富的两点思考，并且引入风险管理的维度，为大家剖析在财富管理过程中有可能面临的问题。作为风险管理毋庸置疑的领衔工具，保险究竟是什么呢？我们一起来回顾一下保险的发展历程。

3000多年前，希腊的《海商法》就确定了"共同海损分摊"原则，即如果某位船员为了全体人员的利益（如减轻船只载重），把自己的货物泡入海中，这个损失应由全体海员分摊，这也是近代海上保险的萌芽。

古今中外，不管是《礼记·王制》提出的"耕三余一"，还是西亚两河（底格里斯河和幼发拉底河）流域古巴比伦王国收取赋金救济制度；不管是3000年前长江商人刘牧的货物分担，还是14世纪意大利发起的海上保险，都有一个共同的出发点——为了"转移风险，均摊损失"，因为谁也无法预知风险是否会落到自己头上、何时会落到自己头上。保险以损失分摊的方法，用多数单位和个人缴纳保费建立保险基金，使少数成员的损失由全体被保险人分担。当同质的、可测量的、正态分布的、随机的风险大量出现时，便可以通过现代数学精算的技术将风险进行分析、评估，进而采用风险转移的手段对风险进行管理，最常见的工具就是保险。现代保险的保费正是在大数法则的基础上，对风险发生概率及其损失程度通过数学精算的方式计算得出的。

风险是一个事件，这个事件会有多个结果，究竟会出现哪个结果我们不知道，但可以预先知道每种结果出现的概率。比如掷硬币，正面朝上或反面朝上，事先并不能确定，但是正面和反面出现的概率我们是知道的，都是0.5。在"以很大的概率损失一小笔钱"和"以很小的概率损失一大笔钱"之中，你会如何选择？大多数理性的人会选择前者，保险正是基于这样的心理倾向而产生的。保险符合人性，因此能够不断扩展。

通过上面的介绍，我们了解到保险是一种非常科学的风险管理工具。其实，它同时也是一份法律合同。接下来我们从保险这一法律合同各方关系人的权利与义务角度来重新解构保险。图0-1是人寿保险合同各方关系人的权利与义务思维导图。

首先，投保人核心的权利表现为保险财产的所有权、退保获取现金价值、红利及收益，其核心义务则是支付保费；保险人的核心权利为收取保费，核心义务则为支付保险金；被保险人为保障的标的，其最核心的权利是获取理赔金和生存金；受益人最大的权利就是获得赔偿金，当然，受益人是可以变更的。需要特别提醒的是，被保险人和保险受益人拥有的一个权利，叫代为清偿权，这个权利可以支持我们设立一些架构。

鉴于保险独特的法律架构，资产所有权依据一定的法律规定在四方关系人中进行转移，这是任何其他传承工具所不具备的特点。可以说，大额保单的保全和传承正是在所有权的转移过程中实现的。大额保单的投保人和被保险人可以在法律规定的范围内，灵活指定大额保单受益人及其收益比例，并可以在大额保单赔付之前，更改受益人及其受益比例，从而实现财富的传承，甚至是代际的精准传承。

基于这些权利和义务，笔者为大家总结了大额保单的十大特性，统称为大额保单特性之"CBDA"。C是指一个中心，即保险姓保，这是必须坚守的大原则，具体表现为保险的杠杆性和确定性。B即两个基本点，由于保险合同

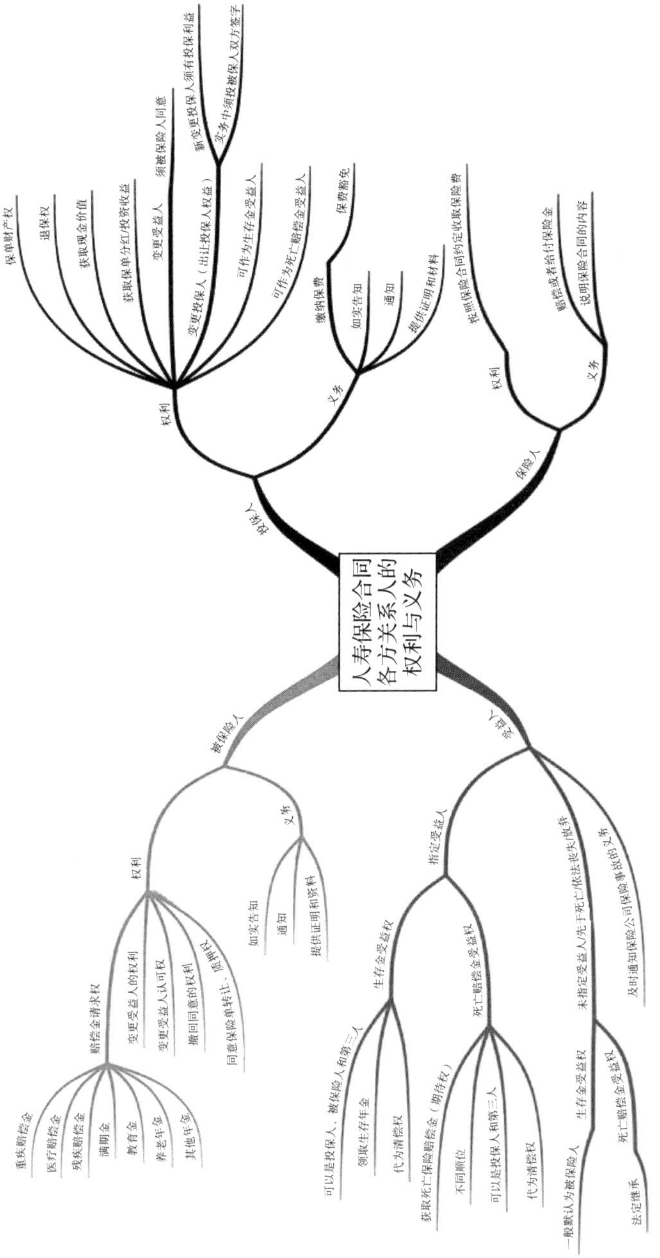

图0-1 人寿保险合同各方关系人的权利与义务思维导图

的射幸性①，以理赔为时间节点，一是理赔前，二是理赔后。基于保险合同的射幸性，理赔前保险合同的权属更多归属于投保人，理赔后则成为受益人的理赔金，实现财产的转移。D是指人寿保险通过财产的流转从而实现家企、婚变及财富传承中风险的隔离。A是指保险的四大法律属性。

保险的四大法律属性如下。第一，人寿保险是一份法律合同。其合同性表现在，保险合同是以投保人和保险公司为相对人，以被保险人的寿命和身体为标的，同时牵涉生存受益人和死亡受益人的特殊合同。第二，财产属性的不确定性。人寿保险合同存续期间，一般对投保人而言具有财产属性；人寿保险合同因保险事由发生而产生给付时，对受益人而言具有财产属性。第三，人身属性。人寿保险合同因涉及被保险人、受益人等的人身权益，与一般合同相比，受到更多的特殊法律保护，另外，保险的医疗费赔偿在《中华人民共和国民法典》②（以下简称《民法典》）中明确为夫妻一方的个人财产，是天生带着"法律保护罩"的财产。第四，财产分割复杂性。由于人寿保险财产属性的不确定性，如受益人具有可变更性和保险事故发生产生理赔金给付导致财产归属的不确定性，且一般缴费期比较长，由此使得财产分割增加不少复杂性。

如果仅仅从保险的金融属性出发，人寿保险的收益性或许并不是最好的，也不会太灵活，但是因为保险本身是一份法律合同，而且是一份涉及四方关系人的合同，这样的法律特性决定了财产可以通过某些方式实现转移，因此保险在财富的保全过程中具有不可替代的作用。当然，保险自身的保全功能是有一些小瑕疵

① 射幸性是指保险人并不必然履行赔付义务。——编者注
② 《中华人民共和国民法典》，由中华人民共和国第十三届全国人民代表大会第三次会议于2020年5月28日通过，自2021年1月1日起施行。自施行之日起，《中华人民共和国婚姻法》《中华人民共和国继承法》《中华人民共和国民法通则》《中华人民共和国收养法》《中华人民共和国担保法》《中华人民共和国合同法》《中华人民共和国物权法》《中华人民共和国侵权责任法》《中华人民共和国民法总则》同时废止。

的，搭配法律文件（如协议、遗嘱或信托）来使用，保全效果才可能达到最佳。

当笔者在外面演讲时，很多学员会问一个问题：什么是大额保单？多大的单子才算大额保单，这是一个相对的概念。刚入行的从业人员会认为年缴十几万元或几十万元就属于大额保单了，而另外一些保单诸如高端医疗，保费每年只有几万元，但是给客户带去的却是上千万元的保障，因此，不需要对此进行特别的限定。只要对自己来说有突破，对客户有帮助就是好的大额保单设计。大额保单一般包括健康保险、储蓄类的大额分红、年金类的大额保单和终身寿险。其中终身寿险也包括几类，例如万用寿险（Universal Life，UL）、变额万用寿险（Variable Universal Life，VUL）和指数型万用寿险（Index Universal Life，IUL）。

保险是非常科学的风险管理工具，风险管理包含在大的私人财富管理之中。在金融服务日趋完善和发达、竞争日益白热化的今天，我们不仅要弄清楚保险是什么、风险管理是什么，还需要了解什么是财富管理，必须从财富管理的大框架去看保险的位置及其作用。财富管理是一种综合金融服务，由专业财富管理人员通过分析和评估客户财务状况与生活状况，明确客户的财富管理目标，最终帮助客户制订合理的、可操作的财富管理方案，使其能满足客户不同人生阶段的需求，并最终帮助客户实现自由、自主、自在的人生。财富管理一般包含投资规划、风险管理和保险规划、税务筹划、退休养老规划、特殊事件规划、资产保全和财富传承等模块。对于家族企业，财富管理还会涉及家族企业的产权梳理和股东保护。

那么，我们未来的市场机会在哪里？

随着时间的推移，高净值人士的财富目标发生了迁移，从最初聚焦"创富"到现在更关注"财富的保障和传承"，"稳健"成为高频关键词。在2009—2011年的调研中，"创造更多财富"这一目标高居中国高净值人群的财富目标首位。2013年，高净值人士初步度过辛苦打拼事业的奋斗期后，愈发看重如何更好地保障自己和家人今后的生活，"保证财富安全"首次跃升为首要财富目标，同时"财富传承"的重要性日益增强。近年来，"保证财富安全""财富传承""子女教育"一直作为高净值人群最关注的财富目标，"创造更多财富"则被挤出前三位。

　　财富管理行业的从业人员，旨在帮助无数的财富家庭形成正确的、适合的财富观，并且理清自己的财富目标、自身实际状况与财富目标的差距，以及需要配置什么资源，同时，认清财富管理工具的优劣势、可能面临的风险和获得的收益，最终形成合乎自己情况的财富管理解决方案。

🕐 精进时刻

　　在"以很大的概率损失一小笔钱"和"以很小的概率损失一大笔钱"之间，你会做出什么样的选择呢？

_____

_____

_____

第 *1* 章

人身风险攻略

　　"保险的意义，只是今天为明天做准备；生时为死时做准备；父母为儿女做准备；父母在儿女幼时为儿女长大时做准备；如此而已。今天为明天做准备，这是真稳健；生时为死时做准备，这是真旷达；父母为儿女做准备，这是真慈爱。能做到这三步的人，才能算作现代人。"1933 年 4 月 9 日，上海《申报》"人寿保险专刊"第四期，刊出了胡适论述保险价值功用的一段话。

　　从家庭财务安全的角度出发，对冲人身风险最有效的方式依然是保险。本章我们将从保险保障本源出发，探索大额保单在保险保障方面的需求，并提出相应的成交攻略，具体内容包括：实现人力资本的定价问题、用大额重大疾病保险搭建健康风险管理体系、用高端医疗保险锁定健康风险费用、用大额年金险助力优质养老。

实现人力资本的定价问题

　　"人固有一死，或重于泰山，或轻于鸿毛。"司马迁如是说。何为轻于鸿毛，何为重于泰山？有没有一个评判标准？古人的观点着眼于人生价值的实现；在现代社会，当我们对"人生价值"进行量化时，如一个家族成员对家族的贡献几何，人力资本的内容就提供了理论基础。那么，人力资本如何定价？保险的保额为我们提供了一个非常好的量化工具。

风险案例

　　米先生今年45岁，是一家互联网科技公司的高管及创始人团队成员。凭着实干的精神、聪明的头脑，米先生很快成为公司骨干团队中的一员。随着公司在纳斯达克上市，米先生一跃成了互联网新贵，身价陡增。完成了财富的原始积累之后，意气风发的米先生决定与几位同事成立一个创投基金，基于大家的成长历程和经验，为创业者赋能。

　　米先生是一位很有责任心的人，膝下一儿一女，米太太全职在家相夫教子。10多年前，米先生和米太太购买了一些重大疾病保险；前些年，米太太在保险业务员的推销之下，给全家配置了高端医疗保险，其他保险尤其是寿险几乎没有。

　　事实上，对于寿险，米先生一开始是较为排斥的，尤其看不上寿险的"收益"。但是，基于对孩子们的责任心，同时因为体验过商海沉浮，明白创投的风险并不小，在这样的背景下，米先生认为保险理财师的推荐有一定道理，可以通过保险的方式，为自己的人力资本定价，如若发生什么风险事件，可以为家人留下一笔丰厚的资金。

因为有境外业务，米先生经常往返于境内外，眼界也比较宽。国内外的寿险保单，应该如何选？米先生也向保险理财师提出了自己的疑惑，希望可以通过规划，真正达到自己的财务目标。

风险分析

人身风险归纳起来有3句话：走得太早，活得太长，遭遇疾病和残疾。"走得太早"是指应尽的责任未尽，尤其当风险发生在一家之主身上时，对于一个家庭来说，这无疑是"灭顶之灾"。正如案例中米先生所考虑的，只要自己身体健康，固然可以让妻子、孩子幸福快乐地生活、成长，若有一天风险来临，如何顾全家人？"活得太长"是指假如没有对未来的生活做好安排，尤其是财务安排，就容易出现"人活着，钱没了"的状况。从某种角度讲，长寿也是一种风险。"遭遇疾病和残疾"带来的伤害往往是3种风险中最大的，因为一旦身患重大疾病或者残疾，不仅意味着高昂的医疗费用支出，同时该名家庭成员创造财富的能力将被大大削弱。因此，我们需要一种工具去对冲或者转移这些风险对家庭财务造成的影响，这种工具就是人寿保险。

家族资产一般可以分为金融资产、人力资本、无形资产、社会关系与资源，其中最重要的就是人力资本，因为人才辈出是家族世代传承的关键。20世纪60年代，美国经济学家舒尔茨和贝克尔创立了人力资本理论（Human Capital Theory）。人力资本是指劳动者因在教育、培训、实践、迁移、保健等方面得到投资而获得的知识、技能和体力（健康状况）的积累，亦称"非物质资本"。由于这种知识与技能可以为其所有者带来工资等收益，因而形成了一种特定的资本——人力资本，也可称为人一生的时间价值或者人的生命价值，更通俗的解释就是：这个人值多少钱。

在现代社会，每个人都可以通过自己的劳动获取相应的财富，实现自己的生命价值。一个人一辈子可以挣多少钱？这不仅与其才智、能力有关，也与其机遇有关。当然，最根本的还是与其拥有健康的体魄有关。虽然不能万事都用金钱去衡量，但是在家庭或者家族中，每个家族成员都有其人力资本，如何将其量化？人寿保险提供了一个客观的衡量标准。

人寿保险是以被保险人的生命为保险标的，且以被保险人的生存或死亡为给付条件的人身保险。在本节中，我们讨论的主要是以死亡为给付条件的人身保险，这就从技术层面给我们提供了一套行之有效的标准。保险作为金融产品，具备生命杠杆的作用。当一个人离开世界时，保险公司依据合同给付保额，从某种意义上来说，这个保额就是该名家族成员人力资本的定价。

如果人身风险发生在企业掌舵人身上，他对家族的责任应尽未尽，人力资本尚未实现，对于家族的影响将难以估量。因此，为家庭支柱配置额外的寿险是非常有必要的，这样就能规避家庭支柱身故带来的极端风险。对于普通家庭来说，量化家庭支柱的寿险缺口，主要考虑以下4个方面：家庭资产当前负债、子女教育所需费用、家庭必要生活费以及双方父母的赡养费用（当然，为了严谨起见，还应该考虑合理的贴现率）。对于高净值客户来说，需要考虑的则是对整个家族的责任，如遗产税税源的多寡，以及家族人力资本的实现等。

在为客户做家族财富传承规划的时候，我们需要将家族发展的时间放远至30年、50年甚至100年，例如，家族要实现三代的财富传承，假设每一代是30年，三代就是90年。当时间越拉越长时，对报酬率的要求会逐渐弱化，对安全性的要求会越来越高。投保人寿保险，锁定家族成员的人力资本，就是对安全性诉求的一种响应。这种操作也被业内人士形象地称为家族成员的"IPO计划"。

磐合家族办公室创始人、中国家族办公室的先行者颜怀江老师对此打过一个比方。他认为，企业的掌舵人突然离世，就像高速上驰骋的一辆跑车，主驾驶座上的司机突然弃车离去，副驾驶位置上的人要立刻跑到主驾驶的位置上，可以想象，这是怎样一种危险的境况。这类案例并不少见。仍以上述比方来说，我们需要思考，能否开发出一种双引擎系统，如油电双引擎系统。当油引擎系统出现故障时，我们就启动电引擎系统；当电引擎系统出故障时，我们就启动油引擎系统。两套系统相互支持、相互补充，如此就可降低人生风险对家庭财富的冲击。当然，这样的辅助引擎系统不可能只对应保险这一种金融工具，而是一个结构化的家族财富传承系统。

成交攻略

作为理财顾问，我们有义务提醒客户优化其家庭资产结构，做好保险规划，提前进行应对。当发生较为严重的人身风险时，寿险、重大疾病保险这类保障型险种可以发挥保障杠杆的功能，确保这一部分资金及时到位，而不至于因为短时间的大资金需求诱发家庭财富流动性风险，从而影响其他的资金安排，并且对人力资本进行补偿，由此使家庭的财务架构更为稳健。

以某保险公司的终身寿险为例。一位45岁的男性企业家，趸交360万元左右，可以获得1000万元的保额，杠杆率接近3倍；若采用10年分期缴费的方式，则每年大概交48万元，总共交480万元，初期杠杆率约为20倍，总杠杆率为2.08倍。而一个刚出生的婴儿，父母为其趸交84万元左右可以获得1000万元的保额，杠杆率接近11.9倍；若采用10年分期缴费的方式，则每年大概交11万元，总共交110万元，初期杠杆率约为91倍，总杠杆率为9.09倍。

每个人都会有"IPO"的那一天，至于市盈率是多少，取决于投保时的年龄（以年龄测算保费）和身体健康状况。被保险人越年轻，保费越低，市盈率越高；被保险人健康状况越好，保费越低，市盈率越高。境外保险公司提供的大额万用寿险，通过境外私人银行等机构做结构化的操作，将会在自然杠杆的基础上获取金融杠杆，从而起到乘数效应，得到更高的保障杠杆率。同时，我们也需要注意高杠杆背后对应的风险。当然，很多客户依然会提到收益率的问题，尤其当保障杠杆率看上去不那么高的时候。

从税收的角度来看，这笔身故理赔金最终将以现金的形式（国际惯例是免所得税和遗产税）回归家族，若将来内地开征遗产税及赠与税，理赔金就会在无形中实现应税资产免税化，也准备了遗产税税源。有人说暂时没有征收遗产税这回事，可是谁又能保证自己的客户不是或不同时是某一个征收遗产税或赠与税的国家或地区的税收居民呢？所以，最好的方式是根据客户的实际情况（税籍及资产具体状况），建议其在全世界范围内选取合适的保险和信托架构。

境外很多私人银行机构和家族办公室在为高净值人士进行寿险规划时，经常会选择趸交万用寿险做身价保障，并通过保费融资，在保单保费与保额的自然杠杆基础上再加上金融技术杠杆，以更少的资金获取更高的保额，从而最大限度地放大家族财富，并且可以以此进行遗产税的筹划。

保费融资大额保单一般由投保人、保险公司和私人银行共同完成。通俗的说法就是，用按揭的方式购买大额万用寿险保单。通常采用趸交万用寿险，根据客户的年龄和身体状况，保额一般是保费的3～5倍。假设案例中的米先生欲购买3000万美元保额的万用寿险保单（米先生不抽烟）[1]，其趸交保费大概

---

[1] 在投保大额寿险时，吸烟是国际惯例保费测算的试算因子。吸烟的被保险人费率往往比不吸烟的被保险人费率高，具体高多少一般取决于吸烟的量。2017年中国保险监督管理委员会发布134号文《中国保监会关于规范人身保险公司产品开发设计行为的通知》，支持并鼓励保险公司在定期寿险产品、终身寿险产品费率厘定时，区分被保险人健康状况、吸烟状况等进行差异化定价，提高产品的科学定价水平。

为600万美元。若米先生不采用保费融资的方式，米先生的保障杠杆率即为保险自然杠杆率的5倍；若米先生采用保费融资的方式，我们一起来看一下结果会怎样。操作流程如图1-1所示。

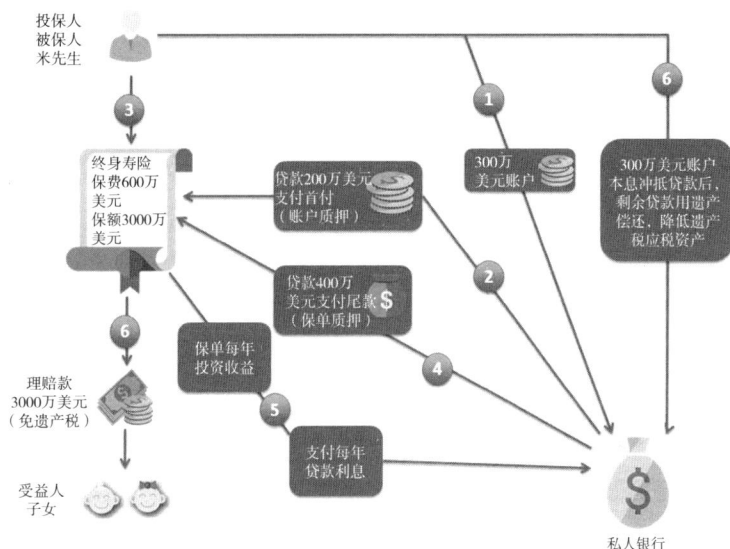

图1-1　保费融资的操作流程

首先，米先生将300万美元存入私人银行账户，用来购买环球投资组合，预期收益率为5%。环球投资组合下各类资产可以从私人银行贷款的比例不同：外币最高，可以贷出90%；评级为BBB+以上的债券可以贷出80%；股票和基金基本上可以贷出70%。为了便于计算，我们假设米先生从私人银行贷出200万美元。以这200万美元作为首付，向保险公司购买趸交保费600万美元的保额为3000万美元的万用大额保单。因为保单是一项资产，其首日现金价值一般都比较高，占保费的80%～90%。将保单抵押给私人银行并从私人银行获得低息贷款，贷款额度一般占首日现价的80%，这样贷款额度基本可以达到趸交保费的60%~70%，假设贷出金额为400万美元，加上之前环球投资组合贷出的200万美元，正好构成了趸交保费的600万美元。如此，客户相当于只占用了300万美元即获得了3000万美元的保障，保障杠杆率达到10倍。

从上面的介绍中我们可以看出，这其中既然有贷款，就必然会有利息的支出。同样，有投资也就会有收益，我们可以简单分析一下。利息的支出分为两笔：一笔是环球投资组合贷出的200万美元的贷款利息；另一笔是保单抵押贷款400万美元的贷款利息。基于美元多年来低利率的货币政策，私人银行给自己的银行客户提供的贷款利率通常会与LIBOR[①]或HIBOR[②]挂钩（离岸私人银行普遍使用LIBOR，而我国香港零售银行更多采用HIBOR），在此基础上加一定的值，一般为0.5%~1.5%。假设3个月LIBOR为2.5%，私人银行贷款利率行情基本上在1.5%~2.5%，贷款利率按照4%计算，则贷款利息为24万美元。收益也有两个方面，即300万美元环球投资组合年化4%~5%的投资收益，按照4.5%计算，以及万用保险单以现金价值为基数，每年4%的投资收益。由此可以看出，收益基本上是可以覆盖利息支出的。另外，需要支出的费用为风险保费。

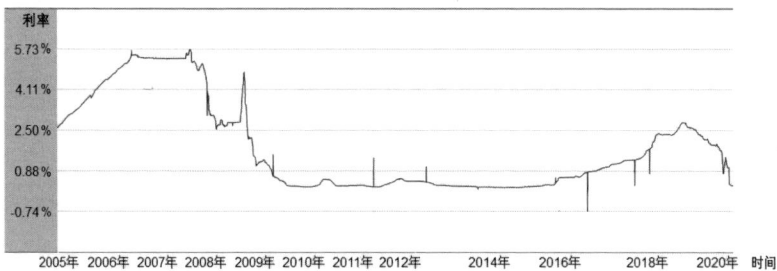

图1-2　2005—2020年3个月LIBOR趋势图

资料来源：和讯网。

---

① 伦敦银行同业拆借利率，近年LIBOR趋势参见图1-2。

② 香港银行同业拆借利率。

谈到风险保费，我们还需要先了解万用寿险死亡赔偿金的两种给付模式，俗称方式A和方式B。方式A的保险金额为基本保险金额与个人账户价值两者中较大者，因此，在每月的结算日，风险保额等于保险金额减去结息后的个人账户价值后的数值；在非结算日，风险保额等于保险金额减去个人账户价值后的数值。方式B的保险金额则等于基本保险金额与个人账户价值之和，方式B的风险保额等于本合同的基本保险金额。

由此可见，随着被保险人年龄的增长，自然费率越来越高，但是因为方式A的风险保额也随着个人账户价值的累积逐渐增加，一旦个人账户价值超过基本保险金额，从理论上讲，风险保险为零。而方式B虽然保险金额远远高于方式A，但是因为其保险金额等于基本保额与个人账户价值之和，随着被保险人年龄的增长，方式B要承担的自然费率也会逐渐加大，后期保费压力会大大增加。因此，为了避免后期缴费压力过大而影响保费融资大额保单的稳定性，我们在选择万用寿险产品时，采用方式A更为稳妥。

在实际业务中，大额保单必须通过健康核保和财务核保，健康核保一般都是由第三方医疗体检机构进行的，因此保证了体检结果的客观公平性。建议高净值人士趁身体仍然健康或者不太差的时候参加人寿保险，一旦身体存在隐疾时申请人寿保险，不一定能以正常的代价买到保险，加费、延期甚至拒保都是有可能的。财务核保主要解决的就是被投保人的人力资本是否"值"这么多保额的问题，一般需要提供已有的资产证明，包括金融资产或者不动产等，也可以提供收入流水做凭证。

需要提醒的是：首先，该收益为预期收益，不代表未来的收益水平；其次，某些私人银行会捆绑销售一些资管类产品，若所选择投资产品风险较高或遭遇如2008年美国次贷危机这样的系统性风险，可能会导致大额保单的架构被击穿；最后，金融产品的杠杆效果高低与风险大小成正比，保险也不例外，所以要选择适当的杠杆区间，并且根据每年的经济形势进行调整。

⏰ 精进时刻

人力资本用什么来衡量?

_____

_____

_____

用大额重大疾病保险搭建健康风险管理体系

一切个人价值的源泉都来源于人的生命与健康。健康是"1"，没有健康这个"1"，其他诸如财富、地位、权力等都将归于"0"。大额重大疾病保险不仅可以在生病的时候补充医疗费用，还能够对因疾病造成的收入损失进行补偿。

风险案例

李先生是一位企业家，今年39岁，年轻有为，经营一家教育公司，公司每年营业流水将近5000万元。李先生的妻子37岁，两人育有一儿一女，儿子10岁，女儿5岁。夫妻二人在公司所占股份为80%。因为教育公司每年都是预收学费，所以公司现金流较为充裕。除了为扩大规模留存的资金，李先生及其妻子每年从公司领取工资及股东分红，整体年收入基本稳定在500万元左右。

随着5G时代的到来，线下教育转线上教育是一个必然趋势，所以李先生的企业也面临战略转型。因为之前对于线上教育并没有多少经验，搭建线上教育平台又需要投入巨额资金，教育公司的现金流一下子吃紧了。之前认为不是问题的问题，也都浮出水面。

一方面，企业面临新的挑战；另一方面，上一年年底因为工作强度大，李先生感到胃部不适去医院做了个检查，结果查出胃部有一些小问题，尿酸也有些偏高，这不禁让他想起保险业务员提到的重大疾病保险方案。经过慎重考虑，李先生认为应该认真考虑一下之前保险业务员的建议，不单是为了自己，也是为了整个家庭。

风险分析

李先生的担忧不无道理。从理性的角度来看，一旦家庭成员遭遇风险或发生意外，家庭资产现金流将会发生什么变化？如果将固定资产计入现有资源，其变现价值如何？客户拥有的资产将会承受怎样的折损、损失？比较典型的资产如房屋，其折损率经验数据为10%~30%，包括价格、税、费、装修损失等。当你对一笔钱的需求越迫切时，你所花费的成本就越高。

例如，当身患重疾急需卖房筹钱去看病时，房子卖的价钱会更低，甚至可能有价无市。还有一类比较典型的资产是风险投资品（如股票），在进行风险规划时，最大的风险是我们不知道什么时候会发生风险，因此当风险来敲门时，我们并不能提前预知股票的价值处于波峰还是波谷。因此，为了规避被迫变现导致的财务损失，在风险分析与评估过程中，我们要对资产在被迫变现时的损失做谨慎估计。为了防止现金流因为健康风险而断掉，最好的方法就是做好风险管理，防患于未然。

对于家庭成员的人身风险，一般从两个维度进行考虑：人身风险的原因和后果。首先，人身风险的原因，归纳起来无非疾病和意外两种；其次，人身风险的后果，一般有死亡、疾病或残疾3种。大部分人购买保险，并不是为了获得理赔款，更多的是为了防患于未然。然而，现代保险制度基于大数法则建立，也就是说，总有一些人会遭遇人身风险。因此在保险行业有一句流传很广的话：我们经常在和疾病、意外、衰老赛跑，我们要在这些风险到达客户之前到达他们。

笔者在引言中提及，根据风险发生概率及造成损失大小两个维度，可以将风险划分为四个象限，对于不同象限中的风险可以采用不同的风险管理方法，即风险自留、风险规避、风险转移和风险控制。在进行健康风险规划时，为了便于理解，同时结合健康保险的实务操作，我们将健康风险划分为低、中、高3个层次。

第一，低风险。这里指的是发生概率大，但造成损失小的健康风险，如日常的发烧感冒、磕伤、碰伤。一般情况下，这种健康问题通过门诊或一些基本用药就可以解决。这种风险符合"大量、同质"的可保风险标准，但从精算角度来看，因为其发生概率太大，以至于精算出来的保费成本接近于治疗费用，所以往往采用风险自留的方式应对。近年来，逐渐兴起的高端医疗保险充分考虑到了这一因素，将低风险也纳入医疗保险保障范围之内，当然，其对应的保费也是不菲的。

第二，中等风险。这里指的是诸如一些门诊手术、微创手术、短期住院治疗或者无须住院治疗就可以治愈的疾病等情况。这类风险发生概率中等，其造成的损失也处于中等水平，通过社保及单位补充医疗保险均可以得到部分覆盖。因此，可以酌情考虑是否通过购买商业保险进行风险转移。

第三，高风险。这里是指发生概率较小，但造成损失很大的风险，比如重大疾病。这类损失一旦发生，家庭经济状况就容易陷入财务黑洞，不仅需要支付高昂的医疗费用，还有可能因为疾病或意外伤害导致无法正常工作或失去工作能力，从而带来家庭收入的减损。通过购买商业保险将风险转移是应对此类风险的最佳方案之一。例如，给付型的重大疾病保险不仅能够提供急用的治疗现金，还能够进行相应的收入补偿。

综上所述，针对不同层级的风险，我们可以采用的风险管理方式是有所区别的，主要通过健康保险的方式进行风险转移。那么，健康保险主要指哪些？

2006年9月1日起施行的《健康保险管理办法》（保监会令2006年第8号）

对健康保险做了非常明确的定义：所谓健康保险（Health Insurance），是指保险公司通过疾病保险、医疗保险、失能收入损失保险和护理保险等方式对因健康原因导致的损失给付保险金的保险。健康保险通常是以被保险人的身体为保险标的，使被保险人在疾病或意外事故致伤后发生的费用或损失获得补偿。目前，市场上主流的健康保险主要是重大疾病保险和医疗保险，失能保险和护理保险由于市场等方面的原因，尚未普及，相信未来会有比较大的发展潜力。

因为重大疾病对家庭财务造成的影响非常大，同时重大疾病保险经过多年的发展已经成了市场保障类产品的主流，因此本节我们首先聚焦重大疾病保险。重大疾病保险起源于南非，由外科医生马里优斯·巴纳德（Dr. Marius Barnard）最先提出这一产品创意。马里优斯医生发现，在实施了心脏移植手术后，部分患者及其家庭的财务状况就会陷入困境，无法维持后续康复治疗。为了缓解被保险人一旦患上重大疾病或实施重大手术后所承受的经济压力，他与南非一家保险公司合作开发了重大疾病保险。1983年，首款重大疾病保险在南非问世。1986年后，重大疾病保险被陆续引入英国、加拿大、澳大利亚、东南亚等国家和地区，并得到了迅速发展。

1995年，我国内地市场引入了重大疾病保险，经过近30年的发展，重大疾病保险已发展成为人身保险市场上重要的保障型产品，其理念深入人心。重大疾病保险在发展过程中，保障范围逐渐扩大，保障功能日趋完善，其产品的设计理念也延续至今。

成交攻略

对于像李先生这样的高净值人士来说，重大疾病保险的保障功能，是将未来不确定的大额支出或者损失转变为目前确定的小额支出，如此，在遇到有大额支出或损失时，就能够得到一笔确定的急用保险金赔偿，而不至于使其他的财务安排受到过多影响，同时这一阶段的人力资本也能得到一定程度的补偿，由此使家庭、家族的财务架构更为稳健。接下来，我们将结合实务，对重大疾病保险投保时的一些注意事项进行详解。

1. 遵循最大诚信原则

在客户投保时，我们对于客户的年龄、健康状况、既往病史等影响保险公司同意承保或者提高保险费率的重要事实要注意核实，确保客户不隐瞒或虚报，要使其履行最大诚信原则，向保险公司如实告知相关事实。

《中华人民共和国保险法》（以下简称《保险法》）赋予了不可抗辩权非常高的地位，自合同成立之日起超过两年，保险公司一律不得解除合同，发生保险事故，保险人也应当承担给付保险金的责任，主附险没有区别。由此可见，法律更倾向于保护投保人，如此对合同双方稍微弱势一方必然有好处。

尽管如此，笔者依然认为，最基本的商业契约精神是必须遵循的。如果没有如实告知，首先，起码两年之内出现风险，保险公司完全可以拒赔；其次，若市场上的部分投保人均选择不诚信，则逆选择的风险会被计入精算因子，从而使保费增加，全体投保人就要为此买单。长期来看，这并不利于保险行业的健康发展。

2. 看清保险条款

在做保险规划时，保险顾问要注意保单的一些基本要素，例如：保什么？不保什么？保多久？给谁保？谁交钱？交多久？如何交？谁受益？

在客户投保健康保险时，保险顾问要提醒客户看清保险条款，清楚了解他们应享有的权利和应履行的义务。健康保险因为涉及医学及保险方面的专业名词，保险顾问需要向客户提供咨询服务，避免他们的权益受损。例如，重疾保险中对于"首次确诊"或"首次就医"这样的细节描述，往往差一个字意思就相去甚远。事实上，很多保险理赔纠纷就是由于投保人当初没有弄清保险条款所致。因此，我们在帮客户挑选产品的时候，一定要看清楚保险条款，避免权益受损；在做复杂保险规划时，更应该注意保险架构搭建的合理性及有效性。

3. 病种的选择

（1）28种重疾病种定义的统一。随着经营主体的不断增多，各保险公司对重疾的定义也存在差异，客观上，这种差异给消费者比较和选购产品带来了不便，也容易产生理赔纠纷。为保护消费者权益，2007年4月3日，中国保险行业协会与中国医师协会根据我国重疾险自身发展特点及医疗行业的实际情况，在借鉴国际先进经验的基础上，共同研究制定了适合我国保险市场的《重大疾病保险的疾病定义使用规范》（以下简称《使用规范》）。《使用规范》对重疾险产品中最常见的25种疾病的表述和相关保险术语进行了统一，做了明确表述。据不完全统计，这25种重疾占到了总体重疾发病率的90%以上。据此，重大疾病保险产品保障哪些疾病，患病后在哪些情况下可以获得赔付，全都有了标准。《重大疾病保险的疾病定义使用规范（2020年修订版）》新增了3种重疾定义，分别为：严重慢性呼吸衰竭、严重克罗恩病和严重溃疡性结肠炎。

（2）必保的6种重大疾病。21世纪初，很多保险公司经常以承保的疾病数量多来显示自己的优越性，但它们的许多保险产品华而不实，《使用规范》对此进行了规范。同时，《使用规范》规定2007年8月1日后，各保险公司新开发的重大疾病保险的保障范围必须包括25种疾病中发生率最高的6种疾病。这6种必保重大疾病分别是：恶性肿瘤（不包括部分早期恶性肿瘤）；急性心肌梗死；脑中风后遗症（永久性的功能障碍）；重大器官移植术或造血干细胞移植术（须异体移植手术）；冠状动脉搭桥术（或称冠状动脉旁路移植术，须开胸手术）；终末期肾病（或称慢性肾功能衰竭尿毒症期，须透析治疗或肾脏移植手术）。也就是说，此后新出的"重大疾病保险"险种，这6种疾病必保，从而打击了保险公司产品过于花哨的乱象。因此，选购重大疾病保险的时候需要注意避免一个误区——病种越多越好。

（3）轻症的出现与流行。《使用规范》还对重大疾病保险的相关除外责任（即保险公司不负责赔偿的项目）进行了明确规范，以进一步规范市场，从而更好地保障消费者权益。随着市场的进一步细分，"轻症""中症"的概念也逐渐被引入内地保险产品中。重大疾病保险新旧规定对比解读如表1-1所示。

表1-1　重大疾病保险新旧规定对比解读

	旧定义	新定义
重大疾病	只定义了25种重疾	定义了28种重疾，新增：严重慢性呼吸衰竭、严重克罗恩病、严重溃疡性结肠炎
轻症	轻症无统一定义，由保险公司自行决定轻症赔付比例（20%～50%）	首次定义了3种必保轻症：恶性肿瘤（轻度）、较轻急性心肌梗死、轻度脑中风后遗症。必保轻症赔付比例上限为30%；其他轻症赔付比例未做统一规定
甲状腺癌	按重疾赔付，至少赔100%的重疾保障	TNM分期为I期或更轻分期的甲状腺癌剔出重疾按轻症理赔，最多赔付30%
原位癌、交界性肿瘤	原位癌、交界性肿瘤不在恶性肿瘤保障范围，属于轻度恶性肿瘤保障范围	原位癌、交界性肿瘤均不在恶性肿瘤和轻度恶性肿瘤保障范围内，并不强制剔出，设计权在保险公司
恶性肿瘤确诊方式	病理性诊断	组织病理学诊断（涵盖骨髓病理学检查）
重大器官移植术或造血干细胞移植术	不包括小肠移植	包括了小肠移植
冠状动脉搭桥术/心脏瓣膜手术	以开胸作为理赔前提，冠状动脉支架植入手术/心脏搭桥手术不在保障范围内	以切开心包/切开心脏为理赔前提，未切开心包的冠状动脉介入治疗不在保障范围内

4. 重大疾病保险的观察期

重大疾病保险并非购买保险后立即确诊重疾，就可以立即获得赔偿。一般都设有观察期。观察期是指自保单生效之日起，被投保人在一定的时间内

（一般为90天到1年）罹患重大疾病，保险公司是不赔或者只赔偿部分保额。例如，张某新买了重大疾病保险，其观察期是90天，如果张某不幸在购买重大疾病保险后两个月时被确诊罹患保单范围内的重大疾病，那么保险公司是不予赔偿的，或者只赔偿很少的一部分，或者可以选择退还已交保费。

5. 保险期间的选择

风险发生在人生不同阶段对家庭财务造成的影响程度也会有所差别，比如在人生黄金时期身患重疾对家庭财务的影响就会远远大于退休之后遇到此种情形所带来的影响，因为不仅会有医疗费用的支出，还有收入的损失。因此，从理论上说，黄金时期的保障可以更高一些。投保人既可以结合保费成本因素，也可以通过终身型重大疾病保险结合定期消费型重大疾病保险的组合，以适中的成本获得符合预期的保障。

6. 保险金额的测算

重大疾病治疗费用跨度比较大，从几十万元到几百万元均有可能，主要取决于重大疾病的种类、重大疾病严重的程度以及希望享有的医疗条件及需调动的医疗资源。测算重大疾病保险额度应考虑以下因素：一是重大疾病的医疗费；二是收入补偿，一般恢复期以5年计算；三是后期疗养费用。

这里需要提醒大家的是，出于对未成年人的保护，很多保险公司会对被保险人的年龄有所限制，或者设定投保金额上限。例如，很多一二线城市的保险公司在未成年人投保时，会设定其投保重大疾病保险的上限为50万元。

另外，保险公司对于高额保单还需要进行财务方面的核保，需要投保人提供相应的资产证明，才可以同意其投保相应的保险金额。

7. 缴费期间的选择

对于缴费，投保人可以选择一次性趸交、年期缴费或者交至一定岁数。尽管一次性趸交在缴费总额上会比分期少一些，但对于以健康或生命为保障功能的保险来讲，年期缴费的方式更为合适，因为这样在前期可以享受更高的赔付杠杆，同时对资金的全盘运用也会更为灵活。

8. 健康核保需注意的问题

由于目前环境污染、个人饮食、心理压力及不良生活习惯等原因，重大疾病的发病率呈现年轻化趋势，从目前我国保险公司的理赔数据来看，平均索赔年龄为42岁。从健康核保的角度来讲，建议高净值人士趁年轻身体健康的时候为自己准备商业给付型重大疾病保险，因为当年龄增长或身体出现一些问题之后才考虑投保，则有可能会遇到延期、加费除外甚至拒保的可能性。

近年来，随着医疗大数据的日趋完整，基于最大诚信原则的保险合同在健康核保方面的程序也越来越严格。例如，现实中存在不少人用自己的医保卡给家人代开药的情况，这在投保时会被认定为被保险人本人的用药，相应疾病会被保险公司认定为既往症，并影响核保的最终结果。因为代开药被拒保、除外以及延期的案例多有发生，因此，我们要建议客户如实就医，按需用药，不要因小失大。

9. 保险公司的选择

《保险法》第八十九条第二款规定，经营有人寿保险业务的保险公司，除因分立、合并或者被依法撤销外，不得解散。同时，第九十二条规定，经营有人寿保险业务的保险公司被依法撤销或者被依法宣告破产的，其持有的人寿保险合同及责任准备金，必须转让给其他经营有人寿保险业务的保险公司；不能同其他保险公司达成转让协议的，由国务院保险监督管理机构指定经营有人寿保险业务的保险公司接受转让。转让或者由国务院保险监督管理机构指定接受转让前款规定的人寿保险合同及责任准备金的，应当维护被保险人、受益人的合法权益。因此，如果购买的是偏保障型的保险产品，投保人应将主要的关注点放在产品上，当然，服务及保险公司的偿付能力也是必须考虑的；而如果购买的是带有投资属性（如分红、万能、投连保险）的产品，投保人应重点关注保险公司的综合实力和投资能力。

10. 我国香港地区重大疾病保险

近年来，我国香港地区的重大疾病保险以其相对更广的保障范围、更优惠的保险费率、认美元计价等优势受到较多客户的青睐。我国香港地区的重大疾病保险病种类别可以达到六七十种，而轻症也动则二三十种。需要注意的是，重大疾病病种在内地和香港地区保单的定义中会有所差别。例如，近年来内地高发的甲状腺癌，在香港重疾险里算作轻症，而在内地甲状腺癌TNM分期在I期以上则算作重大疾病，因此，在选购的时候必须要看清楚保险条款中对重大疾病的定义。另外，对于轻症的给付，香港保险普遍采用提前给付的方式，而内地更多采用额外给付的方式。当然，随着内地保险行业的发展，病种的设置已经迎头赶上。

保险费的精算厘定与风险发生的概率有关，由于香港地区的医疗卫生条件优于内地，其重大疾病治愈率明显要高于内地，另外一些疾病可以通过体检提前发现、提前治疗，也可以降低重大疾病的发病率。因此，香港地区的重大疾病保险费率要比内地低一些。

🕐 精进时刻

指导客户投保重大疾病保险时有哪些注意事项？

用高端医疗保险锁定健康风险费用

从风险管理的角度来看，应对健康风险最佳方式是风险转移。在高净值人群的健康风险管理中，重大疾病保险和高端医疗保险用得最多。两者同属健康保险，又各有优势，由此成了高净值人士健康风险管理体系的标配。

风险案例

何夕（化名）是一家家族企业的老板，今年60岁。近年来，财富保全和传承理念渐渐深入人心，通过与家族办公室人员的多次沟通，何夕也开始对自己偌大的家业和家族企业进行整体财富管理方案的规划，希望自己创下的基业可以顺利传承给儿孙。

何夕及家人非常注重养生，每年家族成员均会去医院进行全面的身体检查。此外，对于市面上流行的海外体检、癌症筛查、干细胞抗衰老治疗等对健康可能有益的医疗模式，何夕也较为热衷。何夕有个很朴实的理念：挣的钱就是用来花的，享受财富最好的方式，就是健健康康，长命百岁。

何夕的妻子今年57岁，与何夕育有两个孩子。儿子33岁，在家族企业中担任副总经理一职，儿媳在银行上班，他们育有一子一女。女儿在一家大型国有企业担任中层管理者，女婿是公务员，他们育有一女。何夕希望儿子接班，并正在有条不紊地进行交接班工作，除此之外，通过与家族办公室专业人士的沟通，双方基本达成共识，即通过高端医疗保险搭建家族子孙三代的健康风险管理体系。

风险分析

胡润联合中国民生银行发布的《2014—2015年中国超高净值人群调查报告》显示，中国超高净值人群非金融服务需求方面排名第一的是健康医疗，提及率达54%。而在健康和养生需求方面，固定的私人医生团队和国际医院就医通道又分别名列一、二位，提及率均接近60%。由此可见，高品质的健康和医疗需求对于高净值人群尤其是超高净值人士是非常重要的。正如本节案例中何夕所想的那样，高端医疗保险已经逐渐成为部分高净值人士家庭健康风险保障的标配。

高端医疗保险又称全球医疗保险、高管医疗保险、特需医疗保险等。高端医疗保险是针对高端人群开发的，高保额的，突破了就医地点、医院类型、用药目录等一系列限制，并且可以实现保险公司与医院费用直付的高端医疗保险产品。它有别于我国的社保，也有别于传统的普通医疗。客户在医院所有的花费都可以报销，从而使被保险人就医更加人性化、保障更为充足。

高端医疗保险在西方的常见形式是私人医疗保障服务，这种形式可以类比20世纪30年代出现的凯撒模式。该模式在第二次世界大战后得到了很好的发展，只要客户购买了凯撒保险，成了会员，就可以免费在凯撒的医疗体系中接受诊疗。在这种模式下，"客户看病不贵，医生收入高，公司利益好"，由此凯撒医疗成了美国最大的医疗管理组织。

从风险管理的角度看，凯撒模式是集风险管理与健康管理于一身的模式。健康医疗存在潜在风险，当同质的、可测量的、正态分布的、随机的风险大量出现时，我们便可以通过现代数学精算技术对风险进行分析、评估，进而采用风险转移的手段对风险进行管理，其中最常见的工具就是保险。事实上，在应对健康医疗风险的时候，我们不仅可以采用风险转移的方式，也可以将风险规避、风险控制逐渐引入整个健康管理的生态体系。

后来，凯撒医疗通过加强客户的健康管理，促使客户少生病、早治疗，从而减少医疗方面的开支。目前，国内很多保险公司也很重视健康管理。例如，举办健康养生方面的讲座，引导客户多注意身体，从而达到风险规避的效果；另外，保险公司会在一些高端医疗产品中设定，每年提供一定金额的体检额度让被投保人到认可的医疗机构做相关体检，以了解、跟踪被投保人的健康状态，及早发现其病灶，并在其疾病早期进行干预治疗，如此不仅可以尽量避免被投保人疾病严重后治疗的痛苦，同时也可以达到降低医疗费用赔付的目的。

20世纪90年代中后期，中国吸引大量外商投资，欧美的高端商业健康保险也随之进入中国。1995—2000年，这些外籍商务人士、外企高管抵达中国之后，在就医方面遭遇诸如语言不通、就诊报销不方便、续保手续烦琐等问题，基于此，原本在这些外籍人士本国提供高端商业健康保险的保险公司将相关的保险服务引入中国，这便是高端医疗在中国发展的初步阶段。

随着中国加入WTO，中国与其他国家和地区的交流更为频繁，中国籍外派海外的商务人士也逐渐增多，他们面临的是实实在在的境外医疗需求。对他们来说，加入当地的高端医疗保险则是在海外应对健康风险的最佳方式。

随着人们生活水平的不断提升，2005年开始，越来越多的高净值人士不再满足于一般的基础医疗服务，就医环境好、无须排队、不会引起交叉感染、私密性好的私立医院受到越来越多的高净值人士的追捧和青睐。而与此项医疗服务配套的本土化的高端医疗保险直至2010年才开始真正在我国流行起来。

对于高净值人士来说，选择高端医疗保险的意义如下。

第一，化不确定为确定，将健康风险通过保险的方式统一管理起来。"身体是革命的本钱"，这句话放到高净值人士身上更是如此，高净值人士的

"财富大楼"必须建立在健康的身体基础之上。购买高端医疗保险即是通过高端医疗保险合同的方式将健康风险造成的经济损失转移给保险公司。

第二，私立医院直赔方式。私立医院就医环境更为舒适，诊疗的时间成本低。高端医疗保险公司在全球一般都会有自己的网络医院列表，在网络医院就医所产生的费用并不需要客户支付现金或刷卡缴纳，而由保险公司与医院直接结算，这在很大程度上节约了客户的时间。

第三，可通过高端医疗保险尽享全球优势医疗资源。我国人口众多，优质医疗资源较为紧缺，高端医疗保险大多对接公立医院特需门诊或国际部，甚至部分昂贵的私立医院。因此，高净值人士可以通过预约的方式，享受舒适的就医环境，免去在其他医院就医时病患多、排队时间长等烦恼。高端医疗保险源于欧美，内地很多经营高端医疗的保险公司均为中外合资，它们不仅引入了欧美的高端医疗产品体系，还引入了欧美较为成熟的医疗机构和医疗方式。

某家成立时间较早、产品较为成熟的保险公司新近推出的海外就医保险产品就是对高端医疗保险更好的一个补充。通过这款产品，客户如果发生约定的6种重大疾病，即可获得1200万元或2400万元保额的海外就医保障，同时享受全程导医导诊服务，所需费用也是比较低的。

第四，就医私密性更好，尽享尊贵人生。高端医疗保险对接的均是优质医疗资源，享受的也是优质的医疗服务，而且私密性可以得到很好的保障。

成交攻略

在高端医疗保险发展初期，客户群集中在外企高管中，随着市场的日趋成熟，高端医疗保险成为越来越多的高净值人群家庭标配。在保险实务中，重大疾病保险，加上高端医疗保险以及背后承载的资源，就可以比较完整地构造一个高净值人士健康风险管理体系。除此之外，保险公司若能为客户提供一系列更高端、个性化的医疗服务，或者提供相应资源服务，则会锦上添花。

高端医疗保险属于报销性质的损失补偿保险，因其保障全面、私密性高、服务优质等特点广受高净值人士青睐。重大疾病保险属于事件给付型保险，对高净值人士来说，其杠杆的属性可以在较为严重的健康风险发生的时候，确保资金及时到位，不至于因为短时间内的大资金需求而造成流动性风险，甚至影响其他的资金安排，并且对这一阶段的人力资本进行一定程度的补偿。基于此，建议何夕先生通过购买高端医疗保险与重大疾病保险，构建健康风险管理体系，从而使家庭家族的财务架构更为稳健。

那么，在选择高端医疗保险时，应该注意哪些方面的问题呢？

第一，保额的选择。大部分高端医疗主险的保额都设置得比较高，例如800万元、1600万元和6300万元，笔者甚至见过一款保额无上限的高端医疗保险产品。

第二，关于就医医院的选择。传统的商业医疗保险仅针对在公立医院普通部的医疗费用进行报销，而高端医疗保险的报销则可以与公立医院的普通部、特需部、国际部以及国际医院、昂贵的私立医院直接挂钩。后者就医环境舒适，也一直以高端、私密、服务优质的形象示人，客人的尊贵医疗需求得到充分的满足。

第三，宽泛的医疗保险保障范围。传统的商业医疗保险仅能针对《基本医疗保险药品目录》上的低价常用药和指定的医疗器械、治疗方法进行报销，高端医疗保险则可以完全覆盖各种自费药、进口药、进口医疗器械的费用。另外，高端医疗保险的保障范围远远超出社保的保障范围，只要是"医疗必需"，无论全球紧急救援还是精神疾病等，都可进行赔付。

第四，地域范围的选择。例如，全球、全球除美国、全球除美加，等等。投保人可以根据自己的需求选择可以覆盖的区域。

第五，直付医院体系，免现金结算。保险公司的网络医院内直付，即保险直接赔付。这有别于垫付（自己先掏钱看病后理赔报销的传统形式称为"垫付"），是高端国际医疗健康保险的主要标志之一。这种方式免去了后续烦琐的理赔流程，不仅极大地简化了高净值人士的就医流程，节省了他们的时间、提高了就医效率、改善了就医体验，更是保险公司将理赔前置的重要手段。

第六，可调动更多的医疗资源。高净值人士对保险往往有更高和更为复杂的需求。保费多少并不是他们关心的首要问题，保险责任是否广泛、医院选择是否自由、保险服务是否专业化且国际化等才是他们选择高端医疗保险时应重点考虑的因素。差异化、精细化、个性化、定制化的服务将会是高端医疗未来发展的一个重点。

第七，团体险及个人险的选择。根据投保规则，选择团体险或个人险可以结合家族情况以及需求统筹考虑。团体方式的高端医疗保险不仅在费率方面较为优惠，在既往症核保方面也稍微宽松一些，不过团体险需要满足保险公司对人数的最低要求。

第八，附加责任，更加贴心。例如，孕产责任、体检津贴、牙科、眼科、国际救援等附加险责任，让客户的保障更为全面。

也有不少客户问过笔者，既然高端医疗保险是全球性质的，那么是不是可以选购境外的高端医疗保险产品呢？看起来好像保费更低一些。的确，中国内地的高端医疗保险市场较为年轻，不如境外高端医疗市场发展成熟。不过，我们也可以看到，通过十几年的发展，中国内地的高端医疗市场越来越规范。

因为高端医疗机构的选择往往并不局限于某一个区域，而某一个国家和地区医疗服务的费用是缺乏弹性的，所以各个地方高端医疗保险产品的费率其实是趋同的。而造成高端医疗价格差异的还有一个比较大的因素，即逆选择和道德风险。

　　与重大疾病保险不同，在选购高端医疗保险时，除了考虑费用因素，还有一个非常重要的因素——服务以及网络医院。在实务中，目前我国香港的高端医疗保险产品只可以实现住院部分的支付，门诊部分则需要先行垫付。另外，因为高端医疗保险赔付的频次会比较高，一旦产生争议会比较牵扯时间和精力。因此，考虑到服务的便利性，建议高净值客户采用就近原则，即在经常生活的国家或地区选购当地的高端医疗保险产品。

🕐 精进时刻

完整的健康风险管理体系包括什么？

_____

_____

_____

用大额年金险助力优质养老

如果没有做好规划，活得更长反而会面临更多风险。越来越多的人开始关注这样一件事：20年后，我拿什么养活自己？我们应该如何优雅地老去？

风险案例

黄先生今年55岁，是一家上市企业的高管，目前家中有3套房产，一套出租，一套自住，还有一套父母居住。工作多年，他积累了不少现金资产，并交给一位信得过的做资管的朋友打理，主要投资固定收益类产品。女儿正在欧洲某大学读艺术专业，黄太太陪读，顺便游历欧洲。两年前，有朋友推荐希腊的房产，黄先生认为现在中国的发展还是不错的，虽说爱琴海的风光迷人，还是不如中国更有人情味。

黄先生年少时就喜欢研究中国传统文化，近年来迷上了《易经》，打算退休以后好好地研究一番。至于女儿未来是否定居海外，两口子是否跟随女儿，黄先生并没有特别的打算，只是希望女儿能够找到一个好归宿。夫妻俩也给女儿准备了不薄的嫁妆，料想女儿未来的日子也会衣食无忧。夫妻两人就等着退休好好地享受生活了。

随着年龄的增长，加之时常看到一些关于养老的报道，黄先生愈发感觉到养老的急迫性。身边有些朋友选购了带有养老社区的保险产品，黄先生也有类似的考虑。前些年，黄先生做投资挣了不少钱，但是2018年资管产品时而爆雷,资管新规也将"打破刚兑",黄先生对目前的投资进行了新的评估,也认为应该考虑购入一些防御性资产。

风险分析

如黄先生一般坐拥几千万金融资产的人,是否也需要配置养老年金?很多投资产品收益更为可观,投资人也可以从各种投资机构获取更多的投资信息。那么,养老年金产品对高净值人士的意义究竟是什么?本节我们将重点讲述关于养老年金规划的问题。

从世界范围来看,养老保障一般由三大支柱构成:第一支柱是强制性的社会养老保险;第二支柱是企业年金和职业年金;第三支柱是个人购买的商业养老保险。就我国当前的情况而言,国家基本养老金制度给付的退休金一般不能满足居民全部的生活需求,社保养老能做到"保"而不是"包",基础养老金替代率(退休金与在职工资之比)基本上在20%~35%,这一数据在经济合作与发展组织(OECD)各成员中平均为22%,它主要取决于领取退休金金额的大小,以及退休前的工资水平。

作为规范的企业补充养老保险计划的"企业年金"制度于2004年5月1日实施,覆盖面较窄,多见于国有大中型企业。例如,联想集团于2006年拿到0001号的企业年金批号。具体来说,企业中成立企业年金,单位和个人签订个人合同,给供职达到一定年限以上的员工发放企业年金。员工在职期间,单位和个人都按照1∶1缴费,或者是单位和个人协商交费比例。目前,我国企业年金的监督机制还并不是很完善,企业运营不力或倒闭时,养老保险资金还存在丧失的可能。如果按照西方员工福利制度发展完善的国家提供的企业退休金水平进行粗略的概算,这一部分金额可满足居民10%~30%不等的退休需求。

因此,如果想在退休以后安享晚年,过上财务自由、独立且有尊严的生活，就应该重视养老。事实上，可用作个人养老规划的金融产品还是比较丰富的，如基金定投、银行理财产品、债券、股票、房屋倒按揭等。

那么，养老规划怎么做呢？或许10个人有10种答案。接下来，我们从财富规划的角度和养老规划的特点出发，谈谈应该如何构建个人养老规划体系。

养老不单是解决吃饭问题，还应该包括健康的体魄、必要时的生活照料以及精神上的慰藉。因此，养老规划除了财务上的安排，还要注意以下3个方面。

第一，身体健康管理。身体是享受悠闲生活的本钱。我们要建议客户定期做身体检查，并且坚持锻炼身体，以良好的身体状态迎接新的人生。此外，我们要建议客户应对健康风险的规划要趁年轻时做好，除了社保，还可以为自己投保足额的重大疾病保险，以转嫁这方面的风险，否则养老规划可能会受影响。对于一些有条件的人士，可以投保高端医疗保险，以享受更高品质的医疗服务。

第二，做到护理无忧。目前已有不少保险公司开始瞄准社区养老市场，将人寿保险与高档养老社区结合起来。其规则是，购买一定金额的保险产品可以获得养老社区的席位，但购买这种综合性产品的门槛较高。养老社区配套的设施非常齐备，并且聘有专门的医护人员，因此这种产品面世不久便受到不少高端人士的青睐。

第三，精神上的富足。人们在退休之后正好有时间去做自己喜欢的事情，旅游、打球，有三五朋友时常聚聚。如果年轻时做好养老规划，退休生活无须孩子多操心，老年生活就能够更从容、淡定，更有尊严。

从财富管理的角度看，养老规划有以下几个特点。

首先，具有刚性特征。养老规划是一个刚性财务规划，所谓"刚性"，第一表现为在人生特定阶段必须有用于养老的现金流；第二表现为该现金流至少可以保证客户的购买力不下降。养老是一件非常确定的事情，因此，在基础养老金及优质养老金规划中，最好采用相对安全、收益适度的产品。

其次，客户寿命的不可预知性。虽然可以根据客户的健康状况或家族长寿史预测其寿命，但我们很难精确地预估出究竟需要准备多少钱才够养老。例如，客户准备好了一笔资金，够他活到100岁用，但是他一不小心活到了120岁，剩下的20年怎么办？因此，养老规划的重点在于构建与生命等长的现金流。

再次，跨越人生不同阶段。在不同的人生阶段，个体的风险承受能力会发生变化。一般情况下，年龄越小，人们承受风险的能力越强，越输得起；年龄越大，人们的风险承受能力越弱。与此相对应，人们管理财富的能力往往是随着年龄的增长而减弱的。因此，需要用发展的眼光看待这个问题。

最后，退休时点与经济周期密切相关。任何一个经济体的发展都是有周期的，很难说人们退休的时候，他的金融投资账户正好处于经济周期的波峰，如若处于波谷地带，就要想一想是否提前准备了"Plan B"。例如，美国401k在2008年金融危机爆发后出现了巨额亏损。2008年12月，OECD发布的《养老金市场聚焦》报告显示：2007年12月至2008年10月，OECD成员的股票市场整体下跌近50%，造成私营养老金投资亏损约5万亿美元，资产缩水20%；而美国4/5以上的家庭都参加了401k计划，它们的损失超过3.3万亿美元。

成交攻略

可以从两个维度去考虑养老规划问题：一是财富积累绝对数量的提升；二是养老金规划模式的选择。从理论上讲，高净值人群可以根据自身的风险承受能力以及风险容忍程度，构建一个多层次、全方位的养老金体系。如图1-3所示，养老规划大致分为3个层面：基本养老、优质养老和富足养老，然后再根据养老规划的特性进行分析。所谓"基本养老"，就是关注"眼前的苟且"；优质养老不仅关注"眼前的苟且"，同时兼顾"诗和远方"；而富足养老则可以帮人们去更远的远方！

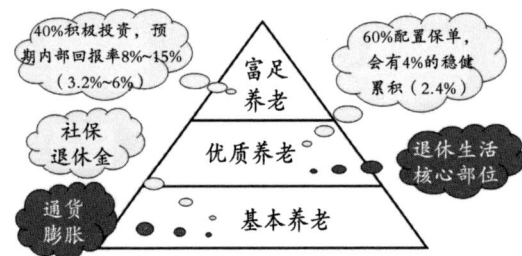

图1-3　养老规划的"金字塔"

基本养老通过社保退休金及企业年金等基本可以解决；优质养老则需要通过额外的规划实现。结合之前谈到的养老规划的特点，我们可以总结出养老规划的一些特质：与生命等长的、递增的、稳健的、免税的、源源不断的专项现金流。通过对市场上众多金融产品（商事信托、基金、股票、PE等）及其他养老安排方式（以房养老等）进行收益性、安全性、灵活性等7个维度的梳理和评估，如表1-2所示。综上所述，笔者认为，优质养老可以采用养老保险年金的方式进行安排。

事实上，商业养老年金保险在养老金规划中一直占有一席之地。当然，养老年金保险仅仅是养老规划的一个组成部分，笔者也并非建议黄先生将所有资金都用来配置养老年金保险，富足甚至部分优质养老可以在社保退休金、企业年金和商业养老保险这三大支柱的基础上，选择其他积极投资产品，以达到锦上添花的效果。这也正是我们常说的理财规划需要进行不同资产配置的原因。如图1-3所示，若用作养老规划的资产中，60%配置保单，预期内部回报率为4%；40%配置到积极投资，预期内部回报率8%~15%，则该养老规划组合整体收益率为5.6%~8.4%。这样既满足了稳健性的需求，同时也满足了一定成长性的需求。

表1-2 不同养老储备方式对比表

	商业保险	房产养老	储蓄养老	信托投资	基金投资	股票投资	其他投资
保证领取终身	保证	可以	不能	不能	不能	不能	不能
保证按时、按量领取	保证	不能	不能	不能	不能	不能	不能
医疗费赔付	有	无	无	无	无	无	无
安全性	安全	安全	安全	一般	一般	不好	不好
收益性	中等	不确定	一般	波动	波动	波动	波动
灵活性	不好	不好	好	一般	一般	一般	一般
防止被挪用	可以	一般	不能	不能	不能	不能	不能
债务隔离	可以	不能	不能	不能	不能	不能	不能
规避遗产税	可以	不能	不能	不能	不能	不能	不能

当然，很多人会质疑商业养老年金保险的收益性。的确，鉴于保险资金运用必须稳健、遵循安全性原则、符合偿付能力的监管要求，银保监会对保险的投资渠道限制较多，养老年金的收益率只能算是中等偏下。笔者曾经对多个保险公司年金产品做过内部回报率（IRR）的测算，以保险公司备案的保险计划书中档红利进行测算，内部回报率在3.8%~4.5%浮动。之所以选择中档演示，是因为在多家保险公司历年来的分红数据中，中档分红具有参考意义。（当然，这些计算仅供参考，保险公司的分红演示是基于公司的精算及其他假设，不代表公司的历史经营业绩，也不代表公司对未来经营业绩的预期，保单

的红利分配是不确定的。)

好消息是，近些年保险资金投资政策正在逐步放宽，《中国保险业发展"十二五"规划纲要》提出"适时调整保险资金投资政策"。2015年，保监会再次印发10项关于保险资金运用的规范性文件，包括设立保险私募基金、提高保险资金投资蓝筹股票监管比例、扩大保险资产的国际配置空间、加强保险公司资产配置审慎性监管等。此外，"新国十条""十三项新政"等新政策陆续出台，开放险资投资创业板股票、创投基金、信托产品、优先股、私募基金等产品。2020年7月1日，银保监会发布《保险资金参与国债期货交易规定》，并同步修订《保险资金参与金融衍生产品交易办法》和《保险资金参与股指期货交易规定》。这一系列文件的发布统一了监管口径，完善了保险资金参与金融衍生品交易的监管规制体系。从监管角度看，是在不断拓宽保险资金的投资范围，并逐步将投资选择权和风险判断权交还给市场主体，届时保险公司的投资收益会有比较大的期待空间。

2014年1月1日起，中国开始根据国际惯例，对企业年金、职业年金实施个税递延优惠，也就是说，个人缴纳企业年金涉及的个税，可以延迟到退休领取保险金时再缴纳，以降低其当期税务负担。而对于个人商业养老保险，个税递延年金保险虽然一直"只闻其声，未见其形"，但终究是趋势，若能推广则不仅对老百姓是一种税收上的优惠，对于商业养老保险无疑也是一大利好！

灵活性差经常是商业养老保险经常被诟病的地方，这一点可以通过保单质押借款部分解决。随着保险产品的日益多样化，我们不仅可以选择单一商业保险辅助养老，亦可采用多种商业保险组合购买。目前，可选作养老年金保险的种类也非常多，主要有三大类，分别是传统型养老年金保险（包括分红型）、万能型养老险、投资连结型保险，后两种方式相对第一种方式就显得更为灵活。当然，后两种方式对投资者的投资纪律性要求也会更高一些。经常有客户和笔者说，我做某某投资可以获得比这高很多的收益，到期就还给我，还不用锁定这么长的时间。在这种情况下，还是多问自己几个问题更好：您是一个投资纪律性非常强的人吗？设定好目标之后，您会经常随意更改吗？如果答案是肯定的，那没问题；如果答案是否定的，则需要您着点了，因为在财富规划中还有一个非常大的不可控因素，即人本身，或者叫人性。

基于每个人寿命的不可预知性，我们可以建议高净值人群根据自身家庭情况选择终身型或定期型养老金保险。案例中的黄先生可以拿出一定金额为自己和太太都选购保险公司年金产品。目前，一些保险公司的产品拥有配套的养老社区的入住权，可以优先考虑。此外，建议黄先生为自己和家人配置高端医疗保险，以对冲健康方面的风险。

🕐 精进时刻

养老规划的四大特点是什么呢？

_____

_____

_____

第 2 章

品质生活攻略

什么是有品质的生活规划？我们经常听到这样一些话："世界那么大，我想去看看""我想要说走就走的旅行""我想要诗和远方""我想过向往的生活""我想活成心目中那个明媚的女子"……

这些统统没有问题，但是，这又该如何实现？你是否具备说走就走的底气？你是否拥有自己的被动收入系统？你是在为钱工作还是钱在为你工作？你是否真正实现了财务自由？

要想说走就走，光有勇气是不够的，"诗和远方"需要源源不断的现金流的支持！因此，如何构建稳健现金流，从而实现自由自主的人生财富规划是一件很重要的事情。品质生活不仅包含健康的体魄，还包括健康的财务状况、和谐的家庭生活、富足的精神滋养，以及我们愿意为之奋斗的事业。要保障今生今世的品质生活，你就必须了解品质生活攻略。

在本章中，笔者将与大家探讨大额保单成交攻略之第二模块——品质生活，具体分为 4 个小节：双管齐下做好教育规划、做好投资风险管理、用保险金信托助力特殊家庭成员保障以及品质生活现金流规划。

双管齐下做好教育规划

对于大部分人来说，确定未来要用到钱的地方，一定要用确定的方式准备好，不要用投机或其他方式准备。在中国，儿女的教育问题可谓每个家庭的头等大事。现实让我们达成一个基本共识：文化程度越高的就业者，平均薪资越高。因此，我们尽管一方面吐槽"不写作业母慈子孝，一写作业鸡飞狗跳"，另一方面还是希望孩子"不要输在起跑线上"。大多数家长都希望子女接受更好的教育，从而使他们能够拥有更好的社会竞争力，好在将来出人头地。

风险案例

张先生出身于书香门第，早年他参与房产投资为自己打下了优渥的财富基础。借由房产的价格飙升，张先生卖掉了部分房产并进行了金融资产的配置。目前除了打理这部分资产，张先生还在一家大型企业做高管，无论投资还是事业，可谓一帆风顺。

张先生早年与妻子离异，女儿被判给了张先生。因为是家里的掌上明珠，张先生对女儿非常宠爱，但并不溺爱。虽说社会上流行"女儿富养"，但张先生认为还是需要把握一定的度，不能让孩子眼中只有金钱。张先生更是鼓励女儿用自己的双手去创造属于自己的世界。女儿刚上小学二年级，不论是功课成绩还是在课外兴趣班的表现，都很优秀，另外性格也比同龄小孩要沉稳。

在与其他家长的沟通过程中，张先生发现，很多家长都在通过各种方式为孩子储备教育金。张先生觉得这件事情也应该提上日程。只是对于应该采用何种方式，是基金定投还是教育金保险，是银行储蓄还是其他投资，张先生并不清楚该如何进行选择。

风险分析

教育对于孩子未来的重要性不言而喻。张先生很清楚，良好的教育是职业生涯规划的起点，也是未来提升社会竞争力的重要因素。在这个"拼起跑线"的年代，高昂的教育费用是越来越多的家长必须面对的问题，要让孩子受教育的权利不管在什么情况下都能得到很好的保证，教育金规划就不容忽视。本节我们将从财富管理的角度，对教育金规划中的要点以及相关攻略做进一步的探讨。

教育规划主要包含两个方面：硬件规划与软件规划。首先需要考虑的是教育规划的经济基础。这里收集了一份来自美国的教育金规划流程，内容包括目标设定后的费用标准以及教育费用支出的计算步骤，供读者朋友们参考。在做教育金规划的时候，一般遵循图2-1中所列的几个步骤。

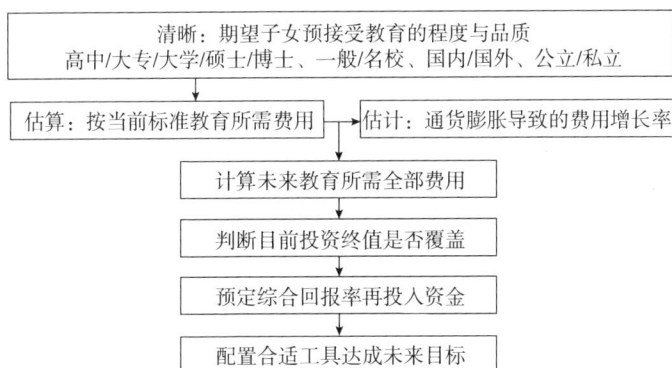

图2-1 教育金规划流程

首先，要设立清晰的教育规划目标，即期望子女接受教育的程度与品质，内容不仅包括学历的选择，如高中、大专、大学、硕士、博士，还包括学校的分类，如一般学校还是名校，在国内还是国外，公立还是私立；其次，根据当前标准估算出完成教育所需要的费用，以及通货膨胀导致的费用增长率，再通过财务公式计算出未来教育所需全部费用；再次，判断目前投资终值能否覆盖未来的教育费用，预定综合回报率再投入相应资金；最后，配置合适的工具达成未来目标。

所以做教育金规划的时候，首先需要回答以下3个问题。第一，对未来受教育程度的预期是什么？第二，对孩子的教育费用是否做了充分准备？第三，是如何准备的？采用了什么方式？再根据实际情况进行进一步分析。作为高净值人群，可以选择的工具除了政府教育资助、奖学金等，还可以根据自己的需求配置相应的金融产品，从而实现教育规划目标。一般有以下几种方式：银行教育储蓄、教育保险产品、债券、基金、股票等投资、子女教育信托等。

以上提到的是教育规划的经济基础方面，但很多时候教育带来的软实力比硬件重要得多。一个孩子生下来，就是合法的继承人，但是否合格，却存在不确定性。

有这样一个案例。有一位上市公司的董事长，他只有一个儿子，儿子从美国留学回来便进了父亲的公司工作，担任董事长特别助理。但其工作不思进取，夜夜笙歌，董事长很气愤，有一天就截住儿子训斥道："我一辈子勤俭节约，认真工作，怎么生出你这么懒惰的儿子。"他的儿子晃晃悠悠地看着他，回答道："因为我有一个有钱的老爸，而你没有，所以你得认真工作。我不用啊，我老爸有钱，你老爸没钱。"董事长被噎得说不出话。儿子继续往楼上走，和其父错身而过的时候，他还拍着父亲的肩膀说："老爸，悠着点，你的钱就是我的钱。迟早有一天都是我的，因为你花不掉。"

我们会看到，中国很多创一代到了五六十岁，逐渐进入财富传承的阶段，但由于现在很多家庭都是独生子女，又由于两代人生活背景、教育背景的不同，孩子并不一定愿意接班或者没有能力接班，虽是合法的继承人，但不一定合格。

因此，教育规划有时需要与家族人才的培养包括未来企业传承的问题联系起来。我们会发现，大额保单很多的需求点其实并不是割裂的，其中很多风险点和需求点是有内在联系的。在做财富规划的时候，我们也需要有整体的思维，才能拿出更适合的方案。

以前我们更重视培养孩子的智商和情商，随着经济的飞速发展，财商成为继智商、情商之后又一被现代社会广泛认同的基本素养，这三者被合称为"三商教育"。"财商"（Financial Quotient）一词最早由罗伯特·清崎（Robert Kiyosaki）在20世纪80年代初提出。财商即财富管理的智慧，主要包含财富观念和理财能力两个方面的内容。

前文提到的案例中，儿子的观念有可能不是他自己的想法，很可能是家人灌输给他的。很多创一代给他们孩子灌输的观念本身就不正确，所以导致孩子的观念与创一代格格不入。

关于教育理念，笔者很喜欢著名作家六神磊磊的一篇文章《最好的学区房，是你家的书房》中的观点。六神磊磊指出，现在很多家长自己不学习，却挤破头去买学区房，听起来很拼，但本质上是一种昂贵的偷懒。你是在花巨款买一个心安理得而已。最好的学区房，其实不贵，别人也抢不了，那就是你自己家的书房。这话确实发人深省。当今最该改变的是父母，最该调整的是父母的教育观念。

中国传统文化常常把钱比作水，二者最大的共同点是都具有流动性，一旦钱静止了，就会像不流动的死水一样，变得毫无生机。

对于大部分人来说，财富规划的起点是获得一份可以带来持续现金流的工作。如何做好自己的职业规划，让自己的财富源泉健康长流，是需要长期思考的一个人生主题。

成交攻略

在成熟的欧美理财市场，教育规划一般由理财师与客户共同拟定，理财师会帮助客户逐步理清财务目标，并根据客户的风险承受能力和风险偏好最终确定方案，并协助客户执行。

那么，面对琳琅满目的金融产品，作为非金融行业从业人士，张先生该如何评估和配置呢？首先，我们还是分析一下教育规划的特性：其一，没有时间弹性，所谓有苗不愁长，孩子一天天的成长不以人的意志为转移；其二，费用缺乏弹性，优质的教育资源需要资金的支撑，从这两点我们会看到，教育规划与前文提到的养老规划一样，也是刚需；其三，孩子的个人资质无法控制；其四，教育金总体支出金额较大；其五，教育类金融产品增长率高于通货膨胀率。

在财富管理领域，有一个需要遵循的原则，那就是未来确定要用到的钱一定要用确定的方式准备好，不可以用投机或其他的方式准备。什么是未来确定要用到的钱呢？答案是医疗、教育和养老支出。在日常理财中，有些投资可以冒风险，有些投资则要追求安全稳健。

如何配置资产在很大程度上取决于我们的理财目标，但很多时候客户在做投资的时候都是"无的放矢"，还有就是单纯、片面地追求收益率。事实上，理财并不等同于投资，财富管理人员的职责更多的是帮助客户厘清财务目标，并通过调整配置客户资产结构，使流动性、收益性、安全性更趋合理，并且照顾到客户人生的各个阶段，从而帮助其实现一生的收支平衡。

我们来看这几种可以选择的产品：银行教育储蓄、教育保险产品、债券、基金、股票等投资，子女教育信托等。

银行教育储蓄享受一定的利率政策，但其收益几乎是杯水车薪。对九年义务教育之外的全日制高中（中专）、大专和大学本科、硕士和博士研究生等阶段所需资金进行储蓄，是每月存入固定额度、到期支取本息的一种定期储蓄。以目前各大银行推出的教育储蓄政策，3个学习阶段可分别享受一次2万元教育储蓄的免税优惠。最低起存金额为50元，本金合计最高限额为2万元。存期分为1年、3年、6年，利率可上浮25%。

债券、基金、股票等金融产品具有波动性，不建议用来做教育金基础部分的规划，但是适合做教育金规划的补充。相对而言，基金定投是非常适用于基础规划的金融产品。

目前，国内某些信托公司推出了教育私人信托产品，在最后配置合适的工具时，信托公司会采用自己的优势产品进行配置。当然，由于信托财产的独立性，会使得架构更稳定；但是信托产品的资金起点一般较高，所以并不适用所有的客户人群。

最后，我们来看一下教育保险产品。教育保险产品的收益率的确很低，但是通过附加投保人保费豁免保险，可以实现在不幸事件发生时，孩子受教育的权利不至于受影响。当然，教育保险产品仅仅是教育金规划的一个组成部分，我们也并非建议客户把所有资金都用来配置保险，而应该把它用在最基础的教育金规划之上，这也正是我们常说的理财规划需要进行不同资产配置的原因。

值得注意的是，子女上大学时家长的平均年龄一般在45～50岁，这样，刚性的教育金支付期将与退休金的准备期高度重合，有可能影响家长未来退休生活的品质。为了平衡上述两种需求，尽早进行教育金的规划准备十分必要！

🕐 精进时刻

如何做好教育规划?

_____

_____

_____

做好投资风险管理

通过梳理职业生涯中遇到的案例，以及与客户和理财师之间的沟通，笔者发现，在客户整体资产的配置中，投资所占比重相当大，同时客户对于资产保值增值的兴趣也远远大于保障与保全，而投资成功与失败往往会对家庭财富造成较大的影响，进而影响客户的生活品质。巴菲特说：不要做能力圈之外的事情，所以本节主要是从财富管理和风险管理的角度，探讨投资以及如何识别投资中的风险。

风险案例

谭先生是一位80后，拥有自己的建筑公司。经过多年的用心经营，企业运转得不错，谭先生因此赚到了人生中的第一桶金，奠定了殷实的财富基础。他不仅在一线城市买了几套房，还在海边城市置办了两套旅游房产，然后把剩下的钱放在第三方财富机构以及银行购买理财产品，每年回报较为稳定。

2015年，股市迎来一波牛市行情，身边的朋友纷纷转战股市，谭先生也跃跃欲试，于是开始把银行的部分资金调到股市，一开始小试牛刀，获利颇丰，后来听闻"消息"，于是他把存在银行和第三方财富机构中的大部分资金都调入了股市。不料大盘在强劲地往上推了一段时间之后，又开始迅速往下跌，在一连串的下跌之后，谭先生的资金也被深度套牢。

在经过一系列的震荡之后，谭先生在股市的资产虽然部分解套，却与当年鼎盛时期不可同日而语。后来笔者见到谭先生时，他诉说道，当年那些钱要是拿去买房就好了，并自嘲道："这两年凭运气挣来的钱，全凭本事亏掉了。"言语之间透露着人到中年的焦虑，经过这些年的股市沉浮，谭先生也希望现在的资产可以得到一个合理的配置。

风险分析

尽管现在越来越多的高净值人士已经认识到财富保全和传承的重要性，但他们还是会和谭先生一样，把自己大部分的资金用于投资。大部分客户以及高净值人士，一般会将多大比例的资金放到银行理财产品中？会将多大比例的资金投入中高风险的金融产品里？又会将多大比例的资金放到保险等稳健型的金融产品里？实际上，高净值人士在保险方面的配置比例并不高，而投资占到他们资产配置的大部分，因此在整个财富管理风险体系中，投资风险缺席确实有失偏颇（见图2-2）。

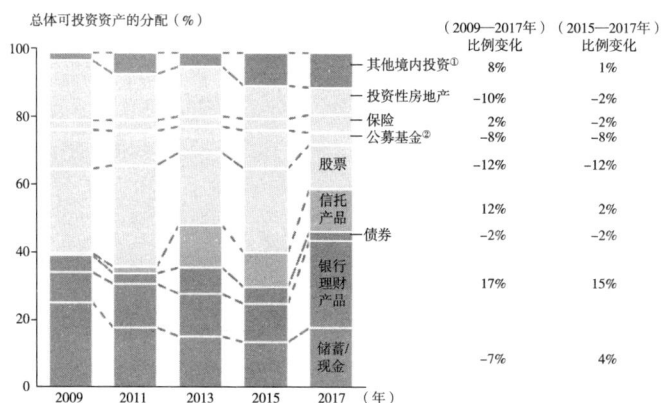

图2-2　2009—2017年中国高净值人群境内可投资资产配置比例

注：①包括私募股权基金、私募证券投资基金、黄金、对冲基金和收藏品等
　　②包括货币型基金、债券型基金、股票型基金和混合型基金

资料来源：招商银行&贝恩公司，《2019中国私人财富报告》。

笔者自从2008年学习了金融理财师课程以来，每次与别人聊到这个话题，第一个被问到的问题总是："有没有好的股票给我推荐一下？"对于这个问题，首先，笔者并不是特许金融分析师，没有推荐股票的执业资格；其次，即使找到了一个特许金融分析师，对于他给你的投资建议也要根据自己的实际情况进行选择。

我们先来看两个案例。

第一个例子发生在2013年，有一个正当壮年的客户，思维敏捷，对投资有自己独到的见解。5年前，即次贷危机[①]到来之前，这位客户投入100万元购买了一个QDII[②]基金，2013年到期。该基金设置了一个保护性条款，即市场跌到一定幅度自动触发保护机制，从而终止投资行为，等市场回暖后再进行投资。接下来，全球股市狂跌，于是，该基金俨然成为一个储蓄存款产品，可以收取利息。因为已经换成美元，并且是在境外投资，利率非常低。2008—2013年，人民币大幅升值，因为汇率的变动，该基金到期时投资折损了17%。在了解到这个原委之后，客户不依不饶，非要控告基金管理机构"不作为"。

第二个例子是笔者好朋友的同学，其人颇有才华，前几年创业，研发了一款游戏。游戏大火之后，该同学的公司后来被国内某大公司收购了，他拿到了5000万元的现金。随后他拿出其中的1200万元在北京购买了一栋别墅。本来

---

① 次贷危机是指由美国次级房屋信贷行业违约剧增、信用紧缩问题而于2007年夏季开始引发的国际金融市场上的震荡、恐慌和危机。在截至2006年6月的两年时间里，美国联邦储备委员会连续17次提息，将联邦基金利率从1%提升到5.25%。利率大幅攀升加重了购房者的还贷负担。而且，自从2005年第二季度以来，美国住房市场开始大幅降温。随着住房价格下跌，购房者难以将房屋出售或者通过抵押获得融资。受此影响，很多次级抵押贷款市场的借款人无法按期偿还借款，次级抵押贷款市场危机开始显现并呈愈演愈烈之势。

② QDII基金是指在一国境内设立，经该国有关部门批准从事境外证券市场的股票、债券等有价证券业务的证券投资基金。和QFII一样，它也是在货币没有实现完全可自由兑换、资本项目尚未开放的情况下，有限度地允许境内投资者投资境外证券市场的一项过渡性的制度安排。

想买两套，但是初次创业成功让他尝到了甜头，于是他就先买了一套，剩下的资金全部又投入另一个创业项目中。不到一年半的时间，钱就全花光了。后来，我再次见到这位同学时，他说道：房产市值已经翻了一倍，当初如果买两套房产，所有损失就都回来了。现在他在一家企业当产品经理，同时也在寻找合适的项目重出江湖。

从以上两个案例我们可以看出。

首先，对大多数人来说，或然的收益是很吸引人的，尤其是当"风起来"时或者尝到甜头以后，我们会产生一种舍我其谁的错觉，再加上"羊群效应"的影响，人们经常会失去理性思考能力，忘记了风险与收益相伴相生的关系。

其次，如同玫瑰一样，有些看上去很美好的东西，可能带着刺。你是否具备专业的识别能力，去认识一个产品的结构，从而拨开现象看本质，这很关键。

再次，有些钱是不能冒风险的，例如养老的钱、教育的钱；有些人是难以承受巨额损失的，例如老年人。因此，具体情况要具体分析。

最后，投资并不仅仅指金融投资，很多高净值客户更青睐股权投资或者创投，尤其是有过创业成功经验的人。这是一件非常考验眼光和各方面素质的事情。

事实上，在长期投资获得成功的路上，决定因素是风险控制而不是冒进。在整个投资生涯中，大多数投资者取得的结果将更多地取决于投资失败的数量及程度，而不是投资胜利有多伟大。

有人说投资像跑马拉松，也有人说投资像攀岩，无论你前面取得了多大的成绩，爬得有多高，一次重大失误就会让你粉身碎骨，永无翻身之日。因此，良好的风险控制是优秀投资者的标志。

成交攻略

面对风险投资时，我们应该考虑哪些因素？大额保单在投资规划中是否也有一席之地？笔者认为，主要应从以下两个方面进行考虑：懂你的产品（Know Your Products，KYP）和懂你的客户（Know Your Clients，KYC）。

1. 懂你的产品

与产品相关的分析维度，主要分为以下3个层面：经济周期、投资四性、不同金融产品的特性和优劣势。

（1）经济周期。经济波动有其冷热循环周期，产业发展有其兴衰更替周期，企业的经营同样也有自身的生命周期，随着经济周期的波动和经济的转型，不同的商业项目都需要接受市场的检验。从这个意义上来讲，在经济周期、产业周期、企业生命周期的特定阶段，如何从中判断出投资的趋势，需要宏观、中观和微观的视野，再配以专业的知识背景进行判断。不管是金融产品的选择，还是股权PE等投资，都是如此。

（2）投资四性。投资需要考虑4个方面：收益性、风险性、流动性、可获取性。收益与风险如同一对孪生兄弟，相伴相生。收益是风险的补偿，高收益伴随着高风险，低收益伴随着低风险。流动性可以用投资期限来衡量，一般来说，投资期限长的产品，它的收益会高于投资期限短的金融产品。最后就是可获取性，有很多确实很不错的投资标的，但是它们的投资门槛会比较高，或者只是定向发放，不对外募资。在评估一个金融产品的时候，这4个方面的性质是我们判断的基础。

（3）不同金融产品的特性和优劣势。从大类来看，金融投资产品一般可以分为现金管理类产品、保障类产品、固定收益类产品、权益类产品和另类投资产品。不同产品的风险不一样，收益性也不一样。高净值人群可以选择专业的资产管理机构打理资产，也可以通过自己的学习和实践去感受不同金融产品的效果。巴菲特说"不做能力圈之外的事情"，因为笔者并非这些领域的专家，对此不做过多的评述，只从大类为大家做一些分析。

2. 懂你的客户

在了解不同产品的特点之后，还需要对客户多一些了解。KYC主要也分为3个层面：财务状况、风险属性、生命周期。

（1）财务状况。不管是财富管理师还是理财师，顾名思义，主要职责之一就是要帮助客户打理资产。理财师如同中医，通过对客户家庭财务状况进行分析诊断，从中发现合理或不合理的地方。老中医可以用"望闻问切"的方式进行诊断，那么我们用什么工具呢？家财报表可以帮助我们解决这个问题，家财报表就如同身体检查，后者针对的是身体，家财报表针对的则是家庭财务。

在实际工作中，笔者发现，真正能够帮助客户梳理财务状况的理财师并不多，更多的理财师还是在采取更为"高效"的方式在做这件事情。有人说，保额测算还不简单，信手拈来，"双十原则"分分钟搞定。还有人说，都这年头儿了，家财报表有些过时了吧？再说，信任不到位，客户根本不愿意吐露自己真实的财务状况！整个社会的焦虑似乎淹没了客户，也淹没了我们这个行业，更多的时候我们急于给出方案。什么"望闻问切"，什么财务指标，什么治未病，根本不用理，病人着急着呢，直接上药吧，再不快点他可就跑别家瞧病去了。

有一阵子笔者也在想自己是不是太另类了。于是，针对这个问题也在一些客户群体里做过小范围的调查，他们表示对这种"私人定制"式的服务非常期待。当然，"保密"也是他们的基本诉求。笔者始终认为，如果了解的情况不完整，那么在片面的信息基础上给客户做出的方案也是不完备的，甚至可能会适得其反。但既然选择了这个行业，就应该思考，在这个行业，什么是应该坚持的？什么是虚无缥缈可有可无的？的确，让客户透露财务状况不容易，这是很正常的，信任没到位而已。如何增加信任度是所有问题的重中之重。换一个角度试想一下，你愿意在一个没有任何壁垒的领域长期耕耘吗？

大家身上背负着不同的关键绩效指标（KPI），身不由己。但是这个行业之所以吸引人，就如财经作家吴晓波老师经常说的那样，这"是一个性感的行业"，这种性感关乎改变，也关乎成长。在此，笔者希望大家在实务中也能够做一些尝试，夯实内功，共同推进这个行业的健康发展。

（2）风险属性。风险属性包含风险偏好和风险承受能力，一个主观，一个客观。风险偏好是一个人的主观态度，主要是指面对风险时的感受，是喜欢还是厌恶。风险是绝对存在的，风险和收益相伴相生，有风险就意味着有收益，两者成正比。对于喜欢风险的人，与其说他偏好风险，还不如说他是喜欢高风险带来的高收益。风险承受能力是一个人或者是一个家庭的客观现实情况。风险承受能力是指当你遇到一些风险冲击时，这种风险对你的生活影响，在什么程度上才不至于影响你的正常生活。如果加以量化，就是你能承受多大额度的投资亏损，能接受什么程度的亏损而不至于影响自己的正常生活，这和一个人或者一个家庭所处的阶段、收入情况、开支情况、负债情况等有关系，是一个需要综合衡量的指标。

假如一个人天生喜欢冒险，是一个风险偏好型的人，投资的时候也是热衷于投资股票、外汇、期货、原油等这些相对来说高风险的投资产品，但是他手上只有少量资金，从风险偏好的角度来说他喜欢选择这些高风险的产品，但是从风险承受能力来看，他就不适合投资这些产品。另一个人有比较多的钱，但同时又是一个风险极度厌恶型的投资者，他不喜欢冒险，最喜欢的就是银行储蓄，这样其实也不可取。现在物价上涨快，把钱存到银行等于是自动降低购买力，但是他的资金雄厚，风险承受能力就大一些，完全可以购买一些风险稍高的理财产品，以期获取适中的收益。因此，在实务中，我们需要根据客户的风险偏好和风险承受能力进行适当的引导，并建议客户选择合适的产品。

（3）生命周期。高净值人群在进行资产配置时一定要结合自己的生命周期以及财务目标来选择适合的产品，切勿跟风。在财富规划的过程中，家庭生命周期理论为我们总结了一般性的规律，主要分为家庭形成期（筑巢期）、家庭成长期（满巢期）、家庭成熟期（离巢期）以及家庭衰老期（空巢期）。在每一个周期中，财富管理的目标和侧重点都不一样。例如，筑巢期教育资金需求及房贷支出增大，保险需求达到峰值；离巢期房贷在减少，养老金需求明显上升。我们可以根据家庭生命周期理论，平衡各个阶段资产配置的流动性、收益性与安全性需求，并设计适合的保险、信托、信贷等理财计划，比如流动性需求在子女很小或年老时较大，流动性好的存款或货币市场基金比重可以高一些。由家庭形成期到衰老期，随着年龄的增长，抗风险能力在下降，投资在股票等风险性资产里的比重应降低。进入衰老期，投资风格宜稳健，投资组合里债券的比重应更高。

在高净值人士的财富管理中，除了要注意一般性的理财特点，还要注意特殊事件的财务安排，比如额外加入债务风险、婚姻风险的隔离规划以及大额保单传承方面的安排。事实上，在财富管理实务中，由于每一个家庭情况不一样，规划的方案应该根据客户的家庭财务状况、所处家庭生命周期、财务目标以及风险属性来量身定制。

最后，在进行投资活动的时候，还需要拥有"知止"的智慧。

巴曙松先生在为杨崇艺《赢在退出》这本书作序的时候，就提到了知止的智慧，他写道："在金融活动中，真正考验一个人的决策，实际上是在退出环节。"类似的金句不在少数，例如，在股票投资中，有谚云：会买的是徒弟，会卖的是师父。在恰当的时机卖出，不必等到撞南墙才肯狼狈罢休。有所为，需要勇气；有所不为，需要智慧。

投资最大的敌人不是市场，而是人性，最怕的就是贪心。很多人就是因为贪心才赔钱。股市赚钱有一个铁律，就是要做到止盈和止损。真正能做到卖在一只股票相对价格高点的人极少，这需要股民对所操作的股票极为了解，包括对公司基本面、市场和政策趋势的了解。但是，即使你都了解，也未必能做到卖在相对高点。相反，许多人因为贪心，在股票回落的过程中舍不得卖出，心存幻想，结果在反复震荡中，错过了卖出的好时机，到手的利润没了。所以，给自己设置一个盈利预期点，及时将利润变现是很有必要的。止损，给自己设置一个亏损承受点，可以保证资金安全，防止因判断错误行情而被套牢。请大家记住一点——资金为王。及时止损出局是好事，真正可怜的人是输不起的人，股市套牢的就是这些人。"止损是让你活着，止盈是让你活得更好，这是止盈止损的最高境界。"

股市如此，其他的投资甚至人生又何尝不是如此。在中华民族古老的智慧中，《周易》广受推崇，而其中所蕴含的周流不停、往复循环、生生不息的智慧，其实描述的也是从一个循环中适时退出，随后适时进入一个新循环的过程。

那么，保险在投资中处于什么位置？是不是有投资就不需要保险了呢？事实上，抛开保险的保障功能，大额保单本身也具备一定的投资功能。

世界上几乎没有任何一种金融产品具备人寿保险的伴随一生的收益锁定功能。人寿保险在设计时，需要精算师根据当地人群的生命周期表和当时预计的利率水平来确定保单的预定利率。这个预定利率在终身寿险和年金保险等两全保险中都会有所体现。保险合同的合同属性及其长期性，使得保单一旦签订，其预定利率是不能进行更议的，因此就产生了人寿保险的收益锁定功能。譬如，在1996年前后，国内曾经出现过一批预定利率在6%的两全保险，因为当时银行的1年期存款基准利率高达10%以上。虽然当时保险的预定利率远低于银行存款利率，但在银行存款利率一路走低的情况下，保险的预定利率却被合同锁定了，现在来看，其持续被保险人一生的6%的复利收益率是非常高的。

事实上，保险资金相对于其他资金，在投资方面有许多独特的优势，包括巴菲特在内的许多投资大鳄，都喜欢持有人寿保险公司的股权甚至愿意把控股人寿保险公司作为其投资组合的重要组成部分。首先，人寿保险合同持续时间特别长，从投保人支付保费到保险人赔付，中间可能间隔几十年。因此，保险资金一般都非常稳定，可以做长期的投资安排，为资产管理提供更多的主动权。其次，保险资金的给付取决于合同的约定和风险的发生情况，一般不会出现所谓集中赎回或者挤兑的现象，即使发生风险集中爆发或者超大额的赔付，也有再保险机制作为缓冲。保险资金的这种稳定性也为投保者的资产管理提供了更多的主动权。最后，保险资金一般都实力雄厚，而且保险公司有其他基金所不能比拟的持续现金流，这也为资产管理提供了更多的主动权。

国内的保险资金因为监管非常严格，对于投资渠道的选择也有诸多限制，因此相对于其他投资渠道而言，保险的投资收益一般都不高。境外保险资金的投资收益与其他的投资渠道收益相比，则显得非常有竞争力，而且保险资金的投资会更加安全一些。随着保险资金运用监管政策的进一步宽松，保险资金的投资收益率也将得到改善。保险中还有一种特殊的投资险种，就是投资连结型保险。这种保险的主要功能就是投资，同时兼具保险的特点，运用得当的话，在私人财富管理中可以起到很多非常独特的作用。

综上所述，我们可以建议谭先生根据自己的财务状况以及风险承受能力和风险偏好，进行全方位资产配置，在进攻型资产之外，还应配置一些防御型资产，从而锁定部分资金的收益。对于高净值客户来讲，资产的安全比资产的增值更为重要，而建立一个安全且能长期、持续、稳定地提供的现金流是财富规划中不可或缺的内容，这个现金流可以用于满足家庭的基本支出、教育费用、养老金、护理、医疗等，可以提前锁定家庭长期的生活品质。但除了保险，几乎没有任何一类资产投资可以做到如此安全、长期、稳定。因此，即使在离岸家族信托中，我们也会利用保险建立一份可以锁定收益的资产，并用信托持有的方式保证其财产的独立性。

🕐 精进时刻

在投资中，你愿意承担多少风险以获取相应的收益？

用保险金信托助力特殊家庭成员保障

从某种意义上说，家庭是社会最基本的社会细胞，也是社会最重要、最核心的社会组织、经济组织；同时还是人们最重要、最基本、最核心的精神家园。英语中对"family"一词的解释是这样的：其中的"f"代表"father"，"a"代表"and"，"m"代表"mother"，"i"指"我"，"l"指"love"，"y"代表"you"。连起来就是"Father and mother I love you"。因此，我们可以认为，每个家族成员的平安喜乐是整个家族品质生活的目标和核心。

风险案例

3年前的一天午后，笔者接到一个求助电话，对方是一位在银行工作的理财师朋友。她的一位客户是北京某大学的退休教授，我们暂且称她江阿姨。江阿姨今年62岁，和老伴在北京有3套房，名下还有200万元可用于投资的现金。

他们有两个女儿，大女儿40岁，小女儿36岁。江阿姨在分娩时，由于医疗事故，造成小女儿大脑缺氧时间过长，最终小女儿被诊断为智力障碍。作为母亲，江阿姨特别内疚，于是她把更多的爱和关注都给了小女儿。北京的3套房子，其中一套由老两口和小女儿居住，另外两套用于出租，所获租金主要以小女儿的名义存下来以备日后之需。

然而好景不长，江阿姨的老伴儿年前病故，随后出现了遗产分配问题。

当时家里的主要资产就是3套房和300万元左右的银行存款和理财，大女儿对江阿姨说："房子你们肯定不会给我，那就给我补贴现金吧，我也不跟她争了。"目前，大女儿生活优渥，但是从小就不喜欢这个妹妹，她认为父母把太多的爱都给了妹妹，心理不平衡。因为大女儿公然索要父亲的遗产，江阿姨心里很难过，经常暗自神伤，每次到银行都要找理财经理哭诉一番，"现在我这么大年纪了，在世还好，哪天我走了呢，她该怎么办？"

原来，因为小女儿智力发育迟缓，在成长的过程中，曾经差点被人骗去民政局领结婚证，也难怪江阿姨犯愁：世间人心如此险恶，保不齐以后还会出现别有用心的人，发生莫名其妙的事。大女儿对小妹妹有偏见，也不愿意照顾这个妹妹，江阿姨该如何提前采取一些办法来处理这个问题？

风险分析

品质生活的第三个方面，是对家庭（或家族）成员的照顾与关怀。我们会发现，有时客户会面临特殊家庭成员的照顾问题。除了江阿姨家小女儿的案例，"星星的孩子"想必大家也不会陌生，那是一群患有自闭症的孩子。据统计，我国智力障碍人士有500多万，自闭症人数超过1000万。

前几年有个活动刷爆了朋友圈："寻找中国的凡·高"，活动中的画作让笔者至今记忆犹新。第一眼看到那些画的时候，笔者能感受到画是非常美的，美得那么纯粹，那么阳光。后来才知道很多画竟然出自自闭症及智障儿童之手。对于这些孩子，上天给他们关上了一扇门，但同时打开了一扇窗。后来笔者也经常看到新闻中报道，一些社会团体也在为这些孩子生存环境的改善发出呐喊——这样一个特殊群体的家庭面临我们普通家庭所无法体会的无助和难题。

此外，还有一个群体——空巢老人，比较容易遭遇骗局，从而陷入财富危机。作为一个财富管理行业从业人员，笔者经常会接到一些金融事件当事人的求助。有一年，朋友蒋先生发来了一条信息，大体内容如下：蒋先生的堂哥移民国外，年事已高的伯父伯母不愿意背井离乡赴海外生活，选择了留在北京。堂哥因为工作忙碌无法经常回国，拜托蒋先生帮忙照看父母。

年前，伯父伯母去超市购物时认识了某理财公司的销售人员，在被该销售人员诱导下，老两口将200多万元现金投到年利率为12%的一款理财产品中进行投资理财，另外将自己名下市值大概400多万元的自住房以200万元的价格抵押给个人，并将抵押款投入这家公司做投资，年利率5%，对方声称这是"以房养老"，但并未出具抵押合同。一次偶然的机会，蒋先生发现了伯父伯母的这些操作，并在其投资出问题后去向理财公司要钱，但是该公司以各种理由阻止抵押房产解冻和理财资金退回，这也就意味着两位老人有可能失去毕生积蓄和自住房。

近年来，这类针对老年人的骗局引起了社会各界的关注。江西南昌一家名为"天地自然"的养老机构承诺，老人把钱投进他们的养老山庄，不但可以在山庄吃饭、购物、就医、参加旅游团，每年还能给老人6%~14%的返利。就在2018年4月26日，公司的实际控制人李国建突然消失，公司银行账户上的钱也被卷走了。报案的老人多达2000多人，涉案金额高达3亿多元。2018年5月，上海警方破获一起涉案金额高达3亿多元的非法集资案件，共有8000余名群众被骗，其中八成为60岁以上的老年人。

2019年的春晚上演了关于保健品骗局的小品——"以房养老"，这类骗局导致很多老人被赶出原有住房。媒体不由得惊呼："谁在围猎老人的养老钱？"中国家庭金融调查与研究中心发布的《中国养老金融发展报告（2017）》显示，超过95.5%的调查对象目前或计划通过不同方式进行养老投资理财，30.3%的调查对象有上当受骗的经历且部分人被骗金额较高。

非法集资、金融诈骗案不时见诸报端，虽然相关责任人纷纷伏法，但给投资人造成的巨大经济损失是难以挽回的。伴随着金融市场蓬勃发展的是金融产品的日益多样化和复杂化，普通投资人面对经过层层包装的金融产品，往往难以从专业角度进行判断，高息回报的诱惑又实在难以拒绝，更别说老年人群体了。

事实上，不管金融发展到多么复杂的程度，它终究需要反映实体经济。因此，金融产品需要有其存在的合理性，例如，底层资产是债的金融产品，假如许以月收益率2%的回报，对应的融资方总体成本会接近30%，那么，在现在的经济环境下，什么样的合法生意可以负担年利率30%的融资成本还游刃有余？又如，底层资产是权益类的投资产品，其收益需要时间沉淀，假如承诺高回报的同时又想让它具有高流动性，这样的产品也是不现实的。

因此还是那句话："你看中的是收益，别人看中的是你的本金！"在明显不合常理的投资回报面前，我们必须擦亮双眼，提高识别骗局的能力，不要相信"天上会掉馅饼"，远离所谓"高额回报""快速致富"的投资项目。

成交攻略

江阿姨也好，蒋先生也好，这类客户的诉求都是一致的，基本集中在当自己离开或者没有能力照看家庭成员的时候，有没有更好的方式可以让他/她好好地、无忧无虑地活下去。那么，当我们的家庭成员需要特殊照顾时，大额保单可以起到什么样的作用呢？

笔者曾经与信托及保险行业的朋友们做过深入的探讨，希望以财富管理为切入点，寻求一种新的解决方案。例如，采用金融产品组合拳的方式，或者终身寿险加信托的方式，等等。比如，江阿姨可以通过投保终身寿险给小女儿准备一笔资金。江阿姨在的时候可以照顾女儿，假如有一天离去，这笔钱可以用来支付小女儿在福利院或养老院的相关费用。建议江阿姨最好以保险金信托的方式进行保单的安排，即以信托架构作为保单的受益人，同时将意愿书拟定好，以此保障小女儿未来的生活。

当然，有条件的客户也可以直接设立家族信托。图2-3是家族信托的一般架构。从起点金额来看，家族信托一般1000万元起，而保险金信托往往在保额满足一定金额的前提下就可以设立。因此，基于起点金额门槛的问题，江阿姨的情况更适用于保险金信托，而资金的来源除了现有的金融财产，还需要通过出售一套房产获得资金，从而用来保证方案的顺利执行。

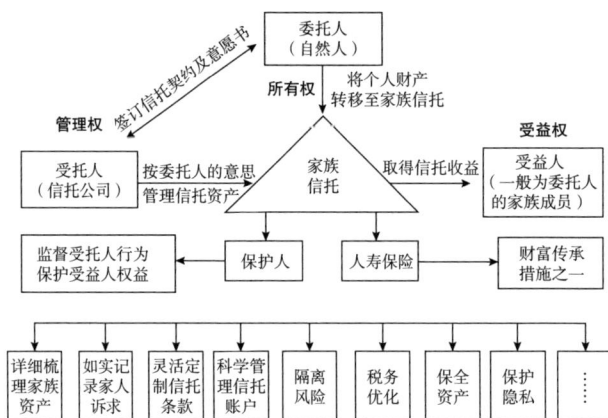

※此文件最终解释权归祥霞家庭办公室所有。

图2-3　家族信托的一般架构

对于部分家庭，我们固然可以通过寿险或信托等工具解决家族特殊成员照顾的资金来源问题，但是解决不了事务性的管理和人性的问题，而后者往往会成为解决这个问题的瓶颈。

这是一个比较复杂的社会问题，涉及多方的权利和义务。第一，主管部门不清晰，是民政，还是残联？第二，各个有可能涉及的组织或单位责权利不清晰，如福利院、街道办事处、民间自发家长会。金融工作者在其中又可以扮演什么角色？第三，该由谁来监管？这些事务性的工作又该如何评估？

可喜的是，随着2016年9月《中华人民共和国慈善法》的颁布、我国慈善事业基金会的设立，笔者相信解决这个问题的配套设施一定会越来越完善。同时，这个问题将可以最终通过"金融产品组合＋事务管理外包"的模式得到很好的解决。据笔者所知，相关信托公司正在积极推动这方面业务的发展。对于金融从业人员来说，适当承担起一定的社会责任，通过金融模式的跨界创新，既能够推动行业的发展，又可以解决部分社会问题，这也是我们专业价值的一种体现。

此外，还有一类人群，如失孤老人，他们有房产、有资金，但是当他们身体遇到突发状况需要抢救时，在手术同意书上都找不到可以签字的亲属。在这样的情况下，可以通过意定监护的方式解决该问题。所谓意定监护，就是不同于法定监护并且最大限度尊重公民权利的一种法律制度。

意定监护是区别于法定监护的一种制度，它是指成年人在自己清醒的时候，选择一个自己最信任的人，既可以是亲属，也可以不是亲属，书面指定被委托者作为自己失能后的监护人，照顾自己的生活，处置自己的财产、权利等。2017年10月1日实施的《中华人民共和国民法总则》第一次将此理论变成现实。韶关、乌鲁木齐等地的公证处于2019年年末才开始正式启动意定监护公证服务。实际上，意定监护是法律对公民权利实现最大化的支持。一个人希望以什么方式离开这个世界，生病了救治到什么程度，需不需要过度医疗，都可以通过意定监护的形式让其他人帮助自己实现。

因此，当我们在工作中遇到相关的社会现象，作为专业的财富管理从业人员，我们有责任尽自己所能，用专业知识帮助客户识别一些风险，尤其是认清金融骗局的本质，引导客户正确配置适合自己的资产，从而拥抱从容的人生。

🕐 精进时刻

对家庭成员的照顾可以采用什么模式？

_____

_____

_____

品质生活现金流规划

经济基础决定上层建筑，当你向往"诗和远方"的时候，是否考虑过你的底气源自哪里？生活品质现金流，将成为你"向往的生活"之基石，它们是你与生命等长的现金流。大额保单的规划并不一定能让你变得超级富裕，但是它一定可以让你及你的家族不返贫。

风险案例

廖女士是一位聪慧的女性，今年39岁，膝下一儿一女，分别10岁和6岁，其中女儿出生于美国。老公是某生物科技集团公司董事长及大股东，掌控资产数亿元。他们是典型的男主外女主内的家庭。老公负责公司的经营，廖女士则负责教育孩子及家庭理财。家中共有6套房产，总价值约4000万元。其中一套是自住别墅，价值1500万元，一套市区学区房，价值800万元，平时廖女士带着孩子住在市区的学区房中，方便孩子上学，周末则带孩子回郊区的别墅。另外两套北京的房产用作投资，老家和三亚还各有一套投资房产，总价1700万元。将来，两个孩子打算出国留学。

金融资产2000万元，其中信托等固定收益类产品1000万元，私募基金500万元，股票市值接近500万元，已部分解套，还在继续等待行情的好转。现金资产50万元，放在银行理财产品和货币市场基金产品中，灵活使用。廖女士有较强的保险意识，很早就给全家配置了很多保险，如重大疾病保险、意外保险、医疗保险，等等，每年交保费15万元左右。另外，在前些年我国香港的保险产品红火的时候，她还额外配置了部分香港保单，主要以孩子作为被保险人购买终身储蓄型保险，每人每年交5万美元，缴费期为10年。

收入主要来源于先生企业的经营，每年工资加分红收入600万元左右。家庭每年支出也不小，两个孩子私立学校及各种兴趣班支出60万元左右。家庭生活费支出每年120万元。家中有两辆高档轿车，作为代步工具。

风险分析

世界那么大，我想去看看。但钱包那么瘪，你能走多远？"诗和远方"需要现金流的支持！因此，如何构建稳健的现金流，实现自主自在的人生财富规划是一件很重要的事情！这和我们常听到的热门词"财务自由"意思相近。为什么要增加被动收入？因为需要实现财务自由。为什么要实现财务自由？因为财务自由意味着更高的生活品质。为什么要更高的生活品质？因为我们希望财富为我们服务，而不是被财富绑架。

那么，这个人人向往的财务自由究竟是什么意思？我们追本溯源，从财富管理的角度还原一下这个词最初的意思。

财务自由是指人无须为生活开销而努力赚钱工作的状态。简单来讲，一个人的资产所产生的被动收入等于或超过他的日常开支，如果进入这种状态，就达到了财务自由，公式如下。

$$财务自由=被动收入≥生活支出$$

其中，被动收入（Passive Income）的意思是不用付出劳动、靠投资或者别人的时间和别人的钱获得的收入，有人称其为"躺钱"，也有人称其为"睡后收入"。那么，日常生活中的被动收入包括哪些？被动收入一般包括物业租金、股息分红、存款或借款利息、图书或音乐创作版税、专利费等收入，信托受益金、退休金以及我们非常熟悉的保险年金。你可以盘点一下自己的被动收入体系建立得怎么样了，离自己想要的生活还有多远。

那么，多少被动收入可以支撑我们的生活支出？这需要我们对自己的财务目标有一个比较清晰的认知。我们会发现，财务目标往往是比较主观的，会随着时间的推移而发生变化。要搞清楚这个问题，或许更需要我们去探究自己内心对财富的看法以及我们如何处理自己与财富的关系。

我是谁？我从哪来？要到哪去？这些经典的哲学问题在财富管理各种规划中也非常适用。就拿本节重点谈到的品质生活建设来说，首先要理清的是我是什么样的人？我的风险属性和风险偏好怎样？我现在处在什么位置？拥有什么？未来我要过什么样的生活？为了达成我的目标还需要做些什么？用什么路径才能实现？各种理财工具各有什么特点？这就需要我们真正静下心来思考一下自己的人生，思考自己与财富的关系，检视自己的家庭资产负债表、收支储蓄表，以及设定的财务目标是否合理，是否需要修正或者调整。

罗伯特·清崎说："从长期来看，重要的不是你挣了多少钱，而是要看你能留下多少钱，以及留住了多久。"不为钱所累，怡然自得，并且能够有所传承，这也可算作财富管理的终极目标之一吧！所以，品质生活的规划不是单一维度的规划，而是将我们的财富打理好，根据自身财务目标，将我们的财富放在不同的框架里，然后一步步地按规划实现它们。

那么，如何进行品质生活的规划？第一步便是设立财务目标。我们如何看待财富？努力赚钱是为了什么？是为了更好的生活吗？现状往往是为了赚钱而牺牲了健康、与家人相处的时间，这是更好的生活吗？我们是否还是一直在"为钱而工作"？当我们真正清楚财富对于自己人生的意义时，财务目标也就会非常清晰地浮现在我们脑海中了。

成交攻略

在财富管理实务中，当我们探讨品质生活构建的问题时，其中被动收入体系的建立是一个很重要的部分。财富家庭可以拥有各种被动收入，但是保险年金也是一种选择，而且基于保险合同的法律特性，年金产品会比其他方式更具锁定效果、更靠谱。在现实生活中，我们想要的往往就是稳稳的幸福。

当然，随着金融产品的日益多样化，我们不仅可以选择单一商业保险来规划品质生活，亦可采用多种资产组合。前提是一定要根据自己的风险属性和风险承受能力进行规划与选择。

在用年金做生活品质现金流规划的时候，收益性依然是一个常见的挑战。经常有朋友说，某某投资可以获得比保险高很多的收益，到期就返还本金及利息，还不用锁定这么长的时间。在这种情况下，笔者一般会建议对方问自己几个问题：您是否具备相关的知识背景和储备？您是否是一个投资纪律性非常强的人？设定好目标之后您是否会经常随意更改？您是否能够一直保证有这么多的时间和精力投入投资这件事情之中？如果答案是肯定的，那么您做投资便可；如果答案是否定的，则需要慎重，因为在财富管理中还有一个非常大的不可控因素，即人本身。

人们会主动地去选择项目投资，不过生意总是有赔有赚，为了赚钱，人们甘冒一些赔本的风险。保险是一种防御型资产，因为保险是唯一以人的生命为标的以及给付条件而设定的金融产品。财富家庭可以每年从自己的资产中拿出一定的比例（5%～10%）做年金型保险的安排，这往往只占总资产的很小一部分，一方面可用作传承部分财产；另一方面，可以形成安全的风险管理体系，保留财富元气。

对于廖女士这种情况，我们应该给出什么样的规划建议呢？

私人财富管理界有一句名言："高净值客户的钱，花是花不完的！"例如，家庭净资产5000万元，在保证本金安全的情况下，假设做到3%的年化收益率（这是相当保守的数值），每年收益为150万元，这足够让一个家庭维持非常高的生活品质，因此如果仅用于家庭消费，应当是相当稳定和充裕的。而目前保险的预期收益虽然从4.025%下降到3.5%，长期来看还是可以锁定一部分收益和资产的。

除了保险，几乎再没有哪一个投资产品能在保证安全的前提下永远给付3%的收益，包括存款、国债、基金、股票、信托等，都不能像保险这样确定及持久。保险可以锁定一个保底收益，直至受益人终老。聪明的女性要善于用保险给家庭构建一个财富的"不老泉"。对于廖女士的家庭而言，构筑家庭财富的不老泉就是要建立起一个每年至少涵盖基本品质生活所需家庭生活费支出，以及将来孩子留学和移民的费用的安全储备，从而保证家庭财务的稳定性和生活品质的高水准。

除此之外，还需要做好相应风险的隔离与控制。首先要建立家庭财富的防火墙，做好家业和企业的资产安全隔离。很多高净值家庭的成员都在经营企业，而企业经营的好坏是非常不确定的。2015年的统计数据显示，中国中小企业的平均寿命仅为2.5年，中大型企业集团也仅7~8年。但中国的民营企业家基本都存在公私不分的问题，开着有限责任公司，老板却需要承担无限连带责任，老板的家庭财产甚至个人财产都会面临被清偿的威胁。

其实，这就需要拿出一部分财产独立于企业家夫妻双方之外，用来建立一个安全的资金池，在这中间构筑一道防火墙，建立一道家庭财富屏障是比较可行的。而工具一般有两个：一个是私人信托或者家族信托，可以有效地建立起防火墙；另一个是人寿保险，合理的规划设计人寿保险可以实现一部分的家庭财富保全功能。

此外，家庭成员发生风险往往会严重影响一个家庭的生活质量和财务状况，家庭成员的风险主要包括意外医疗风险、意外残疾风险、严重疾病风险、失能风险以及死亡风险。这些风险的发生是偶然的，是不可控制的。因此对于女性来说，如何应对家庭成员的风险是必须考虑的问题。

在应对家庭成员死亡方面，一般非家庭经济支柱死亡，会在情感上给家庭成员带来很大的痛苦，在财务上往往影响不大，因此保险的意义并不是很大。但如果是家庭经济支柱遭遇死亡，则会导致家庭的收入来源直接被切断，进而给家庭在情感和财务上以沉重的打击。

高净值家庭虽然资产量较大，但它不可能随时准备大量现金，同时高净值家庭一般都希望得到最好的治疗，但动辄上百万的医疗费，对很多高净值家庭而言也是负担。所以用保险的杠杆作用规避医疗费用的风险是最优选择。

保险并不是要改变你的生活，而是防止你的生活被改变。希望通过我们的规划，客户今生今世的品质生活能够得到有效保障。

🕐 精进时刻

一般来讲，高净值人群的被动收入有哪些？

_____

_____

_____

第 *3* 章

婚姻财富规划攻略

　　爱情和婚姻一直是人们津津乐道的话题，每个人都向往美好的爱情，因此有很多美好的爱情故事流传至今。然而，"理想很丰满，现实很骨感"。逐年攀升的离婚率让很多人不得不直面婚姻不稳定这样一个社会现实。婚姻存续期间，夫妻财产混同有可能让婚姻财产遭遇一定的损失和风险。婚前、婚内、婚姻破裂以及婚姻的不确定状态，不同阶段的婚姻财富风险点均不相同。

　　面对婚姻中有可能出现的风险，我们应该如何分析并做出应对？本章将从以下6个方面进行阐述：做好婚前财产安排；巧用法律架构加强对婚内资产的保护；以大额保单架构预防离婚后资产被无谓分割；构建对抗共同债务的财富壁垒；用大额保单打造完美嫁妆；再婚家庭的婚姻财富规划。需要重申的是：婚姻财富规划的核心，并不是让我们彼此猜忌和防备。恰恰相反，我们希望在爱情、责任的守护之外，能够更多一层制度的保障，用智慧为婚姻保驾护航。

做好婚前财产安排

综艺节目《奇葩说》出过一个很有意思的辩题："结婚前，我让伴侣在TA的房本①上加上我的名字，有错吗？"这是一个非常具有争议性的辩题，因为不管回答对与错都会引发很多是非，确实不容易做出抉择。这个辩题也引起了很多人的共鸣与热议。本节案例中的主人公就遇到了同样的烦恼。

风险案例

朝阳（化名）家境殷实，而且家教很好，大学毕业后回到国内，进入一家国际知名的互联网公司的中国总部工作。在积累了一些行业经验之后，朝阳瞄准了国内互联网教育培训行业，与朋友合伙成立了公司，凭借超强的综合能力以及前期的工作积累，朝阳稳扎稳打，事业很快取得了成功。正好赶上投资机构对教育培训行业的追捧，朝阳与合伙人商量好一同退出，把公司卖了个好价钱。

朝阳这些年一心扑在事业上，立业却未成家，眼看奔四了，婚姻大事还没提上日程。他也不是没谈过恋爱，恰恰相反，朝阳在上大学时有过一段刻骨铭心的初恋。恋爱3年，没想到毕业时女方和他提出分手，转身选择了一个非常有钱的半百老头。爱情败给了金钱，朝阳深受打击，从此认为女人大多是拜

---

① 房本是房产证的俗称。

金的。所以后来发奋图强，好在事业给了他很好的回报，朝阳一跃成了钻石王老五，跻身富人行列。

身边人给朝阳安排了几次相亲，他也谈了几个，都没成，不是因为工作太忙没时间聊天，就是聊不到一块。去年经朋友介绍，朝阳认识了一个叫美丽的女孩，两人相处得不错，谈了一段时间，朝阳考虑是不是该成家了。美丽也有些着急，催促了朝阳两次，并且比较委婉地提到，想要以两人的名义再购置一套房作为婚房。想起初恋女友当初的离去，看到现任女友的心急，朝阳心中不免有些不舒服，有些打退堂鼓，于是找自己的理财师朋友沟通这件事情。

风险分析

事实上，现实和浪漫的争论、爱情和金钱的博弈一直都存在，包括要不要签订"婚前财产协议"，都是仁者见仁、智者见智的问题。

如同本节开头所说的辩题那样，朝阳也面临同样的选择。是否在婚前把伴侣的名字加在房本上，不管男方还是女方，如果选择不在房本上加上伴侣的名字，都不免被贴上"物质、狠心、薄情"的标签；如果选择在房本上加上伴侣的名字，确实容易获得好评，但是心里又不踏实，担心未来会不会一地鸡毛。

据民政部统计，从2003年开始，我国离婚数量已经连续14年增长，2003年离婚数量是133.1万对；2016年，已经增长到485万对。不仅离婚人数有增长，其增长率也相当惊人。而在离婚的人群中，"80后"已经成为主力。

《民法典》婚姻家庭编第一千零六十二条［原《中华人民共和国婚姻法》（以下简称《婚姻法》）第十七条］对夫妻共有财产做了规定：夫妻在婚姻关系存续期间所得的下列财产，为夫妻的共同财产，归夫妻共同所有：

（一）工资、奖金、劳务报酬；

（二）生产、经营、投资的收益；

（三）知识产权的收益；

（四）继承或者受赠的财产，但是本法第一千零六十三条第三项规定的除外；

（五）其他应当归共同所有的财产。

夫妻对共同财产，有平等的处理权。

《最高人民法院关于适用〈中华人民共和国民法典〉婚姻家庭编的解释（一）》（以下简称《〈民法典〉婚姻家庭编司法解释（一）》）第二十六条也有规定：夫妻一方个人财产在婚后产生的收益，除孳息和自然增值外，应认定为夫妻共同财产。也就是说，如果没有做约定，婚姻财产极易产生混同。这里有一个细节需要注意，《民法典》中规定自《民法典》施行后，《民法总则》《民法通则》《合同法》《婚姻法》《继承法》及其他相关法律同时废止，那么，所涉及的相应司法解释是不是也同时废止了？不完全如此。在司法实践中，法律的修改和废止并不必然导致相应的司法解释被当然废止。在没有新出台相应的司法解释或者废除决定前，并不必然导致原有的司法解释被废止，但如果原司法解释和新出台的法律相冲突，就不会适用。一般的失效方式是最高院通过发文的形式通知失效。《最高人民法院关于适用〈中华人民共和国民法典〉婚姻家庭编的解释（一）》于2020年12月25日由最高人民法院审判委员会第1825次会议通过，2020年12月29日公布，2021年1月1日起施行。

因此，是否签订婚前财产协议，是否在房子上加上对方的名字，这对中国人来说，都是"比较容易伤感情的"，也是非常容易引发家庭矛盾的雷点。但是不签订婚前财产协议，又有可能使自己的财产遭遇不必要的损失，包括彩礼的问题。例如，假如最终没有结婚，给出去的彩礼是否可以要求退回？《〈民法典〉婚姻家庭编司法解释（一）》也给出了答案，其第五条规定：当事人请求返还按照习俗给付的彩礼的，如果查明属于以下情形，人民法院应当予以支持：

（一）双方未办理结婚登记手续的；（二）双方办理结婚登记手续但确未共同生活的；（三）婚前给付并导致给付人生活困难的。适用前款第（二）（三）项的规定，应当以双方离婚为条件。

作为《奇葩说》冷静与睿智嘉宾的代表，"宝藏男孩"薛兆丰教授从经济学的角度发表了关于结婚的看法，让人耳目一新，豁然开朗。薛教授认为：结婚就是办家族企业，签的是一张终生批发的期货合同，双方一起拿出自己的资源办企业，这时男女双方给出的是不一样的资源包，有身体、有生育能力、有容颜、有家庭关系、有自己未来的增长潜力。每个人给出的资源包不一样，发挥作用的时间和节奏也不一样。传统上，是女性早一点付出，生育、抚养儿女、照顾家庭，男性发挥的作用比较晚，一方播种，另一方负责收割。这时就会出现一种情况，就是后面付出的那个人比较容易敲前面付出的那个人的竹杠，所以双方谈婚论嫁时，稍微弱势的一方（一般是女方）要求另一方给一点抵押，为未来万一婚姻出现了问题做一点垫底，做一点保护，这有错吗？这没错！

从经济学的角度去看待婚姻，可能大家会认为很残酷，可是在现实生活中，我们看到了太多因为财产纠纷导致的离婚。正如美国的一位法官所说的那样：婚姻当然有它浪漫的一面，但是法官只看重它商业的一面。我们把婚姻看作一份商业合同，我们关心的是，双方怎样才能缔结一份比较公平的合同，这份合同怎样才能更好地被履行下去，从而促进婚姻双方的幸福。

"钻石王老五"们怕结婚，并不是没有道理的。不时见诸报端的骗财骗色新闻，让很多"钻石王老五"不由得神经紧绷，犹豫要不要结婚。都说"爱情是婚姻的坟墓"，"钻石王老五"们怕的不见得是结婚，而是担心找到的人喜欢钱多过喜欢自己。人性是最难琢磨的，人性也是最经不起考验的，这里就存在不确定性。因此，当有一天要步入婚姻殿堂时，可以认真、理性地思考一下，是否有必要做婚前财产规划，从而让自己在即将踏入的婚姻生活中更为从容？

成交攻略

对于朝阳来说，首先，结婚之前要弄清楚婚后什么资产容易混同，对不同类别的资产归属大致的发展方向需要有个数。当然，我们并不是在教客户处处设防，而是通过了解事物本身之后做出相对合理的安排。罗曼·罗兰曾说："世上只有一种英雄主义，就是在认清生活真相之后依然热爱生活。"

那么，不同类型的婚姻共同财产在离婚时会如何划分呢？要思考这个问题，首先要明白婚姻个人财产与共同财产的划分原则。《〈民法典〉婚姻家庭编司法解释（一）》第二十六条规定 "夫妻一方个人财产在婚后产生的收益，除孳息和自然增值外，应认定为夫妻共同财产"。该法条明确指出，夫妻一方个人财产婚后产生的孳息和自然增值不是共同财产。一般而言，夫妻一方财产在婚后的收益主要包括孳息、投资经营收益及自然增值。

自然增值属于无须人为操作自然地增加某个东西，就是非人为的增值，比如黄金价格上涨、房价上涨，这部分增值就是自然增值。对于房屋的自然增值来说，主要指房屋在未来一段时间后的房屋价格的上涨。房屋的人为增值是对房屋进行装修、改造、改建和重建及添加等带来的房屋价格的上涨。

在此，简单阐述以下4类资产在婚姻中出现混同的情况：一是现金存款和金融投资；二是房产；三是非上市公司股权；四是上市公司股权。

第一类，现金存款和金融投资，这是最容易混同的资产类型。现金存款自不用说，对于金融投资，我们可以看一个例子。假设苏明玉和石天冬要结婚了。明玉在结婚以前购买了A公司股票10000股，每股10元共计10万元。结婚后，赶上大牛市，股票一度上涨到每股20元。明玉仅仅是持有股票，并没有进行任何交易操作，未付出任何劳动，此时股票上涨收益属于自然增值，这10000股市值20万元的股票应当属于明玉的个人财产。

后来明玉觉得A公司将来发展空间不大，遂套利退出，卖掉8000股16万元，换成B公司的股票5000股共计10万元，C公司的股票10000股共计6万元。1年后A公司股票下跌了20%，B公司的股票上涨了50%，C公司的股票下跌了10%。此时，如果再认定这些股票的属性，则可能产生争议。因为明玉婚后买卖股票获利的行为属于投资行为，投资收益属于夫妻共同财产。2000股A公司股票、5000股B公司股票以及10000股C公司股票，总计26.6万元中，哪些属于本金（属个人财产）、哪些属于收益（属共同财产），已经难以区分了，这就是投资中最常见的财产混同情况。

第二类，房产。房产是婚姻财富中最为常见的一种标的。关于房产归属的条款，据说也是法律界最容易把人绕晕的法律条款。对于房产，即使是属于夫妻一方婚前财产，还是会存在混同的可能性。因为婚姻生活在时间上是连续的，是发展变化的。例如，男女双方在结婚前，女方的母亲出资给女儿买的房子且登记在女儿个人名下，毋庸置疑，这属于女方的婚前个人财产。但是当小两口开始过日子了，产生改善性需求，卖了小的换大的，此时房产大概率会变为夫妻共同财产。

第三类，非上市公司股权。非上市公司的股权难以分割。《中华人民共和国公司法》（以下简称《公司法》）第七十一条规定：有限责任公司的股东之间可以相互转让其全部或者部分股权。股东向股东以外的人转让股权，应当经其他股东过半数同意。如果是合伙公司就需要全部同意，同时，其他股东就有优先购买权。《〈民法典〉婚姻家庭编司法解释（一）》第七十三、七十四、七十五条分别对如何分割有限责任公司、合伙企业以及个人独资企业中涉及的夫妻共同财产进行了规定（详情见下文）。因为牵扯不同的法律条款，非上市公司股权分割非常复杂。为了避免婚变对公司尤其是非上市公司造成的经营风险，企业管理者应该对公司相关的股权架构、公司章程做更合理的安排。例如，现在很多投资人在投资项目的时候，会对创始团队人员的婚姻状况做一定的条款约束或签订对赌协议。

第四类，上市公司股权。上市公司股票还是可以直接分的，因为其对外是有直接对价的，婚前的股票属于婚前财产，婚后的增值和分红则属于共同财产，婚后增持也属于共同财产。《〈民法典〉婚姻家庭编司法解释（一）》第七十二条规定，夫妻双方分割共同财产中的股票、债券、投资基金份额等有价证券以及未上市股份有限公司股份时，协商不成或者按市价分配有困难的，人民法院可以根据数量按比例分配。

《最高人民法院关于适用〈中华人民共和国民法典〉
婚姻家庭编的解释（一）》节选

第七十二条　夫妻双方分割共同财产中的股票、债券、投资基金份额等有价证券以及未上市股份有限公司股份时，协商不成或者按市价分配有困难的，人民法院可以根据数量按比例分配。

第七十三条　人民法院审理离婚案件，涉及分割夫妻共同财产中以一方名义在有限责任公司的出资额，另一方不是该公司股东的，按以下情形分别处理：

（一）夫妻双方协商一致将出资额部分或者全部转让给该股东的配偶，其他股东过半数同意，并且其他股东均明确表示放弃优先购买权的，该股东的配偶可以成为该公司股东。

（二）夫妻双方就出资额转让份额和转让价格等事项协商一致后，其他股东半数以上不同意转让，但愿意以同等条件购买该出资额的，人民法院可以对转让出资所得财产进行分割。其他股东半数以上不同意转让，也不愿意以同等条件购买该出资额的，视为其同意转让，该股东的配偶可以成为该公司股东。

用于证明前款规定的股东同意的证据，可以是股东会议材料，也可以是当事人通过其他合法途径取得的股东的书面声明材料。

第七十四条　人民法院审理离婚案件，涉及分割夫妻共同财产中以一方名义在合伙企业中的出资，另一方不是该企业合伙人的，当夫妻双方协商一致，将其合伙企业中的财产份额全部或者部分转让给对方时，按以下情分别处理：

（一）其他合伙人一致同意的，该配偶依法取得合伙人地位；

（二）其他合伙人不同意转让，在同等条件下行使优先购买权的，可以对转让所得的财产进行分割；

（三）其他合伙人不同意转让，也不行使优先购买权，但同意该合伙人退伙或者削减部分财产份额的，可以对结算后的财产进行分割；

（四）其他合伙人既不同意转让，也不行使优先购买权，又不同意该合伙人退伙或者削减部分财产份额的，视为全体合伙人同意转让，该配偶依法取得合伙人地位。

第七十五条　夫妻以一方名义投资设立个人独资企业的，人民法院分割夫妻在该个人独资企业中的共同财产时，应当按照以下情形分别处理：

（一）一方主张经营该企业的，对企业资产进行评估后，由取得企业资产所有权一方给予另一方相应的补偿；

（二）双方均主张经营该企业的，在双方竞价基础上，由取得企业资产所有权的一方给予另一方相应的补偿；

（三）双方均不愿意经营该企业的，按照《中华人民共和国个人独资企业法》等有关规定办理。

综上所述，对于婚姻财产的归属问题，我们需要根据不同资产的类型和其形态的改变进行判断。或许大洋彼岸的默多克可以为"钻石王老五"们提供一些思路上的启发。默多克第三次婚姻结束的时候，邓女士仅仅分走了默多克少量的资产以及北京和纽约的两套房产，要知道，默多克彼时家族财富总计134亿美元，邓女士分走的总价值甚至都不到默多克总财富的1%。当然默多克也曾经为离婚付出高昂的代价。早在1999年，默多克与第二任妻子离婚的时候，被分走了17亿美元，为当时最昂贵的分手费之一。此后，默多克设立了家族信托基金架构。我们也应该建议客户在步入婚姻殿堂的时候，能够审慎考虑婚姻财产规划的问题。

在此建议朝阳对自己的资产进行梳理，并进一步做出决定。事实上，对于是否在房本上写上另一半的名字，笔者认为写上是情分，不写是本分。局气一些固然好，提前安排也无可厚非。作为理财师，我们告诉客户事情本身的样子，也可以建议客户在做好其他资产的安排之后，对于现金类的产品做一些大额保单的规划，如此，首先为自己未来的人生预留出一笔充裕的现金流，其次趸交的大额保单产品因为是婚前规划，也不像现金一样容易混同。当然，也可以采取年交的方式，但是要注意往后数年保费的缴纳方式，以现金存放的保费，混同的风险较大。目前，很多保险公司提供保费预缴的服务，值得关注和尝试。

🕐 **精进时刻**

在婚姻财产问题上，"钻石王老五"最怕什么？怎么解决？

_____

_____

_____

巧用法律架构加强对婚内资产的保护

"愿得一心人，白头不相离"，这是很多人心中的愿望，然而，婚姻如同一位才华横溢又性格极端的诗人，要么把风花雪月变成柴米油盐，要么把柴米油盐演奏成美妙的歌曲。当风花雪月随着生活的推进逐渐演变为柴米油盐之时，你会发现总是有一些外在或者内在的风险潜藏在婚姻之中，这时，婚姻中处于弱势的一方就会比较被动。那么，该如何打赢这场婚姻保卫战，我们来看看下面这个案例。

风险案例

况先生和唐小姐是大学同学。刚上大学那会儿，在新生见面会上，两人一见钟情，之后顺理成章地走到了一起，大学毕业，两人就结婚了。目前，他们已经结婚10年，有两个孩子，一个8岁，另一个5岁。与很多男主外女主内的家庭一样，况先生在外面打拼事业，唐小姐在家里照看孩子。

通过努力工作，况先生的事业有了很大的发展，和朋友创办的公司生意红红火火。况先生和唐小姐很早就在北京买了两套房，近些年孩子入学又在海淀区买了一套学区房。家里的收入基本上由唐小姐集中进行打理，银行理财、集合信托以及私募产品都配置了不少，保险方面主要买了一些重大疾病保险和医疗险。开支也由唐小姐统一支配，日子一天天过，倒也没有什么问题，直到那一天。

是的，正如你所想的那样，琐碎的家庭事务逐渐将两人最初的激情驱散，婚姻生活逐渐归于平淡，夫妻之间的感情也变得如同白开水一样寡淡。同时，因为工作的原因，况先生经常需要在外应酬。有一天，况先生牵头了一个商业项目，对方公司项目牵头人是一位女性，其人独立而温柔，况先生不由得被她吸引了，对方对况先生也颇有好感。况先生再想想家中妻子，感觉似乎很久没有与妻子促膝交谈了。

这些年，况先生一直在社会上打拼，而唐小姐为了照看孩子成了家庭主妇，逐渐与社会脱节，两人的话题大多也是围着孩子，思想上的差距越来越大。事实上，辞职回家照看孩子之前，唐小姐也是一位才华横溢的女性，在公司颇受赏识。

经过一段时间的接触，况先生和这位女强人的感情迅速升温，甚至况先生坚定地认为，她才是自己心中的理想伴侣。但是一想到自己的两个孩子，况先生犹豫了。

不过，况先生也打定主意，如果离婚，自己将净身出户，把所有的资产都留给唐小姐，自己只保留公司资产。如果你是况先生，你会这样想吗？如果你是唐小姐，当你遭遇这样的婚姻风险，你将如何应对？

风险分析

婚姻是什么？婚姻有哪些类型？我们一起来看看这两个有意思的问题。古往今来，婚姻的形式有很多种，我们主要聊聊以下3种：第一种我们称之为"门当户对"婚姻；第二种我们称作"爱情至上"或"罗曼蒂克"婚姻；第三种我们称为"心理学"婚姻。

有人说，爱情有保鲜期，当喧闹的喜宴落下帷幕时，夫妻开始回归到日渐平淡的婚姻生活之中，慢慢地被生活磨掉了激情，留下疲倦；又有人说婚姻就像跷跷板，当双方前进的步伐不再一致，彼此不是旗鼓相当时，跷跷板很容易失去平衡，这时，潜藏在婚姻中的危机就会出来捣乱了，正如案例中况先生和唐小姐目前所面临的婚姻状态那样。

"养尊处优的阔太太怕离婚。"在2017年热播的电视剧《我的前半生》中，全职太太罗子君整日沉溺在养尊处优的生活中，丝毫没有察觉到潜藏的婚姻危机。直到某一日丈夫突然提出离婚，这对于她而言无异于晴天霹雳。

该剧的播出引发了社会热议。事实上，对于现代女性是否该放弃工作、专心在家做全职主妇等问题，全职太太的价值如何体现，一直是很多人议论的话题。坦率地说，这个社会对于女性尤其是职场女性，要求更为苛刻。虽然现在双职工家庭已经很普遍，但不少结婚生子后的女性还是有完全回归家庭生活的想法。对于全职太太来说，一系列很现实的问题摆在面前：婚姻是女人的一切吗？对于现代女性来说，结婚之后养尊处优是不是就可以了？婚姻是否应该成为"罗子君们"的终身饭票？相信每个女性心里都会有自己的答案。

所幸，罗子君没有就此消沉，反而痛定思痛，在"主角光环"的庇护之下，通过自己的努力以及守护神贺涵的助攻，成功逆袭成为一位优秀的职场女性。罗子君也在这段失败的婚姻中领悟道："没有人会成为你以为的今生今世的避风港，只有你才是自己最后的庇护所，再破败，再简陋，也好过寄人篱下。"在现实生活中，没有主角光环的女性朋友们，未必都有那么好的运气。

这就是现代婚姻的现状。那么，对于家庭守卫者，该如何防范婚姻风险？有什么方法可以保护自己吗？有人建议拟一个忠诚协议，那么忠诚协议到底有没有用？关于夫妻忠诚协议的效力，学界主要有"无效说"和"有效说"两种观点。

"无效说"认为：夫妻忠诚协议内容违法，不受合同相关法律法规约束，夫妻忠诚协议中的赔偿或补偿是一种侵权损害赔偿，夫妻彼此忠诚是道德义务而非法定义务。《民法典》中的"第五编　婚姻家庭"已将严重违背夫妻忠诚义务，对方有权请求损害赔偿的情形做了明确而具体的列举，除此之外的不忠诚，属于道德的调整范围，不属于法律的调整范围。

"有效说"认为：夫妻之间互有忠诚义务，夫妻忠诚协议属于契约，夫妻忠诚协议的内容没有违反法律禁止性规定，也不损害他人和社会公共利益。夫妻双方在协议中体现的是在平等自愿前提下的真实意思表示，符合一般民事法律行为的构成要件，法律应认可其效力。

随着社会的发展，忠诚义务日益受到夫妻双方的重视，以夫妻忠诚协议的方式规范夫妻双方行为的案件越来越多。当夫妻一方因为违反忠诚协议而不履行忠诚义务时，另一方必然将纠纷诉至法院。虽然《民法典》第一千零四十三条明确了夫妻忠诚义务，但立法者并没有对该义务做进一步的解释，关于夫妻忠诚义务的条款仅仅是倡导性条款，而非直接处理和解决纠纷的依据，缺乏法律强制力的保障和实现该义务的具体程序。

《民法典》第一千零七十九条规定，有下列情形之一，调解无效的，应当准予离婚：

（一）重婚或者与他人同居；

（二）实施家庭暴力或者虐待、遗弃家庭成员；

（三）有赌博、吸毒等恶习屡教不改；

（四）因感情不和分居满二年；

（五）其他导致夫妻感情破裂的情形。

综合《民法典》第一千零九十一条，《民法典婚姻家庭编司法解释（一）》第八十六条和第八十七条等条款的规定，我国现行婚姻法中，对于重婚、有配偶者与他人同居以及遗弃这三种不忠诚行为，在夫妻双方离婚时，无过错方可依法请求侵权损害赔偿。至于通奸以及其他婚外恋等有违夫妻忠诚义务的行为，因没有明确的法律规定，受害一方当事人则不能依据这一条款获得损害赔偿。

由于理论上的争议和实践中的复杂性，截至2020年年底，最高人民法院尚未认定忠诚协议的效力。因此，我们应该建议客户在婚姻中通过一些特定的方式锁定其财产，以保护自己的合法权益。

成交攻略

美好的爱情和婚姻总是让人向往，但是经营好婚姻仅仅靠爱情就够了吗？显然是不够的，经营婚姻还需要运用智慧。在婚姻中处于弱势的一方，尤其要注意自我保护。为了不让"罗子君式的悲剧"重演，建议女性在步入婚姻的殿堂后，首先，要了解财富风险，并适当做一些婚内的财富规划，签订婚内财产协议以及购买保险等金融产品；其次，为了防止在婚变时得不到应得的财产或者承担不应承担的债务，可以利用金融工具和法律架构，运用财富规划的预先性，做一些婚姻财富保全的安排。

我们身边也有很多和本节案例相似的例子。女性因为各种原因选择做全职太太，然而，这不代表她们不需要自我提升。相反，有了较多的时间，她们可以学习一些财富管理知识，这不仅可以提升她们的个人素养，还能让她们学会打理家庭财富，做一个真正的贤内助和家庭的CFO。在婚姻中，虽然存在对抗，但它永远不会成为主旋律。婚姻的核心目标还是共建美好家庭生活，给自己的家庭财富以更好的保障，从而对抗来自外界的风险。除此之外，对女性而言，在婚姻中做一些保险的安排也是一种明智的选择。

2015年12月23日至24日，最高人民法院在北京召开第八次全国法院民事商事审判工作会议。会议形成的《第八次全国法院民事商事审判工作会议（民事部分）纪要》（以下简称《第八次全国法院民事纪要》）于2016年11月30日由最高人民法院公开发布。该纪要对保险在夫妻共同财产认定问题做出了具体规定。

相关阅读

《第八次全国法院民事商事审判工作会议（民事部分）纪要》

第四条　婚姻关系存续期间以夫妻共同财产投保，投保人和被保险人同为夫妻一方，离婚时处于保险期内，投保人不愿意继续投保的，保险人退还的保险单现金价值部分应按照夫妻共同财产处理；离婚时投保人选择继续投保的，投保人应当支付保险单现金价值的一半给另一方。

第五条　婚姻关系存续期间，夫妻一方作为被保险人依据意外伤害保险合同、健康保险合同获得的具有人身性质的保险金，或者夫妻一方作为受益人依据以死亡为给付条件的人寿保险合同获得的保险金，宜认定为个人财产，但双方另有约定的除外。

婚姻关系存续期间，夫妻一方依据以生存到一定年龄为给付条件的具有现金价值的保险合同获得的保险金，宜认定为夫妻共同财产，但双方另有约定的除外。

在做婚姻财产规划的时候，可以考虑以下三个方面。

第一，通过险种的选择安排婚姻中的财产。《民法典》第一千零六十三条规定，一方因身体受到伤害获得的赔偿或者补偿属于夫妻一方的个人财产。因此，女方购买的商业医疗保险和大病保险、意外残疾保险、护理保险等获得的医疗费报销、大病保险金、残疾赔付金、护理费赔付等，被判定为夫妻一方财产的可能性很大，这给婚姻财产提供了可靠的法律保护。

从产品的财产属性来看，在健康保险中，假如被保险人和受益人为同一个人，保单就具有很强的人身属性。因此，在司法实践中，经常可以看到一些金额不大的健康保单得以保全的判例。另外，在婚姻财富规划中，健康保险也因其较强的人身属性，从而被认定为婚内个人财产。

第二，在实务中，存在很多人寿保险保单在离婚时没有被分割，尤其是被保险人是第三人的情况。即使保单被主张分割，根据《〈保险法〉司法解释（三）》第十七条的规定，可以通过支付现金价值对价的方式进行保单的保全。而很多保单的现金价值会远远低于其所交保费和保险金额，因此只需要支付很小的对价就可以保全大额资产。

《〈保险法〉司法解释（三）》第十七条规定，投保人解除保险合同，当事人以其解除合同未经被保险人或者受益人同意为由主张解除行为无效的，人民法院不予支持，但被保险人或者受益人已向投保人支付相当于保险单现金价值的款项并通知保险人的除外。

第三，女性需要对家庭的资产状况有一定的把握。一方面，女性往往承担着家庭中打理财富的重任，需要具备一定的理财知识；另一方面，若家庭遭遇来自外界的破坏，女性不至于被动挨打，更有利于维护自己的合法权益。

🕐 精进时刻

婚姻中的忠诚协议是否有效？说说你的理由。

_____

_____

_____

以大额保单架构预防离婚后资产被无谓分割

在撰写本章内容时，有一首歌的旋律一直在笔者的脑海中回响：有着我便有着你/真爱是永不死/穿过喜和悲/跨过生和死/有着我便有着你/千个万个世纪/绝未离弃/爱是永恒/当所爱是你。爱情非常美好，但是，当海誓山盟不复存在，当"爱是永恒"的承诺随风而去，婚姻就走到了尽头。这时，财产的分割便成为不可避免的问题。

风险案例

钱先生今年45岁，是一位企业家，拥有属于自己的两家企业。结婚18年，育有一个15岁的女儿。因为做生意的缘故，钱先生需要常年在外应酬，经常遇到一些年轻女孩投怀送抱，而他也没少拈花惹草。刚开始，他只是逢场作戏，久而久之就和其中的一个女孩假戏真做了。

为了与这个女孩结婚，钱先生打算直接向糟糠之妻摊牌，在此之前他还琢磨怎样可以多分一些家庭财产。在听取了一些歪招之后，钱先生找来自己的好兄弟齐先生，将公司股份变更到齐先生名下，并签署了一份代持协议。一切准备就绪之后，钱先生向妻子提出离婚，并且告知妻子，公司因为经营不善，已经卖给自己的朋友齐先生。

钱太太当然不同意。当初苦日子都挺过来了，现在日子好过了，丈夫找个年轻美貌的，说离婚就离婚，哪能这么便宜。双方无法达成一致，于是进入诉讼离婚阶段。面对钱先生提出的问题，钱太太也不懂如何应对，于是通过朋友找到律师，帮自己处理相关事务。

律师一看就知道钱先生在公司股权上做了手脚，通过分析，他发现钱先生和钱太太共同认识的朋友齐先生可以作为突破口，于是向钱太太嘱咐了一番。之后，钱太太去找齐先生，一开始并没有特意提到离婚的事情，只是诉苦。齐先生本以为嫂子是来兴师问罪的，一看这架势心情就放松了。

第二次，钱太太又找齐先生。齐先生以为嫂子又来诉苦了，结果钱太太一进门就拍桌子："好你个老齐，你居然联合老钱一起来骗我。"齐先生本来就心中有鬼，在帮钱先生做这件事情的时候也是心有戚戚，被钱太太这么一声大喝，不由得说了实话，承认了自己给钱先生代持股权的事，并提到代持协议的问题。钱太太将谈话录了音，从而取得了关键证据。最终，钱太太获取了相对公平的财产分割。

风险分析

在本案例中，钱先生可谓处心积虑，为了多分一些财产，为结婚多年的妻子设了一个局。好在钱太太的律师通过一些安排，帮她取得了关键证据，从而争取到了合法权益。《民法典》第一千零九十二条规定了一方侵害夫妻共同财产的法律后果：夫妻一方隐藏、转移、变卖、毁损、挥霍夫妻共同财产，或者伪造夫妻共同债务企图侵占另一方财产的，在离婚分割夫妻共同财产时，对该方可以少分或者不分。离婚后，另一方发现有上述行为的，可以向人民法院提起诉讼，请求再次分割夫妻共同财产。人民法院对前款规定的妨害民事诉讼的行为，依照民事诉讼法的规定予以制裁。因此，钱先生也很有可能因为隐匿、转移夫妻共同财产而面临少分或不分的惩罚。在此，需要注意诉讼时效的问题，该规定的诉讼时效为两年，从当事人发现次日起计算。

我国法律规定，男女一方要求离婚而另一方不同意的，可由有关部门进行调解或一方直接向人民法院提出离婚诉讼。第一次诉讼一般是不会判决离婚的，半年后，当事人可以再次提起离婚诉讼。但是法律也规定了一些男方不能诉讼离婚的情况，例如，女方在怀孕期间、分娩后一年内或中止妊娠后六个月内，男方不得提出离婚。女方提出离婚的，或人民法院认为确有必要受理男方离婚请求的不在此列。

《民法典》增加了离婚冷静制度，第一千零七十七条规定：自婚姻登记机关收到离婚登记申请之日起三十日内，任何一方不愿意离婚的，可以向婚姻登记机关撤回离婚登记申请。为了贯彻《民法典》有关离婚冷静期制度的规定，民政部对婚姻登记程序进行了相关调整，在离婚程序中增加冷静期。新调整后的离婚登记程序包括申请、受理、冷静期、审查、登记（发证）等。需要注意的是，"冷静期"只适用于夫妻双方自愿的协议离婚，对于有家暴情形的，当事人可以向法院提起诉讼，诉讼离婚并没有"冷静期"的规定。

近些年来，因为房产限购等政策的出台，出现了"假离婚"现象。那么，是否存在假离婚？从法律的角度看，并没有假离婚这件事。一旦到民政局登记离婚，就是法律意义上真离婚，因此而产生的财产权属也会相应发生转移和变更。一些人完全没有考虑后果，贸然做了"假离婚"的决定，碰上对方别有用心的，很容易让自己陷入被动的地位。因为假离婚而丧失财产所有权的案子太多了，网上一搜比比皆是。因此，做"假离婚"的决策时，一定要多思考一下，避免遭遇财富风险。

有人离婚离得众人皆知，鸡飞狗跳，恨不得把对方最丑陋的样子都暴露在公众面前；也有一些人可以做到快乐分手，不留遗憾，彼此把最好的背影留给对方。对于离婚，我们还是要理性对待。

相关阅读

贝佐斯和麦肯齐的离婚案堪称教科书级别的典范。2019年1月9日，贝佐斯和妻子麦肯齐在Twitter上宣布离婚，结束长达25年的婚姻关系[①]。作为全球首富和亚马逊创始人，贝佐斯此次离婚有可能成为史上最贵离婚案。贝佐斯夫妻俩离婚后的财产分配也备受关注。

按照外媒报道，在结婚之前，贝佐斯和麦肯齐没有签订婚前协议，根据他们所在的华盛顿州的法律，如果他们在华盛顿州申请离婚，他们所拥有的共同财产就会被平均分配，这一分配方式将导致贝佐斯的资产缩水一半，同时失去首富宝座，亚马逊的股权结构也会随之发生巨大变化。

2019年4月5日，贝佐斯天价离婚案尘埃落定，麦肯齐在Twitter上公布了具体的方案，她获得夫妇共同拥有的亚马逊股票的25%，余下的75%归贝佐斯所有[②]。离婚之前，贝佐斯夫妇共同拥有亚马逊16%的股份，根据麦肯齐公布的财产分配方案，她将获得4%的亚马逊股票，贝佐斯则保留12%。此外，麦肯齐还慷慨地把自己获得股份的投票权完全留给了前夫，以支持他继续保持对亚马逊的控制权。按周四收盘时的价格计算，麦肯齐获得的4%的亚马逊股票市值高达360亿美元，她也由此跻身世界排名第三的女富豪，仅次于欧莱雅的董事长梅耶尔和沃尔玛的沃顿，她们二人的身家分别为529亿美元和450亿美元。

除了备受关注的亚马逊的股份，贝佐斯还得到了麦肯齐在《华盛顿邮报》和航天制造公司"蓝色起源"的股票控制权。对于他们夫妇所拥有的房产等其他资产，麦肯齐在Twitter上并未公布如何分配。麦肯齐在Twitter上表示，他们已完成了解除婚姻的过程，她感谢彼此在离婚过程中的支持，也感谢其他

[①] 《贝佐斯离婚或成史上最贵婚变　中外富豪离婚都赔多少》，新浪财经。
[②] 《贝佐斯正式离婚　前妻成亚马逊第三大股东》，新浪授权。

人的关注，她期待着和贝佐斯作为朋友和孩子共同父母的新篇章。

从麦肯齐公布的财产分配方案来看，这一方案对贝佐斯来说远好于平均分配，他保住了首富头衔，其所持有的亚马逊股票价值就超过1070亿美元，再加上《华盛顿邮报》和"蓝色起源"，贝佐斯的净资产将超过1100亿美元。目前排名第二的比尔·盖茨，其个人财富约合995亿美元。贝佐斯也不会丧失对亚马逊的控制权，而在Twitter上，贝佐斯也对麦肯齐表示了感谢。对此，笔者不由得赞叹一声，这婚离得确实漂亮。

成交攻略

在钱先生和钱太太离婚时，婚姻财产究竟应该怎么分，我们先一起来回顾一下婚姻财产及债务的划分原则。法律条款大家可以自己去看，这里不再具体一一解析。为了便于记忆，笔者就婚姻财产和债务划分归纳了6个原则，分别是：恒定原则、军功章原则、人身属性原则、意外之财原则、你我约定原则、善意第三人原则。

第一，恒定原则。主要法律依据来源于《民法典》第一千零六十三条，该法条规定了夫妻一方个人财产的认定方式，其中第一款就写明：一方的婚前财产属于夫妻一方的个人财产，另外《〈民法典〉婚姻家庭编司法解释（一）》第二十六条也有规定，夫妻一方个人财产在婚后产生的孳息和自然增值，认定为夫妻一方个人财产。《〈民法典〉婚姻家庭编司法解释（一）》第三十一条规定，《民法典》第一千零六十三条规定为夫妻一方的个人财产，不因婚姻关系的延续而转化为夫妻共同财产，但当事人另有约定的除外。该条原则主旨在于，你的还是你的，只要该资产没有发生混同。

第二，军功章原则，军功章上有你的一半也有我的一半。主要法律依据为《民法典》第一千零六十二条：夫妻在婚姻关系存续期间所得的下列财产归夫妻共同所有：

（一）工资、奖金、劳务报酬；

（二）生产、经营、投资的收益；

（三）知识产权的收益；

（四）继承或者受赠的财产，但是本法第一千零六十三条第三项规定的除外；

（五）其他应当归共同所有的财产。

夫妻对共同财产，有平等的处理权。

《〈民法典〉婚姻家庭编司法解释（一）》第二十五条对上述第一千零六十二条第五款的规定"其他应当归共同所有的财产"做了诠释：

（一）一方以个人财产投资取得的收益；

（二）男女双方实际取得或者应当取得的住房补贴、住房公积金；

（三）男女双方实际取得或者应当取得的养老保险金、破产安置补偿费。

另外，《〈民法典〉婚姻家庭编司法解释（一）》第六条也有规定，夫妻一个人财产在婚后产生的收益，除孳息和自然增值外，应认定为夫妻共同财产。关于夫妻共同财产认定问题（婚姻期间保险问题），《第八次全国法院民事纪要》第五条规定：婚姻关系存续期间，夫妻一方依据以生存到一定年龄为给付条件的具有现金价值的保险合同获得的保险金，宜认定为夫妻共同财产，但双方另有约定的除外。

第三，人身属性原则。 婚姻中专属于个人，或者具有很强人身属性的财产属于夫妻一方的个人财产。《民法典》第一千零六十三条第二、四款规定：一方因受到人身损害获得的赔偿或者补偿，一方专用的生活用品，均属于夫妻一方的个人财产。另外，《第八次全国法院民事纪要》第五条规定：婚姻关系存续期间，夫妻一方作为被保险人依据意外伤害保险合同、健康保险合同获得的具有人身性质的保险金，或者夫妻一方作为受益人依据以死亡为给付条件的人寿保险合同获得的保险金，宜认定为个人财产，但双方另有约定的除外。

第四，意外之财原则：意外之财分两半。《民法典》第一千零六十二条第四款规定，夫妻在婚姻关系存续期间，继承或赠与所得的财产，归夫妻共同所有，但是本法第一千零六十三条第三项规定的除外；该条但书条款关于夫妻一方的财产的规定如下：遗嘱或赠与合同中确定只归夫或妻一方的财产。

第五，你我约定原则：有约定从约定。《民法典》第一千零六十五条规定了夫妻约定财产制：男女双方可以约定婚姻关系存续期间所得的财产以及婚前财产归各自所有、共同所有或者部分各自所有、部分共同所有。约定应当采用书面形式。没有约定或者约定不明确的，适用本法第一千零六十二条、第一千零六十三条的规定。夫妻对婚姻关系存续期间所得的财产以及婚前财产的约定，对双方具有约束力。

第六，善意第三人原则。《民法典》第一千零六十五条第二款和第三款规定：夫妻对婚姻关系存续期间所得的财产以及婚前财产的约定，对双方具有法律约束力。夫妻对婚姻关系存续期间所得的财产约定归各自所有，夫或者妻一方对外所负的债务，相对人知道该约定的，以夫或者妻一方的个人财产清偿。《〈民法典〉婚姻家庭编司法解释（一）》第三十七条规定，《民法典》第一千零六十五条第三款所称"相对人知道该约定的"，夫妻一方对此负有举证责任。同时，第二十八条也规定，一方未经另一方同意出售夫妻共同所有的房屋，第三人善意购买、支付合理对价并已办理不动产登记，另一方主张追回该房屋的，人民法院不予支持。由此可见，他人有理由相信其为夫妻双方共同意思表示的，另一方不得以不同意或不知道为由对抗善意第三人。此为善意第三人原则。

综上所述，在客户面临婚姻破裂的时候，我们非常重要的一个步骤是，从法律视角帮助客户捋顺所面临的复杂关系，分析利弊。如果涉及公司股权等复杂情况，应该请教专业律师。不时有理财师请教笔者："我的客户最近要离婚，我应该给她/他推荐什么保险？"坦率地说，这个时候做的安排很有可能会被认定为故意隐匿、转移婚姻共同财产。因此，婚姻中的保险规划依然遵循未雨绸缪的原则，不能临时抱佛脚。

如果一定要给个策略，建议利用法律架构加强对婚内资产的掌控力。例如，用夫妻共同财产为子女购买的、婚生子女作为受益人的保险一般不予分割，保险与孩子共同归由一方。假设女方以自己作为投保人、孩子作为被保险人、受益人为自己，投保大额年金保单，出于保护妇女和儿童的考虑，也可以帮助女性朋友们做到一定的婚内资产保全。总之，婚姻财产规划一定要合法、合情、合理。

🕐 精进时刻

婚姻财产分割的六大原则是什么？

_____

_____

_____

构建对抗共同债务的财富壁垒

从财务角度讲，结婚相当于两个人合并报表。在婚姻中，确实存在其中一人故意捏造夫妻共同债务，让另一半"被负债"的现象。如此，在债务偿还结束之后，再分割剩下的财产，其本人就能够得到更多的财产，这种做法当然令我们不齿。也有人在婚姻中认认真真经营生活，做自己的事业。那么，夫妻应该如何一起对抗来自外部的风险？又该如何搭建幸福婚姻生活的财富基石？本节我们一起来探讨这个问题。

风险案例

2018年年初，网上爆出小马奔腾创始人遗孀"夫债妇偿"，金燕被判背负债务两亿元的新闻，让《最高人民法院关于适用〈中华人民共和国婚姻法〉若干问题的解释（二）》（以下简称《〈婚姻法〉司法解释（二）》）①第二十四条再一次被推到了风口浪尖。2018年1月17日，最高人民法院发布《关于审理涉及夫妻债务纠纷案件适用法律有关问题的解释》②（以下简称《解释》），重新确立了夫妻共同债务的认定标准和举证责任规则。

《解释》于2018年1月18日起正式实施。根据相关立法和法律原则，新法优于旧法，同是最高院的司法解释，1月18日生效的《解释》优于2003年

---

① 该解释已于2021年1月1日废止。
② 同上。

颁布的《最高人民法院关于适用〈中华人民共和国婚姻法〉若干问题的解释（二）》。我国法律一般不具有溯及力，所以，新的司法解释不适用于金燕与天津建银文化的上诉案，改变不了一审判决结果，但因被告上诉，新的司法解释可以适用于二审。

2019年10月22日，北京市高级人民法院对"小马奔腾公司夫妻共债案"做出二审判决，驳回小马奔腾创始人李明遗孀金燕的上诉请求，维持一审判决。这意味着金燕需为亡夫李明因对赌协议形成的两亿元债务承担清偿责任。[①]

二审法院判决认为，金燕对于对赌协议约定的股权回购义务是明知的，其参与了公司的共同经营。李明去世后，金燕的一系列行为证实李明、金燕夫妻共同经营公司，涉案债务属于二人经营所负共同债务。

风险分析

"小马奔腾"的案例一直引发人们的关注，这个案例涉及的财富风险包括但不限于意外死亡、代持问题、家族内乱、高管离职、债务连带、对赌失败、资本反噬等风险，对于我们进行财富风险管理研究也具有诸多的启示。本节我们将聚焦夫妻共同债务问题。

对于夫妻共同债务问题，法学界一直存在比较大的争议，在2018年1月18日之前，夫妻共同债务主要适用于两个法律条款。第一个就是《婚姻法》第四十一条的规定，离婚时，夫妻共同债务应当共同偿还。共同财产不足清偿或者财产归各自所有的，由双方协议清偿；协议不成的，由人民法院判决。该条规定比较笼统和模糊，不具备可执行性。第二条就是著名的《〈婚姻法〉司法解释（二）》第二十四条。

---

① 《小马奔腾"遗孀负债案"终审判决：连带承担2亿债务》，新浪财经。

2003年出台的《最高人民法院关于适用〈中华人民共和国婚姻法〉若干问题的解释（二）》第二十四条规定："债权人就婚姻关系存续期间夫妻一方以个人名义所负债务主张权利的，应当按夫妻共同债务处理。但夫妻一方能够证明债权人与债务人明确约定为个人债务，或者能够证明属于婚姻法第十九条第三款规定情形的除外。"也即"夫妻对婚姻关系存续期间所得的财产约定归各自所有的，夫或妻一方对外所负的债务，第三人知道该约定的，以夫或妻一方所有的财产清偿。"

在中国的司法实践中，或许从来没有哪个法律条文能够受到如此广泛而持续的关注，从发布之日起就争议不断。有观点认为："对于在婚姻关系存续期间夫妻一方以个人名义所负债务，不问配偶是否知情、是否同意，只要债权人主张权利，该债务应当按夫妻共同债务处理，此规定使配偶财产权失去了法律保障。"也有观点认为，法律应首先保障第三人的合法权益，对于债权人来说，其在出借钱款的时候，不应强加询问债务人婚姻状况以及配偶是否知晓或认可债务形成的义务。基于夫妻之间亲密的利益关系，一方对外借债，优先推定为共同债务的做法，对于保护债权人的利益、维护正常的合同秩序还是更为有益的。

夫妻一方举债的情形在现实生活中非常复杂，不仅存在夫妻一方以个人名义在婚姻关系存续期间举债给配偶造成损害的情况，也存在夫妻合谋以离婚为手段，将共同财产分配给一方，而将债务分配给另一方，由此逃避债务、损害债权人利益的情形。总之，对于此类案件，各地法院执行标准不一，在充分保护债权人的同时，特别容易产生让夫妻无辜一方承担债务的错误判决。大多会判夫妻中不知情的一方为败诉方，继而使其成为受害人。不知情配偶要承担连带的赔偿责任，配偶的个人财产也有可能会被执行。几乎所有的"被负债"配偶，都是在拿到判决之后才知道这一"夺命"条款的存在，据说民间还成立了"反二十四条联盟"，该团体成员大多是因"夫妻共同债务"的认定结果而成为负债者，且大多数为女性。

"反二十四条"主要反的是什么呢？在司法实践中，本着谁主张谁举证的原则，若夫妻一方主张，则"举债人"需要证明所举债务被用于夫妻共同生活或者共同经营；若第三方（通常是债务人）主张债权，则"举债人"的配偶需要举证债务没有被用于夫妻共同生活，这是非常困难的事情。由此，我们可以看出，"反二十四条"主要反的就是"夫妻共同债务"的认定，共同债务判断的标准是举债的资金是否被用于夫妻共同生活或共同经营，如果确实用于夫妻共同生活，就属于共同债务；反之，则不属于。其核心点在于"夫妻一方能够证明债权人与债务人明确约定为个人债务"举证难的问题上。

《解释》的颁布，可以说意义非凡。需要说明的是，2018年1月18日开始生效的最高人民法院发布的《关于审理涉及夫妻债务纠纷案件适用法律有关问题的解释》已于2021年1月1日废止，相关条款被收入《民法典》第一千零六十四条。该条规定，夫妻双方共同签名或者夫妻一方事后追认等共同意思表示所负的债务，以及夫妻一方在婚姻关系存续期间以个人名义为家庭日常生活需要所负的债务，属于夫妻共同债务。夫妻一方在婚姻关系存续期间以个人名义超出家庭日常生活需要所负的债务，不属于夫妻共同债务；但是，债权人能够证明该债务用于夫妻共同生活、共同生产经营或者基于夫妻双方共同意思表示的除外。如此，夫妻共同债务的举证责任由举债方配偶转移到了债权人身上。

首先，该条款明确了夫妻共同债务形成的"共债共签"原则，夫妻双方共同签字或者夫妻一方事后追认等共同意思表示所负的债务，应当认定为夫妻共同债务，夫妻一方不同意的债务，不能被认定为夫妻共同债务。

其次，夫妻一方在婚姻关系存续期间以个人名义为家庭日常生活需要所负的债务，债权人以属于夫妻共同债务为由主张权利的，人民法院应予支持，也就是夫妻一方以个人名义为家庭日常生活需要所负债务为夫妻共同债务。那么，什么是家庭日常生活需要？简单地说，就是非用于纯个人目的的生活需要，通常包括购买家用食物、能源、衣物、正当的保健、娱乐、医疗、子女的教育、保姆的雇用、亲友之馈赠、报纸杂志的订购等。

最后，夫妻一方以个人名义超出家庭日常生活需要所负的债务，原则上不应被认定为夫妻共同债务，除非债权人能够证明该债务被用于夫妻共同生活、共同生产经营或者基于夫妻双方共同意思表示。这条规定实际分配给了债权人举证责任，增大了其举证难度。

成交攻略

该条款出台以后，对于夫妻共同债务的认定产生了哪些变化？笔者尝试通过以下3种情况说明其区别。

情况一：张先生夫妻商议对外借债，但是以张先生一人的名义向李先生借债。借债后张先生和太太离婚，张先生将所借资金全部转移给张太太，然后失踪。李先生将张太太告上法庭，主张其承担"夫妻共同生活期间所负债务"的一半，张太太以毫不知情和超出家庭生活开支举债的必要性与紧迫性为由进行抗辩，那么请问李先生的权益该如何保护？

出台前：推定为夫妻共同债务，张太太举证没有用于夫妻共同生活或共同生产经营。

出台后：推定为张先生个人债务，李先生举证该债务用于张先生和张太太夫妻共同生活及共同生产经营。

情况二：张先生和李先生商议虚构一项借款，并有银行流水，同时张先生骗取了张太太的空白签名并制作了夫妻共同签字的欠条（在正常夫妻生活中，夫妻一方取得另一方的空白签字是非常容易的）。借债后两人离婚，然后张先生失踪。李先生将张太太告上法庭，主张其承担"夫妻共同生活期间所负债务"的一半，张太太如何举证才能保护自己？

出台前：推定为夫妻共同债务，张太太举证没有用于夫妻共同生活或共同生产经营。

出台后：推定为共同债务。举证责任在张太太，需要举证自己对债务并不知情且债务并没有用于夫妻共同生活或共同生产经营。

情况三：张先生向李先生借款，借债后张先生和太太离婚，然后张先生失踪。李先生将张太太告上法庭，主张其承担"夫妻共同生活期间所负债务"的一半，张太太如何举证才能保护自己？

出台前：推定为夫妻共同债务，张太太举证没有用于夫妻共同生活或共同生产经营。

出台后：推定为张先生个人债务，李先生举证该债务用于张先生和张太太夫妻共同生活及共同生产经营。

我们发现，这时就会出现两种立场，第一种立场，从第一种情况来看，对债权人来说，如何才能保证自己的债权由夫妻共同偿还？在此建议，债权人在出借款项的时候，事先让夫妻双方都签字确认，事先没签字的，也要想办法让夫妻一方追认，如补签确认函、电话录音、录像、微信、短信、邮件确认。用于家庭日常生活需要所负的债务当然会被认定为夫妻共同债务，没有例外。但债权人必须举证，证明夫妻一方欠款是用于家庭日常生活需要。

第二种立场，作为妻子，如何保证自己在不知情的情况下被负债？结合情况二和情况三来看，在以前的实际判例中，类似债务就会认定为"夫妻共同负债"。而这样的认定对毫不知情的一方其实是十分不公平的，不知情的一方又很难证明自己不知情。正常生活轨迹中的夫妻，不可能天天防着另一方在外面借债。或者即使有防备之心，又如何能够防得住？新条款的出台，重新分配了相关举证责任，将"被负债"配偶的举证责任转移给了债权人，可以说是较好地保护了"被负债"配偶的权利。

对于在离婚诉讼中出现的虚假债务，法院一般会通知债权人到庭接受询问，首先明确告知其伪造证据、做虚假陈述的后果，并加以法律释明，形成震慑力；其次要求债权人对债务形成的时间、地点、用途、金额、利息、在场人、借款实际用途以及借款是否有偿还记录等进行详细询问，判断是否与举债配偶的陈述在逻辑上相一致，如果与债权人的陈述存在重大分歧，应要求当事人予以解释，若不能做出明确解释，就不能将该笔债务认定为夫妻共同债务。这样也从某种程度上保护了不知情的一方。

最后，关于共同债务还有一点补充，《〈民法典〉婚姻家庭编司法解释（一）》第三十四条规定，夫妻一方与第三人串通，虚构债务，第三人主张权利的，人民法院不予支持。夫妻一方在从事赌博、吸毒等违法犯罪活动中所负债务，第三人主张权利的，人民法院不予支持。法律明确了赌债不属于夫妻共同债务，赌博本身属于违法行为，因此赌债不是有效的债务，不受法律保护。

然而，在实践中，赌债常常以"货款""贷款""工程款"等形式被写入欠条，因此在证明赌博与债务形成具有关联性上存在一定的难度，通常认定民间借贷是赌债，除了借条上的内容反映出与赌博相关的信息，无利害关系的证人证言证明借贷是因赌博形成的债务、债务人与债权人之间经常的赌博关系、透露出赌博信息的追讨债款短信等，这些都是证明民间借贷是赌债的证据。

婚内财产协议一般对内有效，对外无效。法律一般从交易安全的角度出发，会优先保护善意第三人的利益。例如，张总和太太实行婚内财产AA制并签订了书面协议，约定家庭支出由不经营企业的张太太负责，在签订协议时家庭处于无负债的状态。虽然该婚内协议并没有故意损害任何第三人的权益，但是，这只是他们夫妻之间的约定，不能对抗不知情的第三人。也就是说，如果不知情的债权人在之后与张总的债权债务形成过程中，在不知道上述张总夫妻协议的情况下形成的债权，上述婚内协议无法对抗债权人的连带还债要求。不过，《民法典》第一千零六十四条明确规定，对于夫妻共同债务的举证责任转移到了债权人身上，由此减轻了夫妻举债方配偶的压力。

有夫妻一方出于私心，刻意而举之债；也有夫妻同心，构建更美好的生活而举之债。在现实生活中，夫妻一方向银行借贷时，银行一般会要求企业实际控制人夫妻双方签字承担连带担保责任，否则是很难借到钱的。即使是民间借贷，如果张总借钱的时候明确告诉债权人婚内财产约定或者约定属于他个人的债务，也是很难借到钱的。因此，尽管企业所负债务并未用于家庭共同生活，但如果夫妻双方均签字确认了银行贷款的连带担保责任，属于"共同意思表示"，其婚内个人财产依然需要偿还相应的债务。

尤其是企业家的风险，在现在这样一个社会环境中，想有效建立家庭财产和企业财产的隔离，难度还是比较大的。经常有人说，要构建家庭财产和企业财产之间的"防火墙"，避免家庭财产和企业财产混同，等等。然而在现实中，要想将企业控制人的财产和企业财产隔离开来，是缺乏有效手段的，当你有效隔离开了，企业估计也多半奄奄一息了。正因为如此，近年来越来越多的高净值人士开始未雨绸缪，寻觅守护财富的避险神器。例如，在财富状况良好的时候，拿出一部分财产独立于企业家夫妻双方之外，建立一个安全的资金池，在这中间构筑一道"防火墙"，从而建立一个家庭财富保障，这是比较可行的。而婚姻财富保全的工具无外乎两个：一个工具是家族信托，它可以有效地建立防火墙；另一个工具就是人寿保险，合理地规划设计人寿保险可以实现一部分的家庭财富保全功能。这也是《大额保单操作实务》一书中提到的，透过人寿保险打造幸福生活的四个保护神：家庭财富的不老泉（例如年金）、家业企业的"防火墙"、女性婚姻财富的"安全港"、财富风险的"缓冲垫"。

🕐 精进时刻

《民法典》的颁布实施，对于夫妻共同债务的认定有何重大意义？

_____

_____

_____

用大额保单打造完美嫁妆

婚姻财富又一怕，"皇帝嫁女怕女婿"。这两年，随着人们法律意识的增强，越来越多的客户开始关注婚姻财富保全的问题。除了自身的婚姻问题，越来越多的人也开始关注子女的婚姻财富问题。因为，谁也不会希望家族的财富最终流向自己不希望流向的那个人。中国有一句古话，叫"不怕贼偷，就怕贼惦记"。不稳定的婚姻，如同在家族财富之中潜藏的雷，不知道什么时候就会被引爆。

风险案例

马先生来自西北，是一位实业家，他把家安在了北京。马先生和太太一辈子打拼，积攒下了颇为丰厚的家底。夫妻琴瑟和鸣，女儿乖巧，一家人和谐幸福。但是好景不长，这样的和谐在女儿大学留学回国的时候被打破了。

女儿在国外留学期间，与另一位中国留学生恋爱了，回国后想马上结婚。马先生和太太一脸迷茫，对这位未来女婿一点都不了解，女儿却非他不嫁，也不知道小伙子的人品怎么样。于是，夫妻俩劝女儿不要着急。结果终究拗不过掌上明珠，夫妻俩决定依了女儿。马先生认为，女儿这番出嫁，肯定要风风光光的，首先必须保证女儿开心，其次宝贝女儿嫁过去，绝对要带着拿得出手的嫁妆，房子、车子不能少，现金也要足够，不能让人欺负了。

那么，如何给女儿置办嫁妆呢？马先生和太太这些年也听了不少私人银行组织的客户沙龙，心里多少有些底，知道给钱是一种比较原始的方法。把钱给到女儿，非常容易造成夫妻财产的混同，一旦混同，就会变成夫妻共同财产。要是感情好还好说，如果哪天小两口闹离婚，麻烦就大了。

马先生和太太也咨询过律师，律师的建议是拟一份婚前财产协议，然后双方签字，但是马先生的女儿死活不同意，责怪父母自己还没结婚就给埋雷。在中国人的观念中，婚前协议这样的安排肯定是伤感情和面子的。马先生和太太听女儿说得很有道理，但是如果不签署婚前协议，又该如何保护家族财富不受损害呢？

风险分析

在大多数中国父母面前，子女的事情通常没有小事。在感叹"可怜天下父母心"的同时，我们更应该从本业着手，思考有没有更好的办法可以帮助客户打消这方面的疑虑，转移相应的风险。在众多律师的助推之下，财富管理行业的发展也多了很多的"法商"视角。但是理财师并不是律师，我们在做客户财富的保全和传承时，更多的是根据风险管理的思路帮助客户完成财富的守护。基于法律的原因，客户的财富会面临什么样的风险？会有哪些不确定性？如何通过我们的金融安排帮助客户减少损失？如何联合专业律师帮助客户建立更为完善的财富堡垒？这是我们的基本职业素养。

本案例中的马先生所面临的问题是典型的中国父母在嫁女或给儿子娶媳妇时的问题。给孩子钱是必需的，然而只给现金，多少会面临资产混同的风险，除非小心翼翼，单设账户，只出不进。但是这样的生活状态未免太累心，而且过于锱铢必较；写婚前协议，又确实面子上过不去。那么，有没有一种方式，让这笔嫁妆给得更巧妙一些？

另外，在孩子结婚时，除了现金，中国父母特别愿意赠与孩子的资产就是房产了，以至于在《民法典》中的"婚姻家庭编"及其相应司法解释中，有大量涉及房产所有权属划分的条款。根据这些条款，笔者进行了一下梳理，做了个评估列表。主要考虑因素包括：取得时间、出资方、登记名下、是否贷款、还款来源。根据这5个因素来确定房屋的权属，如表3-1所示。

表3-1　婚姻房产权属划分

取得时间	获取方式	出资方	登记名下	是否贷款	还款来源	产权归属	备注
婚前	购买	双方	双方			共同财产	
婚前	购买	一方	一方	无		一方	
婚前	购买	一方	一方	有	一方	一方	
婚前	购买	一方	一方	有	共同财产	共有	
婚前	购买	双方	一方			共有	
婚后	购买	一方	一方	有	一方	一方	
婚后	购买	一方父母	一方			一方	
婚后	购买	双方父母	一方	—	—	按出资比例共有	有约定从约定
婚后	赠与	一方父母	一方	—	—	共同财产	单方赠与协议
婚后	继承					双方	
婚后	继承	—	一方	—	—	法定继承为共有	遗嘱指定为一方个人财产
婚后	父母名义房改房	双方	一方父母	—	—	一方父母	购买出资视同债权

如表3-1所示，大家可以根据取得时间是婚前或婚后，获取方式是赠与、购买还是继承，出资方，登记在谁的名下，是否有贷款，还款来源等因素判断房屋产权的归属，这是技术层面的判断。那么，有人会问："假如房子是父母在我婚前出资购买，登记在我的名下，不就不会混同了吗？"确实，道理及法律条款是这样规定的。但是我们不要忽略，婚姻是一个现在进行时的状态，婚后小两口是

有可能对房产进行处置的。笔者曾经就有一位客户，在女儿结婚时送给女儿一套房，婚后小两口希望改善住房，以小换大，结果这么一换，房子就从婚前个人财产变成了婚后共同财产。因此，我们还是需要用发展的眼光看待这个问题。

因为资产的混同性，我们也建议，父母在赠与孩子房产时，最好给自己留1%的份额，这样在日后孩子处置房产时，因为自己也是房产的所有权人，必须到场签字，如此可以防止孩子随意处置房产的情况出现。当然，如果充分相信孩子处理事务、应对世界的能力，也可以完全放手，让孩子独自承担。财富规划归根结底也是财富观、价值观的体现，不可一概而论。

成交攻略

在婚姻中，女方大多处于防守的位置。婚后生活中，大多数家庭都是男性负责经营事业，女性则负责照顾家庭和孩子，所以一旦婚姻发生变故，女性受到的伤害往往更大，所以马先生必须提前做一些准备，至少保证女儿一生衣食无忧。建议马先生将1000万元现金用大额年金保险形式送给女儿，可趸交，也可采用预交保费的方式分3年或5年交。投保人为马先生，被保险人为马先生的女儿，生存受益人为马先生的女儿，死亡受益人为马先生。将来马先生的女儿生孩子了，再将死亡受益人变更为孩子。同时马先生设立遗嘱，如果马先生去世，投保人的所有权益包括现金价值归女儿所有，与其配偶无关。这样的安排有以下几个方面的好处，如图3-1所示。

首先，1000万元保费的年金保险，每年将给马先生的女儿提供30万元左右的现金流，作为其基本生活费是没有问题的。如果马先生的女儿暂时不使用这笔年金，也可以放入保险的万能账户继续投资，以获取投资收益。马先生的女儿作为被保险人，同时也是年金受益人，活多久就领多久年金，直至终身。创造伴随一生的现金流，可以保证马先生的女儿一生衣食无忧。

案例:
马总的女儿马上要结婚,马总打算给女儿婚房一套和现金1000万元作为嫁妆,马总的理财师可以这样建议:

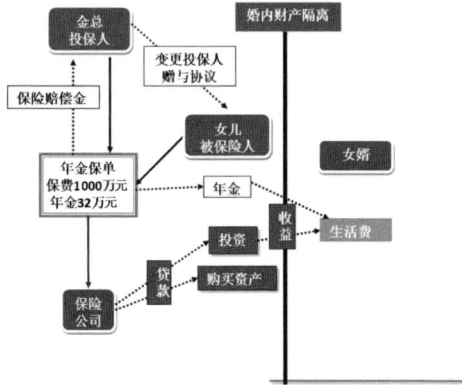

此文件最终解释权归祥霞财富工作室所有。

图3-1 巧用大额保单打造完美嫁妆

　　其次,马先生作为投保人,掌控着保单,其女儿只是每年领取年金,可以防止1000万元的本金被挥霍。在女儿各方面比较成熟且有比较好的财务习惯后,马先生也可以将投保人变更为自己的女儿,但必须配合签署一个赠与协议,明确说明保单赠与女儿个人,与其配偶无关,赠与协议不需要女婿签字,也不会引起家庭矛盾,却能保证保单财产归自己的女儿个人所有。

　　综上所述,马先生作为投保人,女儿作为被保险人,保单的收益也可以用于小两口的家庭生活,只要小两口感情稳定,保单会给这个家庭提供一个稳定的现金流。但如果不幸小两口离婚,保单的实际财产权益归投保人马先生所有,离婚时保单本身是不可能被分割的,依然可以守护女儿一生的幸福。假如马先生不幸去世,马先生的女儿可以根据遗嘱将投保人变更为自己,因遗嘱中明确说明归属马先生的女儿个人所有,与其配偶无关,保单依然属于马先生的女儿的婚内个人财产。

　　保单是一种很特殊的资产,它的财产归属根据合同,在不同的阶段有不同的归属和分配方式，我们可以利用这种结构，实现子女的婚姻资产保全。

在婚姻财富管理的进程中，对于大多数高净值人士来说，建议找专业的理财师随时为财富把关，从而保证财富安全。理想的婚嫁赠与架构，可以参考"攻守兼备"的原则，做到进可攻、退可守。大家好好在一起的时候，可以共享财富；但是假如哪一天分开了，家族的财富也不会受到伤害。例如，在给嫁妆这件事情上，除了可以给现金或房产，我们还可以利用大额年金保单结合公正赠与协议及遗嘱搭建一个架构。在此，重申一遍：婚姻财富管理的核心在于追求幸福，婚姻规划的第一原则在于和谐共赢，而不是对抗。

🕐 精进时刻

子女婚姻财富规划的要点是什么？

_____

_____

_____

再婚家庭的婚姻财富规划

美好的爱情是人类永恒的追求，即使经历了失败的婚姻，依然阻止不了人们对新生活的向往。然而，婚姻的变动也会给家庭财富带来一系列的变化。再次踏进婚姻的殿堂也需要足够的勇气和财富管理的智慧。随着人类平均寿命的延长，婚姻的变化有可能更为频繁，如何做好再婚家庭的婚姻财富规划，可能是很多人要面临的问题。本节我们将针对再婚中的一些常见财富规划问题进行分析，以此为大家提供一些思路。

风险案例

琳是国内一家大型企业的高管，本来家庭和美，丈夫能干，女儿可爱。然而，天有不测风云，5年前，琳的先生因为罹患癌症去世，留给琳与女儿上千万遗产和若干套房产。琳的丈夫留有遗嘱，说这笔钱要用来好好照顾他们的女儿。琳认为，自己还是要坚持工作。因为平时要上班，琳把女儿拜托自己的父母照看，周五接回家共度周末或者带孩子去看望爷爷奶奶。

在一次工作宴会上，琳邂逅了唐先生。唐先生温文尔雅的气质一下子吸引了琳，琳感觉自己的感情生活又燃起了新的火苗。唐先生也觉得琳温柔恬静，是自己心仪的对象。两人都喜欢读书，也都喜欢健身，聊起天来有说不完的话题。后来琳得知，唐先生之前在美国有过一段婚姻，一年前因为女方出轨而离婚了。唐先生有一个6岁的儿子跟随他回到国内生活。

琳和唐先生很快坠入爱河，并相处了一段时间。两人各自的孩子对新来的叔叔阿姨一开始都不能接受，后来看到叔叔阿姨真的对自己挺好，关系才慢慢缓和了下来，但是依然没有达到特别亲近的程度。琳和唐先生之前也想过结婚的事情，但是因为考虑到两个小孩的感受，一直没有进一步的动作，结婚的事情也就搁置了。

事实上，两人都是结过婚的人，也充分意识到婚姻多少会对双方的财富带来不同的影响，尤其是琳，自己已经有一个孩子，若与唐先生结婚，便有两个孩子，能不能端平这两碗水，琳还真有些没把握。如果未来再生一个孩子，情况就更复杂了。另外，尽管唐先生现在对自己很好，但是未来如果感情破裂，又该怎么办？丈夫过世的时候也曾留过遗嘱，这些遗产是用来照顾女儿的，是不是应该做些规划和安排？

风险分析

现代社会中，再婚的情况并不少见。随着人均寿命的延长，离婚、再婚的情况会越来越常见。我国《民法典》第一千零四十一条规定，我国实行婚姻自由、一夫一妻、男女平等的婚姻制度。再婚是离婚或丧偶以后，再一次结婚。对于再婚又离婚的财产归属和债务与初婚离婚时的规定一样。个人财产不能分割，共同财产可以分割。再婚个人财产，通常是指再婚前夫妻一方就已经取得的财产。关于婚前个人与婚后财产混同的风险，前文已经有过较多分析，在此不再赘述。

再婚也不同于复婚，《民法典》第一千零八十三条规定：离婚后，男女双方自愿恢复婚姻关系的，应当到婚姻登记机关重新进行结婚登记。《婚姻登记办法》第八条规定，双方当事人必须亲自一起到一方户口所在地的婚姻登记机关申请复婚，还必须出具离婚证或法院判决书（或调解书），经审查符合法定条件的，婚姻登记机关即发给结婚证，收回离婚证或离婚法律文书。由此可见，婚姻关系是一种法律关系，它的产生与消除都必须经过法定程序，复婚同结婚所要履行的手续一样，都要到婚姻登记机关办理登记手续。

涉及再婚的问题，我们还需要注意是否有重婚的风险。一个典型的案例就是小说《何以笙箫默》中的故事。小说中有这样一个情节：为了领养一名小孩，赵默笙和应晖在国外注册结婚，根据我国关于涉外婚姻结婚的认定相关规定，只要双方结婚时符合登记地所在国的法律，我国一般是承认其婚姻效力的。因此，两人的婚姻有效。

在美国离婚，夫妻双方达成离婚协议的情况下，法官会将离婚协议书作为离婚判决书的一部分予以签署并下达法庭命令。小说中并未看到应晖向法院提交离婚协议的情节，再加上应晖对赵默笙一往情深，离婚程序是否完成，是个问号。即使美国法院已经判决应晖和赵默笙离婚，他们依然需要就这起案件的判决书向中国法院申请承认与执行。

本案例中，唐先生在美国的离婚也存在类似的风险，因为我国法律对于境外法院离婚的判决有一个特别的程序，叫作境外法院离婚判决承认程序。也就是说，如果当事人在境外拿到离婚判决，中国并不能即时承认境外离婚判决的效力，必须由当事人把判决书拿回来，拿到中国的法院被承认了以后，才能确认离婚判决有效。其法律依据是《最高人民法院关于中国公民申请承认外国法院离婚判决程序问题的规定》第一条。该条规定，对与我国没有订立司法协助协议的外国法院做出的离婚判决，中国籍当事人可以根据本规定向人民法院申请承认该外国法院的离婚判决。

相关阅读

在涉外婚姻结婚的认定方面，无论中国公民和外国人在中国境外结婚，中国公民之间在中国境外结婚，还是外国人之间在中国境外结婚。只要依婚姻缔结地法为有效，我国一般承认其婚姻效力。但不得违背我国法律的禁止性规定，不得违背我国的公序良俗。因此，两名中国公民在国外依当地法律结婚，回国后无须再到婚姻登记机关办理结婚登记。

根据原《中华人民共和国民法通则》[①]（2009年8月27日）第一百四十三条规定，"中华人民共和国公民定居国外的，他的民事行为能力可以适用定居国法律"。第一百四十七条规定："中华人民共和国公民和外国人结婚适用婚姻缔结地法律，离婚适用受理案件的法院所在地法律。"中国公民在外国依照当地法律结婚，只要不违背我国《民法典》中"婚姻家庭编"的基本原则和中华人民共和国的社会公共利益，其婚姻关系在中国境内有效，当事人回国后无须再到婚姻登记机关重新办理结婚登记。根据1997年《民政部办公厅关于对中国公民的境外结婚证件问题的复函》（厅办函〔1997〕63号）规定："两个在国外长期学习、工作、探亲的中华人民共和国公民（华侨除外）在国外结婚，原则上应在中国驻该国使馆、领馆办理结婚登记（居住国不承认的除外）。如该国和我国无外交关系或该国不承认我驻外使、领馆办理的结婚登记，当事人在该国依照结婚缔结地法律结婚，只要不违背《中华人民共和国婚姻法》的基本原则和中华人民共和国的社会公共利益，其婚姻关系在中国境内有效。"[②]

那么该结婚证是否需要到相关机构进行公证、认证？事实上，公证、认证等程序都不影响结婚的效力。但是如果该结婚证要在中国境内使用或证明双方的身份关系，建议最好在婚姻缔结地办理公证和该国外交部或外交部授权的机关认证，并经中国驻该国使、领馆认证后，方可在国内使用，比如到公安户籍管理部门变更婚姻状况；将来双方离婚向法院起诉时，该结婚证的公证认证

---

① 《民法典》自2021年1月1日生效，《中华人民共和国民法通则》同时废止。《民法典》中未有相应条款。
② 民政部网站。

也是前置程序。所以为了避免将来的麻烦，当事人在国外结婚后，还是及时办理公证认证手续为宜。

成交攻略

需要注意的是，在涉外婚姻中，有些国家或地区的法律除了婚姻关系，还承认事实婚姻。例如，澳大利亚就承认同居关系（De facto Relationship）。该同居关系需满足最少12个月的要求，也叫作12-month Relationship 或事实婚姻关系。事实婚姻源自澳大利亚于1975年颁布的《家庭法》第4AA条。它旨在认定事实上和结婚无差别的双方关系。根据法律规定，事实婚姻必须满足以下3个条件：双方没有注册结婚，即在法律上两人不具备结婚关系；双方没有家庭关系，即双方不是直系亲属，没有直接的亲属关系；可以提供证据证明双方拥有真实的同居生活，即可以证明同居的性质和程度，可以证明有共同的经济支出和生活付出等。同居关系基本要求如下：双方至少18周岁；同居关系至少12个月；"约会"时间不计算在12个月内。每个州的具体细节要求可能不一样，具体条件以当地注册机构的要求为准。如此一来，这将使跨境婚姻造成的财富影响更为复杂。

随着全球化的发展，我国出现了越来越多的跨境婚姻。同时，因为高净值客户家庭大多有移民的诉求，家族国籍身份较为多元化，由此涉及婚姻方面的问题会更为复杂。因此，建议琳，两人如果要结婚，按照境外法院离婚判决承认程序的制度，唐先生的离婚判决或者美国的离婚判定，是否向中国法院申请承认与执行，是否在中国生效，这是首先需要理清的问题。否则，按照中国法律，唐先生和前妻仍然是合法夫妻，所以琳和唐先生在这时结婚很有可能会构成重婚，重婚是刑事犯罪，哪怕不构成重婚，他们之间的婚姻也可以被认定无效。假如此时两人商量共同购置房产或做出一些财务决策，那么这个房产或财产的权属将面临更为复杂的境况。

首先，关于涉外婚姻的离婚，究竟在哪里离比较好？在哪边离婚可以分到更多的钱呢？在哪边离更容易争取到孩子的抚养权？这些问题非常复杂，尤其是涉及跨境的时候，会涉及两地的法律冲突、两地的判决承认的问题，还有一些诉讼策略上的问题，没有办法一概而论。因此，笔者建议财富管理顾问咨询有资质的律师，从而为当事人制订出一个最佳的方案。

其次，我国《民法典》关于婚前财产归属问题只有一条规定，但很明确，即婚前财产归夫妻一方个人所有。婚前财产，即夫妻一方婚前所有的财产。我国法律关于婚前财产的界定，是以结婚登记的具体时间作为时间界点划分的，而不是以同居的时间或办理酒席的时间作为婚前财产划分的时间点。我们一般可以认为，只要夫妻一方所有财产的取得时间是在结婚之前，或虽在结婚之后取得，但结婚前已明确可以取得的，应当认定为夫妻一方的婚前个人财产。

结婚之前已实际取得的财产，如夫妻一方婚前取得的劳动报酬、投资经营所得、接受他人赠与或继承所得的财产等，只要是在夫妻双方办理结婚登记之前取得的，就应当被认定为婚前财产。结婚之前虽未实际获得财产，但结婚之前已经明确可以取得的，如夫妻一方在婚前已经明确可以继承的财产，而在结婚之后才分割取得上述遗产份额，此时夫妻一方继承的财产亦应当被认定为婚前财产。

对于前夫留下来的遗产问题，建议琳制订一份婚前财产协议，以避免婚后财产的混同。如此也是尊重前夫意愿，将财产留给前夫期望照顾的人，这也符合人之常情。对于这笔资产的规划，琳还可以这样做，以自己为投保人，以女儿为被保险人，购买大额年金保险，配合单方赠与协议与遗嘱，以此锁定保单的归属。当然，如果金额足够，也可以选择保险金信托的方式，这样架构将更为稳妥。

事实上，我们在帮助客户做婚姻财富规划时，并不在于让当事人处心积虑地去算计对方，而是如何在基于爱情、责任等道德保障的层面上再增加一层制度的保障。因为我们知道，人性是经不起太多考验的。我们更希望我们的客户更好地经营自己的婚姻，就像《致橡树》诗中写的那样，希望的是夫妻共同成长，相互辉映。

🕐 精进时刻

再婚家庭会面临什么财富规划风险？

_____

_____

_____

第 4 章

家企隔离攻略

当企业家将全部精力放在自己的事业上，一心一意创富的时候，他们家庭或家族的私人财富却可能由于企业遇到各种各样的问题，如债务、担保、代持、股权架构、经营等风险，而遭受毁灭性的打击；反过来，婚姻风险、人身风险等家庭或个人风险，同样会对企业经营造成很大的影响，甚至导致危机。一般而言，不清晰的产权、家业和企业的混同是众多企业家私人财富遭遇风险的主要原因。

2020 年年初突如其来的新冠肺炎疫情，给中国的经济与社会发展带来了新的困难，企业也面临更为复杂和严峻的态势。面对更大的不确定性，企业家应该如何保护私人财富、应对上述风险，是值得他们深思的。在本章中，我们将一起来拆解企业家在家业和企业方面所面临的风险，并讨论有效的家企隔离攻略。

合理选择投保人，建立家业和企业的"防火墙"

虽说现代社会普遍采用的是有限责任公司的组织架构，但是我们发现，当家业和企业财产混同之后，往往会牵一发而动全身。企业家就是这样的一个群体，他们创新求变、敢于冒险、追求成功，这是企业家的天性，但是企业家在全身心投入企业经营管理中时，往往会忽略一个重要问题，那就是家庭财富与企业经营之间防火墙的设立。家业和企业之间剪不断、理还乱的关系，往往会造成很多问题。

风险案例

杨先生今年50岁，是二线城市一家物业公司的实际控制人。他早年经营房地产和建筑公司，因为企业经营需要向银行贷款，虽然企业是有限责任公司，但贷款时银行都让杨先生与其妻子杨太太签订连带担保责任。这意味着杨先生的家庭财富面临一个风险：假如企业经营失败，会直接威胁到杨先生家庭财产的安全。

2020年，杨先生的企业经历了一次劫难。席卷全球的新冠肺炎疫情给各国经济带来了巨大影响，在这次危机中，因为市场遇冷，杨先生的项目没有及时出手，售房款没有回笼，导致企业的资金链几乎断裂，不仅家里的资产都被变卖凑了银行还贷的款额，还使用了部分民间借贷。所幸后来得一朋友相助，公司才缓过劲来。

接下来，杨先生将逐步出售自己手里的项目，仅保留一部分核心地段的房产，开始专注于经营物业公司，同时保留了建筑公司的一部分业务。杨先生的父母均健在，均75岁，属于退休工薪阶层，负债概率较小。杨先生的儿子杨小宝今年17岁。目前，杨先生拥有的企业净资产为2亿元左右，家庭财产主要是房产和金融资产。其中，房产市值约1.5亿元，包括写字楼、别墅和公寓；金融资产约6000万元。因为前车之鉴，杨先生对将来有些担忧。

为了保证自己和家人未来的生活品质，杨先生决定趁现在财务状况良好，拿出一部分资金做些财务上的保障安排，规避全家可能产生的意外、疾病等风险，同时创造一个稳定的现金流，进行基本的财富保全。

杨先生充分意识到现金流断链与债务风险的危害，那么有什么样的方法可以帮助杨先生呢？

风险分析

财富的源泉是什么？有人说"一分耕耘一分收获，我靠自己的辛勤劳动挣钱"；有人说"我有聪明才智，我靠出售自己的奇思妙想挣钱"；有人说"我做平台，我给大家创造了价值，以此获得我的报酬"；有人说"我提供服务，我节省了别人的时间，因此挣到了收入"；还有人说"我有资本，我以钱生钱，靠资本获利"……除此之外，还有一类人比较特别，他们敢于冒险，大胆创新，创造了一个个新的商业模式，不断开疆拓土，甚至改变了我们的生活方式，我们将这一类人统称为企业家。他们通过对企业的经营获取财富，他们最重要的财富来源就是公司的股权。

然而在本节案例中我们会发现，企业财产和家庭财产特别容易混同。一家企业的任何风险，都有可能导致连锁反应，对整个家庭甚至家族的生存造成很大影响，严重时有可能会致使家庭最基本的财富来源失去保障。同样，因为个人的自然人风险或者家庭财务的风险，也会导致企业的运作受到不同程度的影响，由此导致企业易主的事情并不少见。

也许有读者朋友就要有疑问了，现实中不都是设立有限责任公司吗？企业破产损失也就以此为限，为何会影响家庭财产呢？事实上，在法律界流行着这样一句话："有限公司只是一层薄纱，分分钟便穿透了。"与婚姻财产章节中的观念类似，如同婚前财产与婚后财产发生混同之后，企业财产与家庭财产一旦混同，同样分不清。因此，债务隔离是每一个企业家都应该注意的问题。

企业财产不等同于个人财产，最好的隔离方式确实如上所述，企业的归企业，家庭的归家庭，不要有一分钱的混同。但在现实企业经营中，由于种种原因，企业主并不能做到家庭财产与公司财产的绝对隔离。

社会上很多企业是夫妻共同经营，而经营导致的债务风险往往很难防范。如果是个体经营和个人独资企业，夫妻显然要对公司负无限连带责任。而对于常见的有限责任公司，往往会因为以费用报销获取家庭财产、用企业资金购买家庭财产、采取股东借款的财务处理方式进行股东分红、家族成员之间不同公司发生关联交易、企业虚假出资、抽逃注册资本，以及本节案例中，以个人账户收取公司账款等，导致必须对企业承担无限连带责任。

不管是哪种方式，都很容易造成企业财产与家庭财产的混同，这种情况在中国企业家当中较为普遍。一旦企业主忽略风险，未来有可能发生行政处罚责任、民事债务责任、刑事责任三重后果。

另外，不仅债务人会面临财富风险，债权人也会面临另一个维度的风险。2017年年底，有位客户咨询过笔者要不要借钱给别人的事情。这位客户为人非常谨慎，生意也一直做得很稳当，有一天，笔者突然接到他的电话，他问："曾老师，有个好朋友想向我借一笔钱，我拿不定主意是借还是不借，你帮我参谋一下吧。"笔者就问他具体的情况，原来，他的这个朋友在老家（三线城市）开发了一个房地产项目，银行断贷，遇到资金问题，想要向他借2000万元的资金，一个月后归还，用市值两倍价格的房产进行担保。

笔者建议客户做两个方面的考虑：首先，看关系的亲疏；其次，是否能够接受这件事情最坏的可能。假如最终对方无力偿还，自己是否愿意做房地产公司的老板并承担相应的职责。因此，在举债这件事情上，不管是借方，还是贷方，其实都有自己的立场和角度，所以要谨慎行事。

成交攻略

当家业和企业发生严重混同风险的时候，家庭财产往往都会被抵债，因此必须做好相应的预案。最重要的是，既不能让家庭风险影响企业经营，也不能让企业经营风险影响家庭正常生活。当然，如何规避家庭风险对企业经营的影响，这已经不仅涉及财富管理，还涉及企业的管理和公司治理等方面的内容，需要经验丰富的商事律师来协同把脉、出具良方。这也正是财富管理需要引入律师等专业人士的原因。

世上事有可为，有不可为。作为财富管理师，我们要认清自己的主业和职责边界。这时，如果能够提供一些建设性的意见或者帮助他人找到一个合适的律师，也是我们价值的体现。

那么，在面对这些客户时，大额保单可以起到什么样的作用呢？当我们在设计大额保单方案时，需要考虑一系列的因素，尤其是面对资产量比较大的客户。如何设定合理的保险架构？如何选择保险公司所属司法管辖区？如何设定投保人、被保险人以及受益人？这些都是需要我们事先考虑的问题，本节我们先重点分析投保人的设计。

我们可以给杨先生这样的建议：大额年金险+高额寿险+重大疾病保险+高端医疗保险，主要保费用来购买大额年金险，年金的一部分用来配置寿险、重大疾病保险和高端医疗保险，也可以采取分开设计的策略。那么，这张大额年金保单的投保人应该如何安排呢？

该问题的核心是：保单的现金价值是否属于投保人的财产权益？它能否作为执行标的？是否会被强制执行？一般的操作都是以杨先生或者杨太太作为投保人，但这种安排有可能存在较大的风险，因为年金险一般都有比较高的现金价值，而现金价值属于投保人的责任财产。这就有可能受到投保人负债等自然人风险的威胁，一旦发生极端事件，保单的现金价值极容易被执行。

人寿保险单的现金价值系基于投保人缴纳的保险费所形成的，由投保人缴纳的保险费以及扣除相关费用后的分红收益构成，是投保人依法应享有的财产权益，与保险金是两个不同的概念。债务人向保险公司购买的人寿保险，根据《保险法》的相关规定，投保人享有单方面解除合同的权利，合同解除后保险人必须向投保人支付保单现金价值。保单现金价值的计算方法是确定的，这就意味着保险人在合同解除时支付给投保人的金额是确定的。因此，保单的现金价值作为投保人享有的一种确定的投资性权益，归属于投保人，故人民法院在执行程序中进行提取并无不当。所以，债务人主张购买的人寿保险具有人身专属性以阻却执行[①]的，法院不予支持。

《最高人民法院关于人民法院民事执行中查封、扣押、冻结财产的规定》第二条规定："人民法院可以查封、扣押、冻结被执行人占有的动产、登记在被执行人名下的不动产、特定动产及其他财产权。"《最高人民法院关于人民法院民事执行中拍卖、变卖财产的规定》第一条规定："在执行程序中，被执行人的财产被查封、扣押、冻结后，人民法院应当及时进行拍卖、变卖或者采取其他执行措施。"

[①] 执行阻却是指在执行过程中，由于某种情况的发生使执行程序暂时不能进行，或者无法进行，或者无须进行。

人寿保险是以人的生命和身体作为保险标的的，兼具人身保障和投资理财功能，但保险单本身具有储蓄性和有价性，其储蓄性和有价性体现在投保人可通过解除保险合同提取保险单的现金价值。这种保险单的现金价值属于投保人的责任财产，且在法律性质上不具有人身依附性和专属性，也不是被执行人及其所扶养家属所必需的生活物品和生活费用，不属于《最高人民法院关于人民法院民事执行中查封、扣押、冻结财产的规定》第五条所规定的不得执行的财产。人民法院的强制执行行为在性质上就是替代被执行人对其所享有的财产权益进行强制处置，从而偿还被执行人所欠的债务。因此，年金保单的现金价值依法可以作为强制执行的标的。

相关阅读

《最高人民法院关于人民法院民事执行中查封、扣押、冻结财产的规定》节选

第二条　人民法院可以查封、扣押、冻结被执行人占有的动产、登记在被执行人名下的不动产、特定动产及其他财产权。

……

第五条　人民法院对被执行人下列的财产不得查封、扣押、冻结：

（一）被执行人及其所扶养家属生活所必需的衣服、家具、炊具、餐具及其他家庭生活必需的物品；

（二）被执行人及其所扶养家属所必需的生活费用。当地有最低生活保障标准的，必需的生活费用依照该标准确定；

（三）被执行人及其所扶养家属完成义务教育所必需的物品；

（四）未公开的发明或者未发表的著作；

（五）被执行人及其所扶养家属用于身体缺陷所必需的辅助工具、医疗物品；

（六）被执行人所得的勋章及其他荣誉表彰的物品；

（七）根据《中华人民共和国缔结条约程序法》，以中华人民共和国、中华人民共和国政府或者中华人民共和国政府部门名义同外国、国际组织缔结的条约、协定和其他具有条约、协定性质的文件中规定免于查封、扣押、冻结的财产；

（八）法律或者司法解释规定的其他不得查封、扣押、冻结的财产。

投保人设计保单的时候应遵循以下原则：第一，保险利益原则；第二，自然人风险取小原则；第三，兼顾代际隔离与传承原则。

第一， 保险利益原则。《保险法》第十二条规定，人身保险的投保人在保险合同订立时，对被保险人应当具有保险利益。人身保险是以人的寿命和身体为保险标的的保险。保险利益是指投保人或者被保险人对保险标的具有的法律上承认的利益。同时，第三十一条规定，投保人对下列人员具有保险利益：

（一）本人；

（二）配偶、子女、父母；

（三）前项以外与投保人有抚养、赡养或者扶养关系的家庭其他成员、近亲属；

（四）与投保人有劳动关系的劳动者。

除前款规定外，被保险人同意投保人为其订立合同的，视为投保人对被保险人具有保险利益。

订立合同时，投保人对被保险人不具有保险利益的，合同无效。

第二，自然人风险取小原则。这里主要指负债风险低，离婚概率小。投保人尽量用负债风险低的人，此时若家有一老，则如有一宝。目前，不少保险公司对被保险人的年龄上限有规定，但是对投保人的年龄的限制相对宽松，因此，可以选用负债风险相对更低的老人作为投保人。同样，离婚也会造成财产的分割，如果条件允许，建议使用婚姻风险小的家庭成员作为投保人。

第三，兼顾代际隔离与传承原则。 一方面，确实存在跨代传承的需求，爷爷辈希望给子孙提前转移部分资产，以表达疼爱之情；另一方面，当保险事故发生时，跨代投保也是一个很好的策略。目前，一些保险公司允许爷爷辈的投保人给超过一定年龄的被保险人投保。

从本节的案例出发，为了降低整个大额保单设计中因投保人负债问题从而导致保单偿债的风险，杨先生可以将2000万元赠与自己的父亲，然后杨父为投保人购买保单。因为杨父负债的可能性几乎为零，而赠与行为又发生在杨先生的企业和家庭净资产都超过赠与额的时期。这份保单的现金价值受到杨先生债务威胁的可能性就很低了。

在实务操作中，有几点需要注意的地方。首先，2000万元应一次性赠与投保人杨父，并且必须申明单独赠与投保人，并签订赠与协议。其次，大额年金保险最好选择趸交的形式，若选期缴，可用万能险账户将剩余保费全部追加入万能险账户或预交保费服务进行保全，不宜以现金形式留在父母账上。

当投保人死亡时，投保人的相关权益和现金价值都将作为投保人的遗产被继承。假设杨先生有兄弟姐妹，建议保单规划结合"附条件赠与协议"及"遗嘱"进行安排。附条件赠与协议写明：赠与杨父的2000万元必须全部用于购买该保险计划，未经杨先生允许，不能退保，不得做部分领取，不得做保单贷款等，否则赠与无效，退保所得现金价值、部分领取和保单贷款所得财产必须全部返还给杨先生。在附条件赠与协议的基础上，建议投保人订立"遗嘱"：当投保人去世后，可建议保单全部权益的1%归杨先生所有，99%遗赠给杨小宝，由杨先生作为投保人代为持有保单。这样即使偿还杨先生的债务，也只需偿还保单现金价值的1%，同时也规避了杨小宝作为被投保人退保、挥霍保单的风险。

🕐 **精进时刻**

    家企不分会对企业及企业主家庭造成什么影响？ 如何理解投保人设计三原则？

_____

_____

_____

巧设保单受益人，合法隔离现金流/债务风险

企业的经营过程，也是企业实现"现金—资产—现金（增值）"的循环过程。而资金链就是维系企业正常生产经营、运转的根本。资金犹如企业的"鲜血"，任何"供血不足"或"血管阻塞"的情况都会影响企业的正常经营活动，资金链变为"资金锁链"甚至断裂，就会导致非常严重的后果。因此，保证资金链的持续良性运转是企业经营的根本课题。

风险案例

提到债务风险，我们就会联想到一些悲情人物。每年的年关，都是要债和被要债的高峰期，很多企业家这时都会特别紧张。2018年新年伊始，一位天才创业者选择了告别这个世界，没有留下任何遗嘱。他最后一条朋友圈这样写道："我爱你不后悔，却尊重故事结尾。"

那么，究竟发生了什么事情迫使这位天才创业者最终选择了永别人世？是创业不赚钱，还是资本界新的寒潮？或者是其他什么原因？2016年，某公司年报显示，少数股东的亏损达到1000多万元。到2017年半年报发布时，股东的亏损达到了215.2万元，负债额高达4514.63万元。

同年10月，这位创业者向该公司的实际控制人某集团发出求助邮件，希望得到资金支持，以帮助"弹尽粮绝"的公司渡过难关。而该公司这时已经惨

到公司账户上还剩1000多元，连交电费都不够的程度。因为欠薪问题，员工还集体去投诉公司，产品的研发进度也受到了阻碍，大量员工申请离职。

此时，作为CEO的这位创业者不但抵押了自己的车、房去支撑公司运营，还向朋友借了近千万元的债……如果说他能够撑到产品上市，公司也许还有逆天改命的机会，然而并没有，最后一次求助因为与利益相关方没能达成合作，最终也失败了。

风险分析

从以上案例中，我们可以看到，该企业家之所以被逼上绝路，有很大的原因是他犯了一个致命的错误，当公司资金链出现问题时，他不仅没有断臂求生，选择以退而求其次的方式寻求生存，反而搭上了自己的全部。

旅游大亨郭某身价曾高达40亿元。2007年，郭某花1600万元在喜来登酒店迎娶了日本石川县的首富之女，然而好景不长，2015年，郭某因投资房地产失败，资金链断裂，背上了巨额债务，公司被迫关门，其办公楼也面临被拍卖还债的命运。另一案例是长沙的付某靠6条土狗起家，一度创下数千万元资产的财富，仅仅一夜之间，他就从人生的巅峰跌落到谷底，不仅赔上了所有的资产，还欠下1200多万元的债务。通过以上案例，我们会发现，现金流就像企业的血液，一旦"供血不足"，企业就会陷入非常危险的境地。

2015年，笔者当时在银行从事理财工作，忽然有一天，从行里客户经理那里传来一个消息："某某客户跳楼自杀了！"那位客户我见过，是钢贸行业的一位老板。之前银行组织客户活动的时候，他带着两个女儿来参加了。那是一场绘画比赛，他的两个女儿画得都特别好，其作品被评为优秀作品，还在行里进行了展出。这位客户给人的感觉是比较温文尔雅的，因此乍一听到这个消息笔者不敢相信，他怎么舍得天使般的两个女儿？于是，笔者特意向客户经理再次确认，最终确信这个悲剧真的发生了。究其原因，钢贸行业属于"去产能"行业，由于行业衰退，他的现金流断档，无力偿还银行数千万元的贷款，因此他选择告别了这个世界。

由此，我们会发现，一个突如其来的"黑天鹅事件"、一个行业的政策风险，都有可能让一家企业的现金流遭遇"考验"。例如，企业家的意外或疾病，或者一场不约而至的自然灾害。

不管怎样，你都应该充分认识到资金链断裂对于企业经营的危害性。当企业的造血功能被抑制，当良性债务演变为恶性债务，企业不仅融资成本会变得奇高，现有的资产也有可能遭到被迫变现的命运。所以，企业在追逐高利润的同时，也要关注财务风险管控，千万不能陷入恶性债务之中。

在企业资金链管理中，应对现有资源变现能力或可靠性做审慎的检查，一旦发生资金链紧张的情况，企业现金流将如何变化？资产权利短期内被迫变现会面临何种问题？资产强制变现会有多大损失？是否有必要预先设立应对措施？为了防止强迫变现导致的损失，特别是多米诺骨牌效应的出现，企业家应充分重视开发项目的可行性研究，通过对项目的开发背景、功能、规模以及各种技术经济指标的分析，初步确定投资的成本，从而确定资金的使用量，并科学制订项目开发计划、加强成本管理。

成交攻略

那么，对于因为债务问题导致现金流断裂进而引发的悲剧，这样的情况是否可以避免？高净值客户在做家业和企业相关的风险隔离，那么财富管理是否就没有规划空间了呢？那倒不尽然。在做财富保全的时候，大额保单非常有用武之地。事实上，以下这个经典的案例就很好地表明了保险在债务隔离中的作用。

胡先生是云南昆明一家从事农产品批发的公司的老板，在当地赫赫有名，资产早已过千万元。他在当地置有3处房产。家中有两个孩子，一个8岁，另一个刚3岁。其妻李某为家庭主妇，无固定经济收入。2014年5月16日，胡先生驾驶新买的价值近百万元的豪车外出时失联。4天后，公安机关在离他家30千米外的一条河里找到了胡先生及其车辆，胡先生早已死亡，豪车报废。公安机关调查发现，这是一起意外交通事故。

调查显示，胡先生虽然资产过千万元，但在当地还有2200万元的银行贷款尚未还清。银行随即展开了追缴贷款行动，在多次和李某沟通无果的情况下，银行诉至法院，申请冻结胡先生的所有资产。经法院调查，胡先生的公司最近两年因经营问题，早已处在倒闭的边缘，公司就是一个空壳，只有一些破旧的厂房和设备，据估算大概只值350万元，公司账户上也只有120万元，加上胡先生个人账户上的80万元，法院支持这部分资产予以冻结处理。

但胡先生还有一笔保险赔偿款720万元却让银行既惊讶又失望。原来胡先生很有忧患意识，在近10年的时间里给自己和家人购买了13张保单，保额过千万元，胡先生自己共6张保单，总保额720万元，其受益人为两个未成年子女，法院依据《保险法》有关规定，人寿保险的死亡赔偿金属于指定受益人的个人财产，不属于遗产，无须先行清偿胡先生的生前债务。因此，这720万元保险受益金属于其未成年子女。

根据《民法典》第五百三十五条规定，因债务人怠于行使其到期债权，对债权人造成损害的，债权人可以向人民法院请求以自己的名义代位行使债务人的债权，但该债权专属于债务人自身的除外。那么，什么债权是专属于债务人自身的呢？人寿保险赔偿金因其人身属性的存在，具有较强的专属性。

此外，保险金不会被冻结、强制执行。《保险法》第二十三条规定："任何单位和个人不得非法干预保险人履行赔偿或者给付保险金的义务，也不能限制被保险人或者受益人取得保险金的权利。"但是必须清楚的一点是：购买保单行为发生在债务发生前，如果不存在恶意转移财产、损害债权人权益的问题，则保险合同有效。

根据《保险法》第四十二条的规定，保险理赔金不属于胡先生的遗产，而是专属于胡先生孩子自身的债权，胡先生的孩子有权依据合同全部取得保险金720万元，而不用清偿其父胡先生欠下的债务。

那么有些读者可能会问，两个孩子都是未成年人，他们的财产应当归属胡先生的妻子李某，这样不需要进行债务偿还吗？在此做一点补充，作为两个孩子的监护人，李某虽然拥有该财产的实际掌控权，但因其财产权为两个孩子所有，孩子不需要承担其父亲胡某所欠的银行债务，其财产保全成功。

受益人的设立应遵循以下三个原则：第一，指定原则；第二，多比例多顺位原则；第三，控制力原则。

第一，指定原则。身故受益人必须明确指定，否则保险理赔金将作为被保险人的遗产而法定继承。虽然中国目前还不征收遗产税，但是保险理赔金变为遗产之后，首先会被用于清偿债务；另外，清偿债务之后，相关家庭成员容易陷入家产纷争之中，这样就会违背投保人或被保险人当初设立保险合同的初衷。

第二，多比例多顺位原则。多比例多顺位原则可以让投保人或被保险人照顾到更多想照顾的人，比如自己的孩子、配偶和父母。尽可能地设立多顺位受益人，如果有债务风险，第一顺位必须遵循身故受益人是非连带责任承担人，如未成年子女、孙子女，或者非家族企业股东且与企业没有财务瓜葛的成年子女及孙子女等，以免出现"躲过了初一，但没躲过十五"的尴尬。例如，上述案例中设定孩子作为第一顺位受益人，孩子妈妈作为第二顺位受益人。假如顺位设立反了，那么债务隔离的效果就会消失。另外，如果受益人先于或者与被保险人同时死亡，保险赔偿金依然会被当作遗产处理。

第三，控制力原则。控制力原则是指要实现有控制力的转移。作为受益人，保险金尤其是身故赔偿金往往是一次性给到受益人，假如此时受益人还是未成年人，或者是还没有财富管理能力的成年人，那么，这笔钱会面临被挥霍、被骗走、被霸占的风险。因此，现在不少保险公司在保险的受益金部分做了类信托的机制，可以解决部分问题。当然，如果资金足够，保险金信托是更为稳妥的方案。

此外，受益人的设立并非一劳永逸，需要根据客户的实际情况进行调整，受益人的变更可以成为保全的很重要的一项内容。

2014年3月，李女士作为投保人，为丈夫张先生投保，受益人为李女士。2016年两人因感情破裂离婚，离婚后保单没有做受益人变更。2017年12月，张先生因车祸意外身故。请问：这份保单的受益金要给谁？是给前妻李女士，还是按法定安排？抑或有其他的可能性？

要解决这个问题，首先要看受益人在投保的时候是如何约定的。约定的是身份还是姓名，还是身份和姓名兼有。如果身份和姓名同时约定，那么保险事故发生时，身份和关系发生变化的，认定为未指定受益人。这里的法律依据适用《〈保险法〉司法解释（三）》第九条第三款，该款规定：当受益人的约定包括姓名和身份关系，保险事故发生时，身份关系发生变化的，认定为未指定受益人。

根据《保险法》第四十二条第一款，未指定受益人或者受益人指定不明确的，保险金作为被保险人的遗产，依据《民法典》中"继承编"的规定，可以用来清偿债务或者赔偿。综上所述，本案例中张先生的人寿保险理赔金，将会作为张先生的遗产，根据《民法典》中"继承编"进行遗产分配。

由此我们可以看到，通过受益人的设计，可以起到合法保全家庭财产的作用。回到本节案例，杨先生可以在目前资金良好的状况下，以自己作为投保人，以孩子作为被保险人购买大额年金保险，孩子作为生存金受益人和死亡保险金受益人。

这是一个用保险隔离企业家债务风险的典型案例。保险作为资产保全和债务隔离的金融与法律工具，在全世界都有着广泛的运用。正是因为它的法律属性、特殊的产品结构、特殊的功能属性等，使其能在某种环境和条件下具备债务隔离的功能。如果要设计出合理的大额保单结构，就必须对这些法律属性、产品结构、特殊功能等是如何发挥作用的进行深入的分析和研究。

🕐 精进时刻

企业的"血液"是什么？如何理解受益人设定的3个原则？

_____

_____

_____

使用代为清偿权部分保全家庭财产

有歌词中写道："看成败人生豪迈，只不过是从头再来。"从财富管理的角度来讲，笔者认为，企业家更应该思考一个问题，即当我们顺风顺水时，是否应该居安思危，未雨绸缪。正如一句古话所言："盛时常作衰时想，上场当念下场时。"当风险不期而至，有没有一些好的办法可以让辛辛苦苦积攒下的财富得以保全？本章我们将与大家沟通部分保全家庭资产的策略。

风险案例

王先生是一家小型民营企业的老板，2000年开始创业，所在行业为传统制造业。前些年，企业发展的势头非常不错，王先生也积累了雄厚的家底。2011年，在保险业务员的推荐下，王先生给自己和全家买了一些保险，其中最主要的是一份分红型年金险，投保人和被保险人都是王先生，年金受益人是王先生，死亡受益人是王先生的儿子王小宝，目前21岁。年缴保费60万元，5年缴清共300万元。保费已经全部缴清。当初购买这张保单的时候，主要目的就是给家里留点钱。

天有不测风云。王先生的企业前几年扩张太猛，又遇上这几年市场不景气，因此，王先生的企业遇到非常严重的债务困难，无法偿还贷款。于是，银行要求王先生两口子承担连带责任。但王先生的家庭资产该保全的保全了，依然有200万元的债务缺口。

银行聘请律师通过不同的途径查询王先生的财产，最终发现王先生在保险公司还有这张年金险保单。当时保险的现金价值高达150万元，于是银行向法院申请执行王先生的保单。现在已进入判决生效阶段。那么，客户这张保单能否保留而不被法院执行？有什么方法可以帮帮王先生？

风险分析

前文提到的人寿保险合同各方关系人的权利与义务思维导图（见图0-1）及保险的十大特性是基础，我们在考虑债务隔离问题时，关键是理清财产权是谁的，债务是谁的，根据法律关系做出判断。需要注意的是，不同省市对于执行层面的规定和力度都有所区别，须根据当地实际情况进行分析。针对本案例中王先生遇到的问题，我们先来看以下几个问题。

问题一：现金价值是不是投保人的责任财产？债权人是否可以主张用保单现金价值偿还投保人的债务？之前我们提到过保单的财产权也就是现金价值归属于投保人，是其责任财产，因此债权人可以主张现价偿还。

问题二：债权人是否有权向法院申请，要求债务人将人寿保单退保，执行保单现金价值？因为现金价值是投保人的责任财产，因此可以向法院主张执行。

问题三：如果债务人不配合退保，法院是否可以强制退保，执行保单现金价值？如果能，保险是不是就没有"债务隔离"的功能了？事实上，在法律文书网上查阅的上百个案例中，不被执行的只占不到10%，因此被执行的概率还是比较大的。

那么，以上案例具体的风险点在什么地方？首先，其他资产是否足够清偿债务？若足够清偿债务，则该保单不一定被执行。其次，我们可以看一下，债权人（私人银行）是否知道这张保单的存在。从本案例来看，这张保单银行已经知晓，想要躲过去是比较难了。

最后，人寿保险中的保障型合同，如终身寿险合同、重大疾病保险合同、教育保险合同等，其以身体健康与疾病为投保内容，具有很强的人身属性，法院强制执行该保单的现金价值将会危害被保险人的生存权益，因此，该类人寿保险不宜被执行。但本案中，客户投保的是年金保险，并不属于上述"具有很强的人身属性"的保险，反而具有很强的储蓄属性，因此，用来偿债的概率非常大。

从执行层面来说，我国法律对于人寿保险合同解除的规定中，关于法院的强制执行并没有明确规定，因此存在一定的争议。但是随着实务的推进，之前不甚清晰的规定也逐渐明朗起来。从实际判例来看，全国特别是山东、浙江、江苏等地的保单现金价值被强制执行划拨至法院的案例不在少数。实例的增多也促使地方高级人民法院纷纷出台相关政策，明确执行层面的细则。

2015年3月，浙江省高级人民法院发布《关于加强和规范对被执行人拥有的人身保险产品财产利益执行的通知》，其中第五条规定：人民法院要求保险机构协助扣划保险产品退保后可得财产利益时，一般应提供投保人签署的退保申请书，但被执行人下落不明，或者拒绝签署退保申请书的，执行法院可以向保险机构发出执行裁定书、协助执行通知书要求协助扣划保险产品退保后可得财产利益，保险机构负有协助义务。

2018年7月，江苏省高级人民法院发布《关于加强和规范被执行人所有的人身保险产品财产性权益执行的通知》，其中第五条规定：投保人为被执行人，且投保人与被保险人、受益人不一致的，人民法院扣划保险产品退保后可得财产利益时，应当通知被保险人、受益人。被保险人、受益人同意承受投保人的合同地位、维系保险合同的效力，并向人民法院交付了相当于退保后保单现金价值的财产替代履行的，人民法院不得再执行保单的现金价值。

被保险人、受益人未向人民法院交付相当于退保后保单现金价值财产的，人民法院可以要求投保人签署退保申请书，并向保险公司出具协助扣划通知书。投保人下落不明或者拒绝签署退保申请书的，人民法院可以直接向保险公司发出执行裁定书、协助执行通知书，要求保险公司解除保险合同，并协助扣划保险产品退保后的可得财产性权益，保险公司负有协助义务。

投保人未签署退保申请书，保险公司依人民法院执行裁定解除保险合同、协助执行后，相关人员因此起诉保险公司的，人民法院不予支持。

成交攻略

这是一个临时抱佛脚的案例。通过前文提到的被保险人和受益人的代为清偿权，由被保险人或受益人支付相当于保单现金价值的对价，从而获取保单的权益，如此可以实现部分债务隔离或资产保全的功能。其法律依据来源于《〈保险法〉司法解释（三）》的第十七条。该条规定：投保人解除保险合同，当事人以其解除合同未经被保险人或者受益人同意为由主张解除行为无效的，人民法院不予支持，但被保险人或者受益人已向投保人支付相当于保险单现金价值的款项并通知保险人的除外。

那么，需要偿还债务的保单权益是多少呢？这需要参考该份保单的现金价值。年缴60万元的年金，已交满5年合计总金额300万元，现金价值预估150万元，则客户应该拿出150万元来偿还债务。作为受益人的王小宝可以请求法院调解，将保单"买下来"，即由王小宝支付150万元的对价，并变更投保人为自己，以实现保单权益的转移。这样即可避免保单被法院强制执行，相对王先生的整个家庭来说，用相当于现金价值的资金保全了一张大额保单，起到了部分隔离风险的效果，不至于产生更大的财产损失。

在此，可能有读者会心生疑惑，王小宝如何筹措这150万元？这里仅提供两条思路供大家参考：第一条思路，王小宝与亲近的朋友或者父亲的朋友借这笔钱，用这笔资金办理好相关的保全手续之后，将保单质押贷款用来还款，如此提高借钱的"征信"；第二条思路，假如借的钱不足150万元，是否可以与法院沟通，部分退保，如图4-1所示。

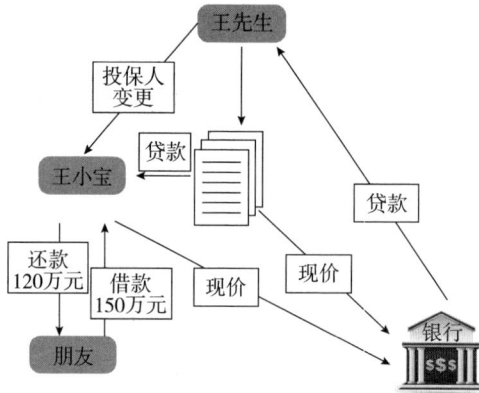

图4-1　代为清偿权保全资产架构

需要注意的是，经过如此一番操作之后，王先生因为债务的问题大概率会成为"失信被执行人"。该类人群不仅在高消费方面会受到限制，在新购买保险方面也会受到诸多限制。

相关阅读

《最高人民法院关于限制被执行人高消费及有关消费的若干规定》

第三条　被执行人为自然人的，被采取限制消费措施后，不得有以下高消费及非生活和工作必需的消费行为：

（一）乘坐交通工具时，选择飞机、列车软卧、轮船二等以上舱位；

（二）在星级以上宾馆、酒店、夜总会、高尔夫球场等场所进行高消费；

（三）购买不动产或者新建、扩建、高档装修房屋；

（四）租赁高档写字楼、宾馆、公寓等场所办公；

（五）购买非经营必需车辆；

（六）旅游、度假；

（七）子女就读高收费私立学校；

（八）支付高额保费购买保险理财产品；

（九）乘坐G字头动车组列车全部座位、其他动车组列车一等以上座位等其他非生活和工作必需的消费行为。

此外，《关于对失信被执行人实施联合惩戒的合作备忘录》中"三、惩戒措施、共享内容及实施单位"也有相关规定：

（五）限制设立保险公司；限制支付高额保费购买具有现金价值的保险产品。限制失信被执行人设立保险公司；限制失信被执行人（自然人）及失信被执行人（企事业单位）的法定代表人、主要负责人、影响债务履行的直接责任人员、实际控制人支付高额保费购买具有现金价值的保险产品，由保监会实施。

在实务中，有遇到失信被执行人本人投保重大疾病保险，若投保时提示身份证无效，不能进行投保。失信被执行人作为被保险人时，可投保重大疾病保险、医疗险、意外险。因此，建议王先生还是认真经营企业，将债务偿还干净，踏踏实实地享受人生。

人寿保险是一份法律合同，表现在以下几个方面。第一，保险合同是以投保人和保险公司为相对人，以被保险人的寿命和身体为标的，同时牵涉生存受益人和死亡受益人的特殊合同。第二，在人寿保险合同中，财产属性拥有不确定性，在人寿保险合同存续期间，一般对投保人具有财产属性；人寿保险合同因保险事由发生而产生给付时，对受益人具有财产属性。第三，人身属性。人寿保险合同因关系到被保险人、受益人等的人身权益，与一般合同相比，受到更多的特殊法律保护。另外，保险的医疗费赔偿在《民法典》第一千零六十三条中明确为夫妻一方的个人财产，是天生带着"法律保护罩"的财产。第四，财产分割复杂性，它指的是由于人寿保险财产属性的不确定性，如受益人具有可变更性和保险事故发生产生理赔金给付导致财产归属的不确定性，且一般缴费期比较长，由此使得财产分割增加了不少复杂性。

保险作为一种保障机制，是我们在做人生财务规划时必须用到的工具。从经济角度看，保险是分摊意外事故损失的一种财务安排；从法律角度看，保险是一种合同行为；从社会角度看，保险是社会经济保障制度的重要组成部分，是社会生产和社会生活"精巧的稳定器"；从风险管理角度看，保险是风险管理的一种方法。保险的运用不是要改变客户的生活，而是为了确保客户的生活不会被改变。

如果仅仅从保险的金融属性出发，人寿保险的收益性或许并不是最好的，也不会太灵活，但是因为保险本身是一份法律合同，而且是一份涉及四方关系人的合同，这样的法律特性决定了财产可以通过某些方式实现转移，因此在财富的保全过程中有其不可替代的作用。当然，保险自身的保全功能是有一些小瑕疵的，搭配法律文件，如协议、遗嘱或者信托来使用，可以达到最佳效果。

🕐 精进时刻

说说你对代为清偿权的理解。

_____

_____

_____

巧用低现价产品或无现价产品保单应对
担保风险

有一次与几位"80后""90后"的朋友聚会，大家聊到企业家的话题，对于什么样的人才算是企业家，不同年龄阶段的人对此认知不尽相同。大家从马云聊到淘宝商户，从创业者聊到公司高管，从董明珠谈到泡泡玛特创始人王宁。一位"90后"青年才俊由衷赞叹道，"看王宁多厉害，也就比我大5岁，做了那么大的企业，公司一上市，市值就破千亿，惭愧"。另一位朋友接话说："确实很难得，不过他这个年龄管理企业肯定会遭遇不少难以承受之重。"所以真的是应了那句老话："有钱的人也会有各种各样的烦恼。"本节我们来看下面这位客户遇到了什么烦恼。

风险案例

我遇过这样一个客户，他家里经营着一家制造业企业，他的父亲是该企业最大的股东，客户本人暂时还没有接班企业的股份，但是在企业中从事管理工作。因为企业扩大生产，在银行贷了2亿多元的贷款，前几年企业运作一直不错，每年转贷都非常顺利。

一般情况下，在银行办理贷款，普遍都需要配偶双方在场，贷款者本人需要签订贷款协议，同时配偶需要配合签订个人担保协议，否则无法申请成功。这位客户的父亲也一样，在申请的每笔贷款中，他的母亲都签署了连带担保协议。其中有一笔3000万元的贷款，不仅要求客户的母亲签字，客户本人也被要求在连带担保协议书上面签字。其中两条重要的条款内容如下。

第二条　保证担保的范围

本合同担保的范围包括主合同项下的债务本金、利息、逾期利息、罚息、复利、手续费、违约金、损害赔偿金、债权人实现债权的一切费用（包括但不限于诉讼费、执行费、保全费、鉴定费、评估费、律师代理费、差旅费等）。

第三条　本合同的保证方式为连带责任保证

1. 保证人以个人所有的（独立拥有或共有）现在和将来的财产、权益、收入等对主合同债务承担保证责任。

2. 本合同项下保证人有两个或者两个以上的，各保证人之间对债权人承担共同连带保证责任。

对于此类跨代签署担保协议的情况，一方面，由于客户的父亲年纪渐长，银行为了降低经营风险，从而要求客户跨代签署连带担保协议；另一方面，这几年家族资产保全的观念深入人心，银行或许曾经遭遇过类似情况，于是信贷部门也出了新招。因为签订了连带担保协议，客户有些着急，担心自己小家庭的资产会被贷款吞噬掉。尤其是看了朋友送给他的《大额保单操作实务》一书之后，觉得自己的小家庭和父母的家庭都存在财富上的隐患，便咨询笔者可不可以提前做一些规划。

这位客户表示，父亲是公司的董事长和大股东，年事已高，辛辛苦苦一辈子，一心扑在工作上，也就积攒下这么点家底，一直对风险没有特别注意防范。而作为独子的他，对一些新知识吸收得较快，希望能有一些方法可以保护这些财产。对于这位客户来说，幸运的是，他在公司经营还比较良性的情况下咨询了理财师，通过保险或者家族信托可以有效隔离风险；假如已经出现不良债务，这时的规划就属于恶意避债了，即便做了也会被推断为无效。

风险分析

目前来讲，这种企业融资贷款由股东个人或家庭承担无限连带担保责任的情况非常普遍。我国的民营企业在发展过程中，往往需要寻找资金支持，向银行或小微贷款公司借款并不罕见，而在签订抵押借款合同时，都可能会面临借款方要求，不仅需要企业大股东签字承担连带担保责任，还要求股东配偶到场签字。这是一种非常严厉的附加条件，也几乎是企业融资绕不过去的一道坎。

在有的企业中，大股东这样做了，小股东未必愿意接受这种做法。企业在融资过程中，如果股东及其配偶轻易地在借款合同中承诺将来对企业债务承担无限连带责任，一旦企业还不上款，那么债权人即出借人有权到法院起诉，直接冻结股东家庭中的所有财产。如果企业家在借款时不得已要承担连带责任，在借款前务必采取一些防护手段，以应对不利情形的发生。

那么，担保责任究竟是一个什么样的存在？《民法典》第六百八十一条明确规定："保证合同是为保障债权的实现，保证人和债权人约定，当债务人不履行到期债务或者发生当事人约定的情形时，保证人履行债务或者承担责任的合同。"保证的方式有两种：一般保证和连带责任保证。当事人在保证合同中约定，债务人不能履行债务时，由保证人承担保证责任的，为一般保证。一般保证的保证人在主合同纠纷未经审判或者仲裁，并就债务人财产依法强制执行仍不能履行债务前，对债权人可以拒绝承担保证责任。

当事人在保证合同中约定保证人与债务人对债务承担连带责任的，为连带责任保证。在连带责任保证中，连带责任保证的债务人在主合同规定的债务履行期届满没有履行债务的，债权人可以要求债务人履行债务，也可以要求保证人在其保证范围内承担保证责任。《民法典》第六百八十六条规定，当事人在保证合同中对保证方式没有约定或者约定不明确的，按照一般保证承担保证责任。而原《中华人民共和国担保法》第十九条的规定与之截然相反：当事人对保证方式没有约定或约定不明确的，按照连带责任保证承担保证责任。这从内容到实质发生了一百八十度的改变。一般保证责任与连带保证责任最大的区别就是对于债权人要求履行保证责任时，一般保证人有拒绝权。这个拒绝权就是：在主合同未经审判或者仲裁，并就债务人的财产强制执行仍不能履行债务前，作为一般保证人，有权拒绝承担保证责任。之前的旧法，更注重加大保证人的责任，以此保证合同的相对安全。但在法律适用中发现这一规定过分加重了保证人的义务，并不利于合同更有效、更安全地运行，也会减轻债务人的负担，给债务人恶意将债务责任推给保证人以可乘之机，故《民法典》对此做出合理的修改。如此修改更合情、更合理，也更合于法的精神。

那么保证的范围是什么？而又以什么形式或内容来做担保呢？从案例背景描述中的连带担保协议书中的条款可见一斑。由此可见，保证人在交易过程中不是虚设的形式作用，而是保障交易完成的重要一环，因此保证人不应随意签订保证合同。总结下来就是，作保有风险，签约需谨慎。

还有一种担保贷款形式，是以企业联保或互保的形式存在的。担保圈风险主要集中于企业互保和联保。"互保"是指两家企业之间对等地为对方保证贷款，当一家企业还贷出现困难时，则需要互保方承担还款连带责任。"联保"是互保的延伸形式，由3家或3家以上企业自愿组成联合担保体，以多户联保形式向银行借款并提供连带保证责任，慢慢形成一个互保圈，并一层层扩大，涉及的企业数量呈几何级数增长。互保和联保并无本质差异，只有相互担保数量的差别。

民企互保问题产生的"一荣俱荣，一损俱损"及"多米诺骨牌"效应，一直是引发区域民企信用风险的导火索。2019年，山东东营地方炼油企业互保圈中的山东大海集团有限公司（以下简称"大海集团"）和山东金茂纺织化工集团有限公司（以下简称"山东金茂"）相继进入破产重整程序，使得东营地方炼油企业之间的互保风险开始显现，且风险快速蔓延至债券市场。11月28日"15金茂债"和"16金茂01"到期未兑付。此互保圈中包含因金融合同纠纷被起诉的27家企业，其中大部分为从事地炼业务的企业，少部分为与地炼企业存在互保关系的金属制品生产企业。

这类互保或联保贷款常常是一把双刃剑，有利的一面是通过增信可以让一些达不到融资标准的企业机构能够顺利融资；不利的一面是如果担保圈中的一家企业倒下了，风险会沿着担保链条传递到其他正常经营的企业，造成风险扩散。如果引发的风险扩散不可收拾，从中观来看，会对当地信用环境、融资环境、投资环境皆造成很大影响；从私人财富的角度来看，这样的违约风险一旦发生，会对整个担保链条上的企业主家庭财富造成极大的损害。

成交攻略

中国古话有云："君子不立于危墙之下！"即使真正要做担保，也需要多做一些准备工作，切不可以赌博的心态去做这样的事情。

如果要进行担保，首先，要多方考察被担保人也就是借款人的信誉，切不可碍于情面，盲目作保，由此引发较大的风险；其次，在订立保证合同的时候，尽量争取做一般保证人，以行使先诉抗辩权，即在主合同纠纷未经审判或者仲裁，并就债务人财产依法强制执行仍不能履行债务前，保证人对债权人可以拒绝承担保证责任；最后，要注意运用反担保手段来保护自身的合法权益。反担保又叫求偿担保，即在担保人因清偿债务人的债务而遭受损失时，可要求债务人对担保人做出清偿。实践证明，反担保不仅可以降低担保人的风险，还可以促使债务人积极履行义务。

那么，如何利用大额保单为本节案例中客户的家庭财富构筑一道"防火墙"呢？我们可以借助低现金价值或无现金价值的大额保单产品为客户提供一个应对担保风险的金融解决方案。保险单现金价值是投保人解除保险合同或者符合法律规定条件时，保险人按照保险合同约定应退还的金额。现金价值一般等于保险责任准备金减去退保手续费之差。

从法律角度理解，现金价值是一种债权，只有在退保或者保险合同解除时才会产生，因此，在前述条件成就前，投保人对现金价值仅是一种期待权，是一种可以在将来实现其权利的期盼，而不是可以立即享有的权利①。从我国保险法来看，投保人享有的权利包括：任意解除合同的权利、返还保险费或者保险单现金价值的权利、指定受益人的权利等。投保人仅能在保险事故发生前转让包括变更受益人的权利、主张对现金价值的权利以及以保单担保贷款等权利，在事故发生后，保险单现金价值转化为被保险人或者受益人的保险金，投保人不再享有任何权利，不得再转让保单。

正因为如此，当投保人面临债务风险时，其保单也将成为责任财产，以现金价值为限纳入偿付债务的资产之中。这时候，一些低现金价值甚至无现金价值的产品将很好地担负起阻隔风险的重任。结合上一节中提到的被保险人或受益人的代为清偿权使用②，效果更佳。在本案例中，我们可以建议客户以自己作为投保人，其子女作为被保险人购买低现金价值的大额年金保险，其子女为生存受益金受益人。购买之后变更投保人，例如，可以变更为孩子的外公或外婆，当然这里需要配搭相关的赠与协议与公证遗嘱，以使架构变得更为完

---

① 贺艳梅.保险单现金价值的法律思考［J］.金融管理，2007（7）.

② 其法律依据为《〈保险法〉司法解释（三）》的第十七条。该条规定：投保人解除保险合同，当事人以其解除合同未经被保险人或者受益人同意为由主张解除行为无效的，人民法院不予支持，但被保险人或者受益人已向投保人支付相当于保险单现金价值的款项并通知保险人的除外。

整。在条件允许的情况下，保险金信托的方式更为稳妥。

值得注意的是，该笔贷款转贷时可以重新与银行拟定新的条件，以消除家庭财富中隐藏的这颗"定时炸弹"。

🕐 精进时刻

担保风险的危害有哪些？除了本节介绍的防范方式，你还能想到哪些方式？

_____

_____

_____

股东互保助力企业股权平稳过渡

中国式合伙人的故事不断上演，究其本质还是股权比例的分配与控制力博弈的问题。然而，因为股权设置得不合理，或者因为各种原因造成股权变动时，经常会影响公司的稳定经营，轻则造成公司的动荡，重则可能遭遇刑事风险。此外，因为企业高管的一些问题也可能造成私人财富的损失。那么，大额保单可以在企业股权发生变动的时候发挥什么作用？我们本节将重点探讨此类问题。

风险案例

张先生是一家教育公司的创始人兼董事长，今年55岁，在企业中占股51%。近几年来，企业经营面临线上教育冲击、市场竞争加剧以及人力成本上升等多重压力，但是在张先生和CEO黄先生（持股19%）及几位核心骨干的共同努力下，该公司成功转型为一家新型教育企业，并引入了天使投资人进行注资，最近几年业绩显著上升，预计在未来两年内上市。

张先生有两段婚姻，与前妻生的儿子今年25岁。由于早年忙于工作，张先生对孩子疏于陪伴与关爱，造成了大儿子如今性格乖张。前妻离世后，他迎娶了现任妻子。此后，大儿子的性格更为孤僻，大学毕业后回到教育公司上班，负责线上项目运营。张先生与现任妻子也生了一个儿子，今年8岁。

黄先生是张先生的大学师弟，今年45岁，8年前在一次校友活动上认识张先生，两人一见如故，后来张先生创办公司，极力邀请黄先生一起创业。两人私人关系融洽，然而张先生的一些家事开始让黄先生感到一丝担忧：张先生逐渐年长，去年查出中度脂肪肝，医生建议他清淡饮食，保证有规律的生活。于是，公司攻坚项目的重任压到黄先生和几位核心成员的身上。

一方面，黄先生担心如果张先生发生人身风险，无论谁来继承、享受股权带来的一切权益，都是天经地义的。但是，如果让毫无管理经验的现任太太或性格乖张的大儿子来接任董事长，对公司的管理和运营指手画脚，都可能对公司带来致命的打击，而黄先生作为CEO在过去数年的苦心经营都有可能付诸东流。

另一方面，张先生的烦恼一点也不比黄先生少。虽然从目前看来，大儿子接班似乎顺理成章，但是他对于接班一事并没有太大的兴趣，也缺乏丰富的管理经验。他更喜欢投资，但玩票性质的"投资"大都打了水漂。与此同时，他还考虑马上和一位离过婚的女友结婚，此举遭到家里的一致反对。但是，大儿子一向我行我素，不排除瞒着家里去进行婚姻登记的可能性。

张先生的现任妻子也有自己的小算盘，她始终认为张先生的大儿子接班只会把企业搞砸，而自己和张先生的小儿子虽然未成年，但是聪颖乖巧，假以时日，应该会是接班的好苗子。但是，如果企业被大儿子搞砸，自己和小儿子相依为命，即便分到公司股权也都变成了废纸，想到这里，她坐立不安，心想还不如趁早把公司卖掉分钱，然后找人理财更靠谱。

张先生和黄先生也各自找过律师，但是得到的建议除了通过订立遗嘱或者信托进行财富传承的筹划，并没有更可行的建议和方法。事实真的是这样吗？

风险分析

首先，我们来分析一下股权架构的风险问题。说到这个问题，不得不提前几年的宝万之争，这应该是中国A股市场史上规模最大的一场公司并购与反并购攻防战。在这场"战争"中，宝能从万科27页的章程中找到了漏洞，主要体现在以下4个方面：第一，股东是同股同权；第二，董事由股东提名；第三，公司没有"毒丸计划"①；第四，股权极度分散，没有把握有利时机进行回购。总体而言，万科的创始人在公司董事会中的权利保护非常之弱，于是，"野蛮人"就这样大模大样地走了进来。由此可见，公司架构、公司的章程设计有漏洞，就很有可能会给用心险恶者以可乘之机。

还有一个非常经典的案例。2013年12月，蔡某因涉嫌挪用资金、职务侵占等犯罪行为一案在广州市天河区人民法院迎来了一审判决。蔡某因犯职务侵占罪，被判处有期徒刑10年，并处没收财产人民币100万元；犯挪用资金罪，被判处有期徒刑6年。数罪并罚，决定执行有期徒刑14年，并处没收财产人民币100万元。至此，跨度长达3年之久的真功夫股权争夺案终于告一段落。在股权之争的这3年中，真功夫开店数量仅百余家，营业额同比几乎没有增长，经营接近亏损，发展陷入绝境。真功夫创始人潘宇海通过斩断利益输送链条、调整经营策略、提升经营理念等方法，才让公司重新回到正常的经营轨道上。本是夫妻、亲戚的他们，最后闹得不欢而散甚至入狱。说到底，这场股权战争没有赢家，彼此都输掉了家庭、声誉、财富，甚至输掉了人身自由，可谓赔了夫人又折兵。

---

① "毒丸计划"由美国律师马丁·利普顿于1982年发布，正式名称是"股权摊薄及收购措施"。当一家公司遭到恶意收购，尤其是当收购方占有的股权已达到10%～20%时，公司为了保住自己的控股权，就会大量低价增发新股。

其实，真功夫的祸根从开始就已经种下了。公司设立初始阶段，真功夫股权架构是典型的50%对50%，这样的比例是很容易出现问题的。股权分配不合理，未签订权利义务明确的《合伙协议》，没有考虑到后期公司因发展壮大而产生的种种矛盾，使得各方在面对巨大利益诱惑时，谁也不肯让步，最后本应是一个成功企业家的励志故事，却因一步错而步步错，最后锒铛入狱，成为人们茶余饭后的谈资。

电影《中国合伙人》讲述了3位合伙人在企业创立初期、发展、上市的不同阶段的心态与际遇，个中酸甜苦辣也许只有本人才能体会。难怪一位天使投资人经过多年观察后发出如下感慨："合伙创业不易善终，若没想清楚N年之后彼此用什么方式分手，不要轻言合伙。"所谓"共患难易，同富贵难"，对于股权架构的设计，创业者要慎重考虑。即便一开始对企业未来发展还不清晰，也需要通过章程或补充协议将相关的股权做一些预留或安排，如是否引入资金、是否建立股权激励机制，清晰的股权架构可以让公司走得更稳、更远。

在本节风险案例中，虽然两位股东关系和谐，并不存在股权之争，但是存在大股东的人身风险问题。确实，在实际的业务中，除了上一章提到的股东婚姻变动而影响股权完整性的问题，因为股东的人身风险问题，从而让企业陷入股权困境的案例也较为常见。在本例中，假如核心股东因病或意外去世，对于公司来说，首先，公司会遭到失去核心领导人物的损失；其次，涉及股权继承的问题，家族的财产分配纠纷会传导至公司，进而造成股权架构长时间悬而未决，致使公司经营陷入动荡之中；最后，如果股权继承完成，但是股权继承人并不具备企业经营领导能力，外行领导内行，就会非常容易把公司经营带入险境。

成交攻略

企业家的持股比例不仅决定了公司的发展经营状况，也决定了股东个人的根本权益，因此，创业者必须意识到股权比例的重要性。关于持股比例，2010年《浙商》杂志曾经针对87位浙商做过一项调查，结果发现：持股比例在80%～100%的浙商占比高达63.2%，持股比例在50%～80%的浙商占比23%。两者相加比例高达86%。

对股权的态度方面的调查显示：有51位浙商认为，企业家作为企业创始人，应该掌握企业的控制权，占比58.6%；有31位浙商认为，企业控制权掌握在谁手里无所谓，只要利于企业发展就行，占比35.60%；有5位浙商认为创始人不应该掌控企业，占比5.8%。 八成以上浙商持股超过50%。企业家要对企业拥有控制权，一是要成长为大股东，股权占比最好超过50%；二是要成为企业的灵魂人物。前者不难，后者不易。

比较常见的股权风险，除股权架构不合理、股权比例不恰当之外，还有以下几种情况：一是无控股股东或实际控制人不突出；二是董事长与CEO由不同的人担任，但都是企业的领导者，导致企业决策效率低下，内部运营效率不高；三是股权激励不匹配；四是资本运作背后的税务风险；五是股权代持问题。

从大额保单规划的角度出发，我们可以建议张先生通过公司支付少量费用为股东进行投保，如果该股东不幸身故，保险公司将支付高额保险金，那么公司作为保单受益人，就可以通过获得的保险金回购辞世股东的股权，这既满足了股东继承人退出套现的要求，也缓解了公司现金流紧张的困局。

这种方法的好处是，保险费统一由公司承担，有可能达到节税的目的。其不利之处是，公司获得的保险赔偿并不独立于公司的其他资产，即如果公司的债权人对公司作为债务人的还款义务进行司法强制执行，则该保险赔偿金可能会被冻结并用于偿付公司债务，导致回购安排落空。

可以规避保险赔偿金偿债的方法是股东互为购买寿险。当一方死亡，另一方股东可将获得的保险金赔付用于收购辞世股东的股权。这种方法解决了公司为股东购险的问题，但是如果公司的重要股东超过3名，操作起来就会比较复杂，需要专业人士的架构设计，以达到对所有股东均公平的目的。此外，作为受益人的股东，其获得的保险金赔付是否要缴纳个人所得税，在法律上尚存在不确定性。

上述安排，一方面仰赖股东协议以及章程中的事先约定，为了避免将来出现股权估值争议，更为稳妥的做法是，在其中事先设置发生特殊情形下的转股或者回购价格评估机制；另一方面则是充分考虑保险产品本身的可行性、公司未来现金流状况、不同方案的税负因素等。

由于企业价值很可能随着时间的推移而显著增加，那么原先购买的保险就可能需要追加保费。否则一旦发生保险事件，保险公司的赔付可能不足以支付已经增值的辞世股东的股权转让对价。同理，对于保险公司的资质以及履约能力也应当加以关注。在协议中，需要规定有关各方应当定期出具支付保险费的凭证。

需要说明的是，这样的安排大多适用于非上市公司。如果公司已经上市，公司市值和非上市公司相比有十几倍甚至几十倍的增长，那么购买保险所需要的保费不菲。此外，由于公司的股份具有流动性，股东可以通过公开市场买卖，进行快速转让和换手，而且由于公司的治理已经按照上市公司的要求进行规范化，这种股权在特殊情况下的股东互购或者公司赎回，在一定程度上不再适用。

在大额保单实务规划中，企业家是很多财富顾问的目标客户，要想服务好这类客户，财富顾问就需要了解公司经营以及相关法律。当然，作为财富顾问，我们需要去了解这些内容，并不是说一定要把这个领域钻研得很透，但是起码要具备风险识别的能力和意识，并且能够找到合适的专业法律资源帮助客户解决实际的问题。

每一家企业的背后是几个、几十个、几百个甚至成千上万个家庭，如果企业破产，影响的将是其背后众多家庭的生计。因此，对于它们财富的源泉会面临什么样的风险，财富顾问如何协助客户做好家业和企业的风险隔离，这就是我们本节要重点探索和思考的问题。

此外，为了控制上市公司的董事、监事及高级管理人员在履行其职务行为过程中的"不当行为"（包括疏忽、错误、误导性陈述及违反职责等）所引起的法律责任而给其个人带来的损失，不少上市公司还会通过购买"董监事及高级管理人员责任保险"①（简称"董责险"，也称"D&O保险"）进行风险转嫁，以保障公司在法律允许的情况下，为其董事及高级职员支付由上述法律责任所引起的费用。董责险是职业责任保险项目下最重要的子险种之一，从性质上讲，它属于一种特殊的职业责任保险。

董责险是舶来品，发端于20世纪30年代的美国，60年代以后得到了较快的发展。在西方发达国家尤其是美国，绝大多数的上市公司都为自己的董事及高级管理人员购买了董责险。美国Tillinghast-Towers Perrin公司2000年的一份调查报告显示，在接受调查的2059家美国和加拿大的公司中，96%的美国公司和88%的加拿大公司都购买了董责险，其中的科技、生化科技类和银行类公司的董责险的购买率更是高达100%。在我国香港地区，董责险的购买率也达到了60% ~ 70%。

---

① "董监事及高级管理人员责任保险"，简称"董责险"，是指由公司或者公司与董事、高级管理人员共同出资购买，对被保险董事及高级管理人员在履行公司管理职责过程中，因被指控工作疏忽或行为不当（其中不包括恶意、违背忠诚义务、信息披露中故意的虚假或误导性陈述、违反法律的行为）而被追究其个人赔偿责任时，由保险人负责赔偿该董事或高级管理人员进行责任抗辩所支出的有关法律费用，并代为偿付其应当承担的民事赔偿责任的保险。广义的董责险，保险公司除了承担上述保险责任，还应当负责赔偿公司根据董事责任和费用补偿制度对有关董事做出的补偿。

因为"瑞幸财务造假"一案，"董责险"逐渐被大众熟知，也被不少大型企业，尤其是上市企业列入董监高风险管理的方案列表。

🕐 精进时刻

股东互保操作的意义有哪些？

_____

_____

_____

用保单质押贷款换取东山再起的资本

在我们的印象里，企业家往往处于财富的金字塔尖，高高在上。但是他们所承受的压力也是我们想象不到的。

风险案例

甄总，40多岁，计算机专业出身，2010年创立了一家IT公司，业务以系统管理软件销售为主，主要服务对象为大型企业。因为善于经营，踏实肯干，他的生意一直红红火火。创业刚四五年的光景，公司利润就达到了每年上千万元。这对一家中小企业来说已经很不错了，公司还一度考虑过登陆新三板的事情。

因企业经营业绩良好，甄总攒了不少家底，他在北京一口气买了一套别墅和两套公寓，他的妻子也辞去工作，安心在家相夫教子。夫妻俩有两个儿子，双方父母均健在，轮流到北京给小两口帮忙照看孩子。一家人小日子过得非常滋润。

2014年，甄总在打高尔夫时结识了贾总，贾总头脑灵活，点子也特别多，还非常能言善道。两人很快就成了好朋友。贾总在了解甄总的业务之后，认为甄总只做行业细分领域那一小块太屈才了，建议他应该将公司集团化、多元化发展。于是，经过几次股东会议的商讨之后，甄总决定将业务版图扩展至软件研发领域。

因为资金需求量大，甄总与妻子商议将家庭资产的一半用于新项目运作。新项目的一切准备就绪，就等大展宏图。谁知道项目上线以后，进展和收益均不如预期，而这时对甄总来说已经是骑虎难下了，后续又陆陆续续投了几笔钱进去，终究无法填满窟窿，最后不得已把家里的别墅和一套公寓做了抵押。最后，这个扩张如同一个黑洞，不仅把公司的利润源源不断地榨干，甚至连甄总的个人财富也未能幸免。

风险分析

案例中的情况对于企业主的家庭来说，无异于重大打击。之前我们提到的风险大多数为企业家不遵守财务原则随意支取公司资产给家庭使用，从而造成家企财产的混同。其实，家企不分还有一种情况，就是家庭财产为企业"无条件输血"，导致企业一旦出现风险，企业家就家财尽失。

大部分中国的企业家有一个共同特点，就是把企业当自己的亲生儿子，一旦企业缺钱，企业家就会毫不犹豫地将家庭财产无条件地奉献给企业，为企业增资输血。这位甄总就是如此。因此，我们建议企业主给家庭预留"一块自留地"，以确保企业遇到意外困难时，家庭成员的生活有个基本保障，自己也还留有东山再起的元气。

创业之事就像"千军万马过独木桥"。一个好的点子或者创意，10000个人听了有想法，其中9000个人仅仅是想想，只有1000个人会去执行；这1000个人中又有900个人半途而废，剩下100个人坚持了下来；这100个人中有90个人一根筋往前走，而只有10个人还懂得调整，最后10个人中只有1个人成功了，这其中还有运气的成分。但是，因为是小概率事件，就不作为了吗？并不是，要行动，而且要边行动边调整，不动起来，永远没有后续的事情。

一方面是创业成功，另一方面是创业的持久。随着国家产业政策的调整，很多传统企业面临转型的命运。企业不转型就无法适应新时代，乱转型则可能垮掉。吴晓波在《大败局》一书中描写了众多企业的发展轨迹，让我们可以从国家宏观经济的角度看到这些企业的兴衰成败。

在公司经营中，有时哪怕是一个程序没有处理到位，都有可能被别人拿来当作狙击这家公司的借口。例如，通知由谁来发出，是董事长还是公司？董事长不履行职责，能否由副董事长或其他股东或董事发出通知？通知以何种形式发出，是书面的还是口头的？通知发到哪儿，是股东的法定地址还是实际住址？地址变更又该如何处理？拒收通知的效力推断：如果某股东将通知退回，是认定其未收到通知还是拒绝参加会议？未收到通知但参加了会议，事后却提出异议，那么是该认定为股东会召集瑕疵，需要重新召集，还是认定为有效？所以企业的经营一定要合规，不可掉以轻心。

笔者见过一家创业公司，其发展初期雇了一个很厉害的人力资源经理，按照200人的人力情况搭建公司的制度体系，最终致使公司被束缚了手脚，错过了最佳的发展时机。殊不知，每家企业都有自身的发展周期，战略、战术、人力、经营方式、融资策略，不同的阶段有不同的侧重点。资金方面的损失是小事，但是时机的错失是无法弥补的。

成交攻略

从私人财富管理的角度来讲，建议甄总在创业的同时，考虑家庭财富的安全。在家庭财务状况良好的情况下做一些财务安排，这个安排完全独立于企业，在任何情况下都不会动用。这个安排既可以是黄金投资，也可以是信托基金，当然，也可以是大额保单。

前文提到，保险是有现金价值的，投保人可以基于现金价值的一定百分比（一般是80%）将保单质押给保险公司。这笔保单质押贷款是保险公司的钱，这时保险公司成了投保人的债权人。一旦投保人遭遇财务危机，保险公司的贷款可以给客户提供流动性支持，帮其渡过难关，从而争取到处理危机的时间和空间。

另外，保单的质押债权大于普通债权。这就意味着，保险公司的债权是优先于其他一般债权人的债权的。如果客户有资金收入，必须优先归还保险公司的质押贷款。因此，投保人的除了保险之外的善意债权人，只能就保单现金价值剩下的20%进行分配。而终身寿险又是一款人身属性很强的金融产品，与这张保单有直接保险利益关系的人，被保险人或者受益人，可以用对价支付的方式来偿还投保人要偿还的20%现金价值。这样就可以起到资产保全的作用，同时为东山再起提供资源。

关于保单质押贷款的问题，根据《保险法》第三十四条的规定，以死亡为给付条件的保险合同，未经被保险人书面同意，是不能做保单贷款的。也就是说，如果投被保人不是同一个人，在没有经被保险人书面同意的情况下，是无法从保险公司质押贷款的。但在实务中，特别是大额年金保险中，其保险赔偿金的给付也是以死亡为给付条件的，在利用保单质押贷款时，有的保险公司没有要求被保险人书面同意，由此可能引起法律争议，需要引起警惕。

另外需要注意的是，本策略只是为企业家东山再起创造时间和空间，企业渡过危机之后，保单质押的贷款还是要还给保险公司的。当然，如果客户的投资能力非常好，投资收益可以覆盖贷款成本，则可以继续通过保单质押贷款的方式，盘活保单资产，获取收益。

一家企业要想实现盈利并不难，难的是这家企业活过10年、20年甚至30年，并且能够持续地盈利。对于"财富如何保全，顺利传承"这个问题，我们固然可以从私人财富管理的角度给出专业建议，包括资产的管理、保全架构的搭建、各种金融工具的运用，以及私人财富传承的安排等，但是企业作为一个家族财富的源泉，其持续健康运作一定是最核心的。一些特殊事件如婚姻、传承、意外对家族财富完整性的侵蚀固然需要重视，但是企业如何发展得更好，才是企业家更为关心的头号问题。

所以，当我们接触高净值客户时，他也许会存在各种各样的问题，假如你一直只顾着聊自己感兴趣的话题，那就不妙了。所谓"知我者谓我心忧，不知我者谓我何求"，假如我们能够从一个更大的格局去帮他分析风险，并提供解决方案，这在无形中可以增强客户对我们的信任。接下来，我们要做的就是如何消除他的担心、帮助他实现愿望了。

对于本节风险案例中的客户或者与该客户遭遇类似的朋友们，笔者有以下两个建议：首先，在企业经营的过程中，一定要分清家庭和企业的界线。让家庭的归家庭，企业的归企业。"All in"（全力以赴）也可以，但是是有底线的"All in！"

在中国古代，我们的祖先在创立家业的同时，会将一部分资产埋到地下，这笔财富平时不会动用，除非整个家族面临生死存亡的危机。我们希望企业家们在发展企业的路上，不仅能够收获丰盛的果实，同时家业也能稳如磐石。

在《大额保单操作实务》一书中，笔者曾归纳了大额保单的四面盾牌：人寿保单的赔偿金可以对抗债权人的代位权；人寿保单保险赔偿金不会被冻结、强制执行；人寿保单特定条件下可以直接对抗债权；人寿保单现金价值被清偿债务的执行难度较大。事实上，保险天然的债务隔离能力非常弱，要实现大额保单债务隔离的价值，以上四点并非大额保单的主要设计要点。根据保险合同属性和本身特点进行合理安排，并且结合法律以及家族信托等工具，才是家企隔离的上上策。在实践工作中，常见的防范措施还包括：企业治理法律风险制度体系的设立、企业财务制度的规范、家庭财富提前传承、家族信托工具的运用、银行资金池的独立配备、夫妻财产约定运用、资产代持的安排、移民及境外资产的布局，等等。

最后，再次重申：高净值人群必须在财务状况良好的情况下做规划，否则依然会被认定为无效。任何以逃避债务为目的的债务隔离规划，都是侵犯债权人权益的违法行为，唯有未雨绸缪，方是正道。

🕐 精进时刻

作为一名财富管理师，如何建议企业家客户留足东山再起的本钱？

_____

_____

附录4A　关于股权比例的5个重要数据

关于股权比例的问题，笔者给大家找到了九大"股权生命线"，也就是图4A–1中的这9个数据，我们重点看一下其中5个数据：66.7%、51%、33.4%、10%、1%。

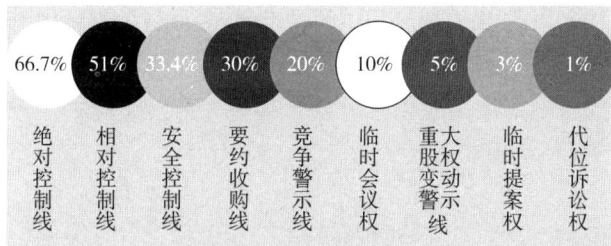

图4A-1　股权比例的关键数据

66.7%，绝对控制线

股东持有公司股权比例占66.67%以上，该股东便是公司的绝对控股股东，可以自行决定公司各项重大事务。需要提醒的是，《公司法》第四十二条规定，股东会会议由股东按照出资比例行使表决权；但是，公司章程另有规定的除外。这个但书条款，为AB股的设置提供了法律依据。

法律依据：

《公司法》第四十三条规定：修改公司章程、增加或减少注册资本、公司合并、分立、解散或变更公司形式这些公司重大事项，必须经2/3以上的有表决权的股东通过才行。

《公司法》第一百零三条第二款规定：但是，股东大会做出修改公司章程、增加或者减少注册资本的决议，以及公司合并、分立、解散或者变更公司形式的决议，必须经出席会议的股东所持表决权的2/3以上通过。

51%，相对控制线

对于除特定事项以外的其他普通事项的决定，通常需代表一半表决权以上股东通过即可。因此，股东持有公司股权比例达51%以上时，股东享有对公司的相对控制权，除了修改公司章程、增加或减少注册资本、公司合并、分立、解散或变更公司形式这些公司重大事项不能决定，其他公司一般事务都可以决定。公司法仅有股份有限公司中的过半数表决条款，有限责任公司可由股东们自行通过章程确定。

法律依据：

《公司法》第一百零三条第一款规定：股东出席股东大会会议，所持每一股份有一表决权。但是，公司持有的本公司股份没有表决权。股东大会做出决议，必须经出席会议的股东所持表决权过半数通过。

33.4%，安全控制线：重大事项一票否决权

如上所述，对特定事项的表决需要"2/3以上"即为66.7%的表决权才能通过，如果拥有表决权1/3以上即33.4%以上，在决议特定事项时，是享有一票否决权的。股东持有公司股权比例在33.4%～50%，虽然不能完全决定公司事务，但当股东会修改公司章程、增加或减少注册资本、公司合并、分立、解散或变更公司形式这些公司重大事项时有一票否决的权利。因此，持股比例在33.4%～50%的股东，是可以影响公司的重大决策的执行的。

法律依据：同"绝对控制线"法律依据。

10%，临时会议权，要求召开临时股东（大）会、要求解散公司

临时会议权，可提出质询、调查、起诉、清算、解散公司。在有限责任公司中，代表1/10表决权以上的股东可以提议召开股东会临时会议，在董事和监事均不履行召集股东会职责之时，可以自行召集和主持。需要注意的是，有限责任公司未约定按出资比例行使表决权，10%的临时会议权限根本没有意义。股份公司10%的临时会议权限带有强制性。也就是说，持有10%以上股份的股东可以请求召开临时股东大会，提议召开董事会临时会议。

在公司陷入僵局的情况下，10%以上表决权股东的诉讼解散权，适合所有公司类型。

法律依据：

《公司法》第三十九条　股东会会议分为定期会议和临时会议。

定期会议应当依照公司章程的规定按时召开。代表十分之一以上表决权的股东，三分之一以上的董事，监事会或者不设监事会的公司的监事提议召开临时会议的，应当召开临时会议。

股东持有公司股权比例10%以上的，如果股东认为公司遇特殊情况需要决定，可以要求召开临时股东（大）会进行表决。同时，如果公司经营管理发生严重困难，继续存续会使股东利益受到重大损失，通过其他途径不能解决的，持股10%以上的股东可以请求法院解散公司。

《公司法》第四十条第三款　董事会或者执行董事不能履行或者不履行召集股东会会议职责的，由监事会或者不设监事会的公司的监事召集和主持；监事会或者监事不召集和主持的，代表十分之一以上表决权的股东可以自行召集和主持。

《公司法》第一百条　股东大会应当每年召开一次年会……有下列情形之一的，应当在两个月内召开临时股东大会……

（三）单独或者合计持有公司百分之十以上股份的股东请求时。

第一百一十条第二款　代表十分之一以上表决权的股东、三分之一以上董事或者监事会，可以提议召开董事会临时会议……

《最高人民法院关于适用〈中华人民共和国公司法〉若干问题的规定（二）》

第一条第一款　单独或者合计持有公司全部股东表决权百分之十以上的股东，以下列事由之一提起解散公司诉讼，并符合《公司法》第一百八十二条规定的，人民法院应予受理……

1%，代位诉讼权

代位诉讼权又称派生诉讼权，拥有间接调查和起诉权（提起监事会或董事会调查），有权查阅、复制公司章程、股东会会议记录、董事会会议决议、监事会会议决议和财务会计报告。

法律依据：

《公司法》第三十三条　股东有权查阅、复制公司章程、股东会会议记录、董事会会议决议、监事会会议决议和财务会计报告。

股东可以要求查阅公司会计账簿。股东要求查阅公司会计账簿的，应当向公司提出书面请求，说明目的。公司有合理根据认为股东查阅会计账簿有不正当目的，可能损害公司合法利益的，可以拒绝提供查阅，并应当自股东提出书面请求之日起十五日内书面答复股东并说明理由。公司拒绝提供查阅的，股东可以请求人民法院要求公司提供查阅。

《公司法》第一百五十一条　董事、高级管理人员有本法第一百四十九条规定的情形的，有限责任公司的股东、股份有限公司连续一百八十日以上单独或者合计持有公司百分之一以上股份的股东，可以书面请求监事会或者不设监事会的有限责任公司的监事向人民法院提起诉讼；监事有本法第一百四十九条规定的情形的，前述股东可以书面请求董事会或者不设董事会的有限责任公司的执行董事向人民法院提起诉讼。

监事会、不设监事会的有限责任公司的监事，或者董事会、执行董事收到前款规定的股东书面请求后拒绝提起诉讼，或者自收到请求之日起三十日内未提起诉讼，或者情况紧急、不立即提起诉讼将会使公司利益受到难以弥补的损害的，前款规定的股东有权为了公司的利益以自己的名义直接向人民法院提起诉讼。

......

第 5 章

税务安排攻略

世界上只有两件事情不可避免，那就是税收和死亡！

——本杰明·富兰克林

税收与财富管理息息相关。从宏观角度来说，税收是社会得以持续运行的基础，照章纳税是每一位公民应尽的义务，税收也是调节贫富差距非常好的工具。从微观层面来看，税收税率将不同程度地影响每个人作为个体的收入，进而影响财富的积累效应。在高净值人群财富日趋国际化的今天，全球税收政策也越来越透明化。因此，税收方面的合法合规筹划也变得尤为重要。

本章将从财富管理的角度出发，探讨财富管理实务中财富人群有可能面临的税收风险以及对应的成交攻略。税收风险如税收居民身份、税收征管与企业税务风险、跨税域税务安排、遗产税与赠与税的税源问题、共同申报准则（CRS）的全球铺开等，这些风险都有可能影响财富人群的财富状况。那么，应该如何做好相应的准备？笔者也从财富管理的角度给出建议，包括但不限于以下几点：做好税源准备，应税资产免税化，用递延纳税减低税基，跨境资产税收优化。笔者希望通过合法合理的规划，可以让客户的私人财富基石更为稳固。

税收居民身份与大额保单规划

税务安排的起点：属人原则和属地原则。当税收居民身份发生改变时，因为不同税域对于税收实行不同制度，极有可能导致税务方面的风险。事实上，税籍身份的不同对大额保单规划起着至关重要的作用。因此，我们首先探讨这个问题，厘清税务安排的基本思路。

风险案例

易先生是一位企业家，45岁，易太太44岁，两人是大学同学。他们有两个孩子，儿子15岁，女儿10岁。易先生早年从事计算机行业，他的很多同学也都是IT精英，不少同学很早就移民美国。易先生夫妇出于让孩子接受国际化教育的目的，决定办理美国EB-5投资移民。

在询问了几家移民公司的建议之后，两人商定，由易太太先行办理EB-5移民手续，并于一年前取得了美国绿卡。虽然一家四口暂时两地分居，易先生与太太的婚姻感情受到一定程度的影响，但是为了孩子的未来，只得先走这一步。易先生继续留在国内打拼事业，每2~3个月去一趟美国探亲，或者孩子放寒暑假回国与父亲团聚。

与很多高净值人士一样，易先生办理投资移民时并没有对家庭财产做特别的梳理，除了将自己经营公司的股权放在自己的名下，还将一家财务投资公司的股权放在易太太的名下。另外，北京三套房产中的一套也在易太太的名下。

2017年，夫妇俩做财务投资的这家公司即将登陆新三板，而该公司的股权在易太太移民时并没有对美国政府进行披露，事实上，不止这家公司的股权没有披露，为了省事，当初易太太名下的房产，包括银行部分金融资产也没有披露。此外，为了方便家人在美国的生活和工作，易先生夫妇打算在加利福尼亚州购置房产并放在易太太的名下。

易先生的一个同学在保险公司工作，一直在建议易先生购买年金保险，易先生出于债务隔离的考虑，觉得确实应该做一些安排，但是又听朋友说中国香港地区的保险更好，于是他陷入了纠结之中。那么，对于易先生来说，税收居民身份变更会带来什么新问题？易先生应该如何做保险规划？

风险分析

本案例中易先生面临的问题，实际上是国内税务和跨境税务的问题。在分析该问题时，首先需要厘清税收居民身份。主权国家根据税收管辖权，对跨国所得行使征税权。所谓"税收管辖权"，是指主权国家在征税方面所拥有的权利，是国家管辖权的派生物。国际公认的确立和行使税收管辖权的基本原则有两个：一是属人原则；二是属地原则。

属人原则又称居住国原则，是指一国政府以人作为其行使征税权力的基础。按此原则确立的税收管辖权，称作居民税收管辖权和公民税收管辖权，它依据纳税人与本国政治、法律的联系以及居住的联系确定其纳税义务，而不考虑其所得是否发生在本国疆域之内。

属地原则又称来源地国原则，是指一国政府行使的征税权力，受该国的领土范围制约。按照此原则确定的税收管辖权，称作税收地域管辖权或收入来源地管辖权。它依据纳税人的所得是否来源本国境内来判定其纳税义务，而不考虑其是否为本国公民或居民。

　　各国境外所得征税制度普遍采用混合税制的形式，兼有属人和属地税制的特点，只是侧重点不同。采用属人税制为主的国家，主要有美国、英国等少数国家。特朗普政府在税改前，美国作为典型的属人税制为主的国家，要求其居民公司取得的国内外来源所得全部在美国缴纳所得税，但可以对其在国外已缴纳的税收给予抵免。绝大多数发达国家实行的是以属地税制为主的混合税制，如澳大利亚、芬兰、法国、德国、瑞士等。

　　中国采取的征税制度是属地兼属人的原则，是一个全球纳税的国家。换言之，只要在中国国界发生的收入都要纳税，同时中国公民的全球收入也要纳税。

　　那么，如何认定中国的税收居民？《中华人民共和国个人所得税法》（以下简称《个人所得税法》）第一条就对居民纳税人义务进行了明确规定，即居民纳税人负有无限纳税义务。《个人所得税法》明确规定了居民个人和非居民个人的定义，考量维度分为两种：一是是否有住所；二是一个纳税年度之中的居住时间。对于税收居民，税务部门对其在中国境内及境外取得的收入征收个人所得税；对于非税收居民，税务部门对其在中国境内所得征收个人所得税。

相关阅读

《中华人民共和国个人所得税法》第一条

　　在中国境内有住所，或者无住所而一个纳税年度内在中国境内居住累计满一百八十三天的个人，为居民个人。居民个人从中国境内和境外取得的所得，依照本法规定缴纳个人所得税。

　　在中国境内无住所又不居住，或者无住所而一个纳税年度内在中国境内居住累计不满一百八十三天的个人，为非居民个人。非居民个人从中国境内取得的所得，依照本法规定缴纳个人所得税。

　　纳税年度，自公历一月一日起至十二月三十一日止。

随着全球经济一体化进程的推进，一些高净值客户选择了移民。

在资产全球化的进程中，一些企业在赴海外上市时，企业管理者为了应对中国企业对外投资和境外融资的种种政策障碍与审批限制，也会选择临时转换税收居民身份。

获取移民身份会面临新的税务问题，放弃身份同样会有税务风险。根据美国税法规定，美国公民即使放弃美国国籍，美国政府也可追溯5年，要求其补齐放弃美国国籍前5年拥有的海外资产隐匿不报而逃避的税收和罚金。如果没有依法纳税，按照新的主动申报方案当中的规定，这些人必须补缴8年的税款和利息，外加一笔罚金，罚金数额为受罚人过去8年当中最高账户余额的25%。

关于国籍，《中华人民共和国国籍法》第三条规定，中华人民共和国不承认中国公民具有双重国籍。第九条也有规定，定居外国的中国公民，自愿加入或取得外国国籍的，即自动丧失中国国籍。纳税人因移居境外注销中国户籍的，应当在注销中国户籍前办理税款清算手续。

相关阅读

《国家税务总局关于个人所得税自行纳税申报有关问题的公告》

五、因移居境外注销中国户籍的纳税申报

纳税人因移居境外注销中国户籍的，应当在申请注销中国户籍前，向户籍所在地主管税务机关办理纳税申报，进行税款清算。

（一）纳税人在注销户籍年度取得综合所得的，应当在注销户籍前，办理当年综合所得的汇算清缴，并报送《个人所得税年度自行纳税申报表》。尚未办理上一年度综合所得汇算清缴的，应当在办理注销户籍纳税申报时一并办理。

（二）纳税人在注销户籍年度取得经营所得的，应当在注销户籍前，办理当年经营所得的汇算清缴，并报送《个人所得税经营所得纳税申报表（B

表）》。从两处以上取得经营所得的，还应当一并报送《个人所得税经营所得纳税申报表（C表）》。尚未办理上一年度经营所得汇算清缴的，应当在办理注销户籍纳税申报时一并办理。

（三）纳税人在注销户籍当年取得利息、股息、红利所得，财产租赁所得，财产转让所得和偶然所得的，应当在注销户籍前，申报当年上述所得的完税情况，并报送《个人所得税自行纳税申报表（A表）》。

（四）纳税人有未缴或者少缴税款的，应当在注销户籍前，结清欠缴或未缴的税款。纳税人存在分期缴税且未缴纳完毕的，应当在注销户籍前，结清尚未缴纳的税款。

（五）纳税人办理注销户籍纳税申报时，需要办理专项附加扣除、依法确定的其他扣除的，应当向税务机关报送《个人所得税专项附加扣除信息表》《商业健康保险税前扣除情况明细表》《个人税收递延型商业养老保险税前扣除情况明细表》等。

成交策略

正如本案例中的易先生，在财富管理实务中，越来越多的已移民高净值客户向我们咨询税务安排问题。大部分人在申请境外身份时，首先想到的是国外的环境、孩子的教育等问题，却很少有人事先了解境外法律法规以及税务规定，更别说进行整体的税务安排了，这样看上去省事，殊不知非常多的烦恼和成本开销在等着他们。我们建议高净值人士在考虑移民问题时，想得长远一点，最好找资深的税务师进行详细的咨询与财产规划。

对于跨境税务安排的重点，可以从以下几个维度去思考。

（1）是考虑家族成员身份的国际化，还是资产的国际化？

（2）高额资产是个人直接持有，还是用名义人持有或是以其他方式持有？

（3）怎样保护资产，以避免未来有可能出现的法律纠纷？

（4）怎样保护资产，以避免未来子女配偶追索？

（5）怎样规避下一代有可能出现的挥霍败家风险？

（6）如何做好资产的跨代传承，规避有可能出现的遗产税、赠与税之纷争？

对于移民身份的安排，本书有以下10条建议。

1. 厘清自己移民的真正目的

比起其他国家的人，中国人更喜欢热闹，很多人移民的原因是身边的亲朋好友都移民了，较少有人会提前思考自己究竟为什么移民。事实上，移居并非一定要通过移民的方式才能实现。

2. 提前了解移民目标国的法律税务规定

每一个不同法域，税域对法律、税收的规定都不尽相同，有移民倾向的高净值人士应根据自己的需求选择移民目标国，并提前咨询专业律师、税务师该国或地区在法律和税务上的政策，避免取得境外绿卡后出现的一系列税务上的麻烦。

3. 申请境外国家绿卡的家庭成员身份安排

这主要是为了解决在申请境外国家身份时，以家庭成员中谁作为主申请人的问题，通常建议以家庭成员中收入相对较少的成员作为主申请人，由此可以避免负担高昂的税务。另外，很多移民国会有居住时限的要求（俗称"移民监"），这也是需要综合考虑的因素。另外，一些家庭由于夫妻双方长时间两地分居，有可能出现家庭不稳定因素等。

4. 挑选靠谱的投资移民项目

要移民热门国家，基本上都要通过投资的方式取得移民的身份。既然是投资，就存在投资失败的风险。所以，高净值人士必须谨慎挑选靠谱的移民公司，挑选靠谱的移民项目。

5. 做好移民前的税务安排

首先，要准备好国内合法收入来源证明。境外移民国家在审核投资移民申请的过程中，大多需要客户提供这样的信息，包括收入来源证明、中国纳税的完税凭证等。在取得海外居留权身份之前，还要做好个人资产的评估报告，如此可以更好地锁定自己取得境外身份之前的个人资产价值。以美国为例，它还存在弃籍税一说，假如已取得美国绿卡的人士要放弃美国绿卡，会被视为出售自己名下的资产，如果提前获得一份法律公证的资产净值报表，就会很好地证明自己取得绿卡时个人财产的成本，以最大限度减轻弃籍税的负担。

6. 资产的梳理与评估

在取得海外居留权身份之前，是否考虑提前处置一些资产？一般来说，可以将高收益的产品提前出售，如有必要再回购。国外的很多国家都会针对资本买卖收益征税（资本利得税），这样做的好处是，能够摊薄持有资产的成本。举个例子，当初100万元购买的房产，取得美国绿卡前房产价格涨到300万元，取得绿卡后房产价格涨到400万元，然后出售它。如果不进行这样的操作，以美国为例，资本利得税将会按照400万元与100万元的差价收益300万元进行征税。如果能够在移民前就将其出售，移民后再回购，这样美国税务部门就仅仅针对400万元与300万元的差价收益100万元进行征税。尽管存在一定的交易成本，但是比起税收来说还是微不足道的。

7. 资产的提前安排或传承

境外一些国家有赠与税、遗产税，如果高净值人士提前将自己名下的资产传承给子女，就可以避免未来在代际传承过程中的税务负担。当然，这个环节如果配合合理的信托架构，在财富传承的同时，也可以避免后代挥霍家产。

8. 聘请专业人士进行每年合规的税务申报和资产申报

境外尤其是美国税务申报是非常复杂的，动辄几十上百页的税表申报是非专业人士难以操作的。因此，高净值人士最好聘请专业人士进行每年合规的税务申报和资产申报，以免因出现疏漏而造成财富损失。

9. 遗产税与赠与税的筹划

高净值人士在移民时，需要格外注意的是，很多移民国都开征了遗产税和赠与税，比如美国和欧洲的大部分国家，当拥有该国身份的家族成员去世之后，其继承人将面临比较重的遗产税。如果选择生前赠与，不仅容易因资产失去控制而产生一系列的问题，还会有赠与税的问题，一般来说，赠与税和遗产税在税率方面基本一致。

而且相比赠与税一般是由赠与人交税不同，遗产税普遍由继承人交税，先完税再分配。因此，假如继承人没有足够的现金或者可变现的资产，那么被继承人遗留下来的财产，可能就会面临被司法处置的风险。

10. 个性化的解决方案

综上所述，高净值人士在跨境移民的问题上，必须根据自身的具体情况进行个性化的税务安排，才能有效解决其面临的个性化问题。

本节案例中，易太太已经取得了美国绿卡，易先生则保留了中国公民身份。美国的税收体制遵循的是"属人+属地"的原则，根据美国的税法规定，只要是美国公民以及美国绿卡持有者，无论其收入来自美国境内还是美国境外，均需要向美国政府纳税。因此，易太太已经成为美国的税收居民。身份变化后，其面临的财富风险也会相应发生变化。美国和中国一样，不管是个人所得税，还是企业所得税，都是全球课税的，只是在税法方面执行力度有所不同。

首先，取得美国绿卡之后的易太太，其名下金融产品衍生的收益（包括但不限于利息、股息）需要每年申报缴纳美国联邦所得税。

其次，根据美国税法的规定，只要易太太持有超过境外公司10%的股权，她就需要将其名下各家公司的资产和运营信息披露在税表5471（Information Return of US Persons With Respect To Certain Foreign Corporations）上面。而我们看到，易太太在做投资移民时并没有申报此项，这意味着易太太不仅要因为不披露相关信息而被罚款，而且公司一旦上市，她很有可能会面临高额的个人所得税。易太太所投资的公司若在未来涉及重组并购，那么她既需要考虑中国国内的税务问题，也需要考虑美国的税务影响。

再次，由于《海外账户税收遵从法案》①已经逐渐在中国香港等税域施行，中国内地的执行情况较为复杂，但从大方向上看，中国内地与美国签订的并非双向交换的FATCA model 1 IGA，而是一份有条件的替代协议。除了FATCA，针对美国税收居民海外资产申报要求更为严苛的是海外银行与金融资产账户申报②，一年中任何时候若海外账户资产的"总和"最高额超过1万美元就要进行税务申报。由此可知，易先生名下的金融资产都将在美国国家税务局的法案之下变得透明。

最后，为了方便在美国的生活与工作，易先生在加利福尼亚州购置了房产并放在易太太名下，这样易先生也会被美国加利福尼亚州税务局认定为加利福尼亚州税收居民，也即除了要每年申报美国联邦所得税，他还要面临申报加利福尼亚州州税的问题。

① 又称《海外账户税收合规法案》（Foreign Account Tax Compliance Act，FATCA），音译为"肥咖条款"，是美国政府为防止美国纳税人逃避税务而制定的一项新法案。它的约束对象是海外金融机构和美国纳税人。它要求外国政府准许各国金融机构向美国国家税务局提供纳税义务人的海外资产数据，同时也要求美国纳税人在自己的海外账户资产超过门槛时进行申报。

② 又称"肥爸条款"（Report of Foreign Bank and Financial Accounts，RBAR），落实对象对美国纳税人，主要是要求纳税人若在国外有一个（或以上）金融账户或签名账户，一年中任何时间的总和最高额超过1万美元，在每年报税截止日前要用表格14向美国财政部申报。

基于以上分析，我们应该建议易先生在进行保险规划时，根据不同税域对保险这一资产类型的税收规定综合考虑。在此，建议初期，先以易先生作为投保人，孩子作为被保险人，投保一定金额的年金保险，如此，因为交保费的易先生属于非美国税收居民，相当于非美国税收居民对美国税收居民的赠与，因此无须缴纳赠与税。需要注意的是，尽管无须缴税，美国税收居民在收到超过10万美元价值资产的赠与时，仍要申报美国国家税务局表格3520。

如果被赠与人是赠与人的配偶，且是美国公民，那么赠与税和遗产税都无额度限制。如果赠与人的配偶不是美国公民，那么无论她/他是什么身份，其年度赠与免税额度都为15.5万美元，终身免税额度为6万美元（注意，只有当年度额度不够用时，才会占用终身的6万美元额度）。较为幸运的是，易先生并没有选择全家同时办理EB-5，从而为家庭财富的规划留出了空间。

🕐 精进时刻

关于移民身份的安排，应该考虑哪些因素？

_____

_____

_____

剥离企业税务风险，实现大额保单规划

税务透明化是大趋势，不管是国内还是国际，目前都在加强对个人收入和财产信息的收集与管控。金税三期①的上线也为税收的规范化、透明化提供了强有力的支持。当企业家谋求企业更大的发展时，税务透明化的要求会更加突显。此时，税收方面的决策将会影响财富来源的走势，从而影响部分财富决策。

风险案例

1990年，经过将近10年的发展，教培行业初具规模。20世纪60年代出生的周先生，正是在20世纪末开办了教育培训公司，业务以英语培训为主。2003年，线下教育培训行业一度遭遇寒冬，很多大中小教育培训企业都没有熬过去，幸运的是，周先生略显保守的性格反而发挥了作用，公司现金流足以支持其渡过难关。

在这之后，周先生的事业稳步上升。随着科技的发展，教培行业进入"互联网+"时代，线上教育日趋流行。众多投资机构也逐渐开始关注教培行业，尤其是在线教培项目。为了谋求公司更大的发展，周先生请来税务专家协助做股改，因为IPO需要账务清明。在准备的过程中，不少历史遗留问题暴露

---

① 金税三期是指金税工程三期，其核心内容之一是建立以增值税为主体税种的税别体系，并实施以专用发票为主要扣税凭证的增值税征管制度。

出来，周先生均一一积极解决。然而，有一个问题难住了周先生，原来，在企业初创阶段，很多家长都是手持现金交纳学费，培训机构给家长开具收据。因此，大量的企业应收账款没有纳税。这笔税款是否需要补齐？这让周先生很纠结。补齐，要支付好大一笔钱，周先生觉得心疼；不补，则很有可能影响日后的股权融资，上市时间也有可能变得遥遥无期。

所谓祸不单行，周先生的女儿和女婿的一场离婚诉讼官司竟然让自己的事业遭遇了一场危机。当初女婿追女儿的时候，周先生就觉得这个小伙子别有用心。果不其然，结婚没两年他就开始闹离婚。

在离婚官司进行到共同财产析产时，女婿告诉法院其妻子（周先生的女儿）在银行还有上千万元的存款，那笔钱也属于夫妻共同财产，坚决要求分割。周先生的女儿告诉法官那是父亲公司的钱，不是自己的收入。如此一来，父亲借用女儿账户收取企业往来经营款的行为被曝光在司法机关面前，如果法院发出司法建议书或是女婿一气之下到税务机关举报，那么周先生的公司将面临逃税漏税方面的行政处罚甚至还有可能面临刑事处罚。

风险分析

以上案例的风险规划诉求是较为综合、多元的，不仅存在家族财富传承的问题，还有婚姻变动、家企隔离以及税收风险方面的问题。本节我们将从税收风险的角度对家族财富的影响进行重点分析。我们会发现，企业家在税收方面的问题可大可小，原因在于，首先，我国的税制是不断发展完善的，中国的民间财富增长迅速，税务机制也需要不断地调整以适应形势的发展。

近年来，国家通过规范收入分配制度，以及完善收入分配调控体制机制和政策，建立起了个人收入和财产信息系统，保护合法收入，调节过高收入，清理、规范隐性收入，取缔非法收入，增加低收入者收入，扩大中等收入者比重，努力缩小城乡、区域、行业收入分配差距，逐步形成了橄榄形分配格局。

从国内看，2013年11月20日，国务院常务会议决定，整合不动产登记职责，建立不动产统一登记制度。很多人觉得，不动产统一登记制度的落地实施，在很大程度上是为开征房产税做准备的，也不排除是在为将来有可能开征的遗产税做准备。

其次，2014年9月《中华人民共和国税收征管法》（以下简称《税收征管法》）启动修订。本次修订有两个方面值得注意，一个是对于自然人纳税人识别号的建立和广泛运用，如此能够让税务机关更全面、更方便地掌握纳税人的收入和支出情况，以便更好地进行税务管理。随着科技的发展，税收将变得越来越透明。

《中华人民共和国个人所得税法》第九条规定：个人所得税以所得人为纳税人，以支付所得的单位或者个人为扣缴义务人。纳税人有中国公民身份号码的，以中国公民身份号码为纳税人识别号；纳税人没有中国公民身份号码的，由税务机关赋予其纳税人识别号。扣缴义务人扣缴税款时，纳税人应当向扣缴义务人提供纳税人识别号。

《税收征管法》第二个值得注意的地方在于对现金交易的严格把控，这样能够在一定程度上杜绝一些灰色收入或黑色收入。在本节案例中，周先生在企业初创阶段，因为采用了现金缴纳学费的方式，以至于留下了税收方面的问题——大量的企业应收账款没有纳税。这不仅影响了公司的融资计划，也限制了公司的发展。

最后，2017年5月23日，中央全面深化改革领导小组第三十五次会议召开，审议通过了《个人收入和财产信息系统建设总体方案》（以下简称《方案》）。这意味着个人所得税改革又向前迈出了一大步。该系统建成后，对于形成橄榄形分配格局具有历史性的作用和价值。

随着科技的发展，以大数据著称的金税三期已在全国全面推广。实际上，金税三期是一个税收管理系统，其总体目标是建立"一个平台、两级处理、三个覆盖、四个系统"。

"一个平台"是指包含网络硬件和基础软件的统一的技术基础平台。"两级处理"是指依托统一的技术基础平台，逐步实现数据信息在总局和省局集中处理。"三个覆盖"是指应用内容逐步覆盖所有税种，覆盖所有工作环节，覆盖国税、地税并与相关部门联网。"四个系统"是指通过业务重组、优化和规范，逐步形成一个以征管业务系统为主，包括行政管理、外部信息和决策支持在内的四个应用系统软件。

金税三期对我国的税改影响深远。第一，将实现覆盖税务总局、国税、地税各级机关以及与其他政府部门的网络互联，强化对纳税人全面涉税业务监管功能，快速、精确、便捷地获取所有纳税人信息并进行整合监管；第二，提高应对纳税人偷漏税等税收违法问题的技术手段，让纳税违法分子税收违法成本进一步增加（加大处罚力度，严格追究法律责任）；第三，国税、地税信息互联后，对以前国税、地税分散管理盲区，尤其是原国税、地税两分离交叉管理中的漏户和归属权限追究的盲区，将逐户进行彻底的清理；第四，通过媒体公开违法者信息，"一处失信、处处受限"的信用惩戒大网拉开，"失信者寸步难行"的理想局面成为现实。

对于周先生的企业，还有一个比较明显的风险在于，税收风险导致的家企不分的问题。这个问题在上一章有过论述，在此不加赘述。

成交攻略

在企业税务风险的管理方面，一般建议从企业内部控制方面对于税务进行管理，具体包括两方面：一方面，企业经营行为适用税法不准确，没有有效了解并运用有关税收优惠政策，以至于多缴纳了税款，承担了不必要的税收负担；另一方面，因为没有遵循税法或者不符合税收法律法规规定，企业应纳税而未纳税、少纳税，从而面临补税、被罚款、被加收滞纳金等财务损失，声誉受损，甚至遭受刑罚。例如某些艺人偷逃税，后来他们不仅补缴了巨额税款，遭受了名誉损失，甚至还遭遇了牢狱之灾。

因此，在税务风险方面，以下几个方面需要注意。

首先，在公私不分的情况下，从公司把钱取出来给个人用，如果没有超过一年，我们可以把它定义为股东借款，很多人认为，这时把钱还给公司就可以了。事实并非如此，这样的行为有可能面临两种责任。第一个是行政责任，企业家因为企业逃税的问题将面临未缴纳税款5倍的罚款，而且要因未缴税事宜承担18%的滞纳金。比行政责任更严重的叫刑事责任。我国《刑法》中有一个罪名叫"逃避缴纳税款罪"。如果未到税收部分超过了应税金额10%以上，且金额巨大，应当承担刑事责任。公私不分的另一个问题就是企业连带债务问题。当公司账户经常被用于股东个人利益时，公司的独立法人地位可能被穿透，因而股东会对公司债务负无限连带责任。

其次，对于子公司与分公司的选择，从税收的角度分析，有以下两点建议。第一，当无税收优惠的企业投资设立能够享受税收优惠的机构时，最好设立子公司，以使子公司在独立纳税时享受税收优惠待遇。第二，如果预见组建的公司一开始可能会亏损，那么，组建分公司有利，分公司的亏损与总公司汇总纳税时，就可以减轻总公司的税收负担；当然，如果投资主体是亏损的，估计所设立的分支机构是盈利的，也应组建分公司，汇总纳税以盈补亏。

再次，关联交易税务风险问题。一些企业在集团化发展的过程中，由于母公司和子公司的功能定位不清晰，导致母公司承担了子公司的众多职能。特别是一些被"捏合"的集团企业，其管理模式和管理理念远未跟上集团化扩张的脚步，并且企业集团内部职能划分和费用分摊十分混乱，由此可能引发很大的税务风险。在实务中，母公司和子公司功能重合、费用分摊不清的现象比较普遍，这极易引发税务风险。在流转税方面，母公司软件系统、专利成果等无偿提供给子公司使用，母公司向子公司无偿发放贷款等均可能涉及增值税和营业税。关联交易也非常容易导致法人人格不独立，从而引发公司的无限连带责任风险。

最后，一套人马，两块牌子，税务处理一团麻。我国大型企业集团中，"一套人马，两块牌子"的现象比较普遍。这一现象导致的直接后果之一，就是关联企业之间成本费用划分不清，很容易导致税务风险。所谓"亲兄弟也要明算账"，大型企业集团财税负责人尤其应当注意，只有关联企业之间的费用核算清清楚楚、明明白白，才能规避税务风险。

对于企业税收管理，笔者有以下几点建议：第一，管理环节前移，变事后管理为事前管理和事中监督，提前发现和预防税务风险；第二，将控制重大税务风险摆在首位，着重关注企业重大经营决策、重要经营活动和重点业务流程中的制度性与决策性风险，有针对性地关注账务处理和会计核算等操作层面的风险；第三，税务安排、经营决策和日常经营活动、纳税申报等事宜符合税法规定，税务事项的会计处理符合相关会计制度或准则以及相关法律法规；第四，建立防止企业偷税、漏税的行为和机制。

综合以上分析，可以看出周先生的问题在于，前期大量的企业应收账款没有纳税。作为财富管理师，我们在实务中应该重点关注客户在做财富管理时资金来源的合法性。因此，我们首先应建议周先生做到合法合理纳税，这也是税务安排的关键。长期阳光是税务安排的最佳目标，切不可因为短期利益影响企业长期的发展，更不要因为企业税务方面的风险影响家庭财富，甚至遭遇牢狱之灾。其次，建议周先生通过保险金信托的方式，做好家庭与企业的财产隔离。

🕐 精进时刻

企业税务会面临什么风险？试举例说明。

_____

_____

_____

大额保单应对遗产税税源问题

当死亡遇见税收，高净值人士的财富将面临很大的不确定性。读者朋友可能会说："我国目前并没有遗产税，我也确定不移民，遗产税离我远着呢！"我们一起来分析下面这个案例，看看遗产税离我们到底远不远。

风险案例

互联网时代造就了很多互联网新贵，小林就是其中一位，凭借出色的技术和创新的头脑，小林很快成长为一家大型互联网公司的中层骨干。事业顺风顺水的小林也迎来了爱情的丰收，他与相恋5年的女朋友小亚完婚，并且很快有了女儿。适逢互联网行业快速发展，小林的公司在经过10年的快速发展之后顺利上市，而小林也借着公司发展的快车道，顺利跻身千万富翁行列。

这时，小亚又怀孕了，这一次，小两口决定赴美生子，一切安排甚为妥当。小亚在美国待产期间，小林几乎每个月都飞赴美国看望妻子和女儿。两人有意在美国添置房产，也咨询了不少房地产经纪人。之后，小林与小亚看中了一套房子，是一处位于海边的海景房，市值200万美元，两人很快做出了购买决定，并将购买后的房子放了小林的名下。儿子顺利出生，林家新添男丁，小林非常开心，随后将妻子和女儿、儿子接回了国，一家人得以团聚。

刚成为新贵的小林，坐拥千万财富，但有时也想寻找更高的人生意义，去折腾些事，如投资互联网初创企业，但是孩子的出生让他犹豫了，毕竟现在自己是两个孩子的父亲，不能像年轻时那样，可以洒脱地闯事业。另外，在2019年的金融产品爆雷潮中，虽然小林投资的产品没有爆雷，但是出现了延期。面对纷繁复杂的金融产品，自己的资产应该如何安排，小林暂时也没有头绪，希望找一个靠谱的财富管理师给自己做些参谋。

风险分析

我们从案例中了解到，小林及其妻子和女儿都是中国税收居民身份，中国目前并没有开征遗产税，小林一家是不是就不存在被征收遗产税的风险了呢？其实不然。因为小林在美国购置了房产，并且是以非美国税收居民身份直接持有，这里就存在较大的被征遗产税风险。

首先我们来探讨一下遗产税与赠与税的形成以及发展历史。遗产税（Inheritance Tax）是对被继承人死亡时所遗留的财产课征的一种税，因此在英国遗产税曾被称为"死亡税"（Death Tax）。遗产税是一个古老的税种，早在古罗马时期就有遗产税。

近代意义上的遗产税已经有400多年的历史。在现代西方国家，各国普遍开征了遗产税。从国际趋势来看，据统计，全球有100多个国家和地区开征了遗产税。从世界上开征遗产税的国家和地区看来，遗产税的征收对象一般为被继承人去世后所遗留的财产。纳税人往往是继承人、遗嘱的执行人或财产的管理人。

为了防止被继承人生前赠与财产从而逃避遗产税，一般征收遗产税的同时，会同时开征赠与税作为补充。赠与税一般以财产所有人生前赠与他人的财产总额减去一定免征额以及扣除项为征税对象所征收的一种财产税。

所谓遗产，是指自然人死亡时遗留的个人合法财产，它包括不动产、动产及其他具有财产价值的权利。从法律的视角来看，会把遗产分为积极遗产和消极遗产。积极遗产是指死者生前个人享有的财物和可以被继承的其他合法权益，包括所有权、债权、继承权、专利权、商标权和著作权等。消极遗产则是指死者生前所欠的债务，如个人债务、夫妻共同债务等。

从范围来说，积极遗产主要包括：死者的婚前个人财产、夫妻间共同财产中属于死者的那一部分、夫妻之间约定属于死者的财产、婚后个人的特有财产等。而从类型上来说，积极遗产几乎囊括所有有形的和无形的财产，包括金融资产、动产、不动产、股权、艺术品、知识产权等。需要注意的是，关于抚恤金、公房承租权、农村土地承包权、经济适用房、网络财产等由于各式各样的原因，暂时不包括在遗产之中或者还存在一定的争议。由此可见，个人名下几乎所有的资产，未来都有可能被征收遗产税。

《民法典》第一千一百六十一条规定：继承遗产应当清偿被继承人依法应当缴纳的税款和债务，缴纳税款和清偿债务以他的遗产实际价值为限。超过遗产实际价值部分，继承人自愿偿还的不在此限。继承人放弃继承的，对被继承人依法应当缴纳的税款和债务可以不负偿还责任。同时，《民法典》第一千一百五十九条和第一千一百六十一条还规定，分割遗产，应当清偿被继承人依法应当缴纳的税款和债务；继承人以所得遗产实际价值为限清偿被继承人依法应当缴纳的税款和债务。超过遗产实际价值部分，继承人自愿偿还的不在此限。继承人放弃继承的，对被继承人依法应当缴纳的税款和债务可以不负清偿责任。也就是说，继承遗产时必须同时继承资产和债务。因此，继承人通过放弃继承的方式，可以将被继承人名下的债务剥离开来，这也是我们常说的"代与代之间拥有天然的债务隔离屏障"，大额保单通过"投保人-被保险人-受益人"的架构设计从而起到隔离债务效果的法律依据也在于此。

前面我们提到的个人所得税，更多的是讨论收入的问题或者流量资产的问题。遗产税针对的更多是存量资产的税收问题。当然，也有一些国家或地区开征遗产税之后又取消的。例如，中国香港就是在2007年取消的遗产税。还有一些国家或地区长时间开征遗产税，后来突发奇想决定取消这一税种，取消了之后发现不对又重新开征的。虽然这在政策上就是动动文件的事，但是它把不少高资产人士（尤其是年长的高净值人士）折腾坏了。

2010年，美国决定暂停征收遗产税。当2009年12月31日这一天临近时，很多病床上的富人想尽各种办法续命，而临近2011年元旦的时候，大家又都在思考一个问题：要不要提前一点和上帝喝咖啡。因为新一届政府走马上任后，据说又要取消而且是逐步取消遗产税的征收，不知此次还会不会间歇性反复？是永久性的还是暂时性的？

除了遗产税，欧洲一些国家还征收"富人税"，如法国。2012年，法国对高收入者征收75%边际税率的争议性提案获得法国宪法委员会批准。2013—2014年，法国政府向年薪超过100万欧元的雇员征收该税。需特别指出的是，由于法国议会反对，该超级富人税在最终实施时，是由雇员所在的企业或组织缴纳，而非其本人缴纳，这对于在经济衰退中惨淡经营的法国企业无疑是雪上加霜。这一政策不仅影响了法国的声誉和竞争力，还造成很多法国富豪"用脚投票"。根据法国方面的调查，2012年共有3.5万人从法国离境去国外定居，其中有587名是应交超级富人税的法国人，其平均资产在660万欧元左右，而其中的半数富人的平均资产超过1250万欧元。法国这一税制于2015年被废止。

中国作为一个庞大的经济实体，未来会不会征收遗产税，我们不得而知。遗产税的征收，不仅取决于对高净值人士境内外资产数据的掌握程度，还取决于开征这一税种的成本与成效之间的对比。在中国，尤其是财富管理行业，对遗产税的各种说法其实并不陌生。

成交攻略

事实上，最初开征遗产税的目的，就是缩小贫富差距，促进社会公益。然而，当一个国家或地区遗产税的征收成本大于税收产生的效益时，政府会考虑该税制征收的必要性，从而做出相应的调整。另外，如果一个国家或地区想要吸引资金，取消遗产税及赠与税的征收会是一种行之有效的方式。

按照法律规定，纳税是每个公民应尽的义务，与此同时，在法律的范围之内，利用一些合法、有效的工具，进行恰当的税务安排，也是每个公民应该享有的权利。一方面，如何在法律范围内让自己辛苦积累的财富尽量少交甚至不交遗产税；另一方面，如何为子孙后代提前准备足够的应税现金，尤其是在个人名下拥有巨额财富时，应该是每个公民需要提前思考、筹划和安排的。

时至今日，我国的遗产税及赠与税并没有开征。笔者的建议是：高净值人士无须恐慌于市场的各种传闻，同时应该为此提前做好准备。

他山之石，可以攻玉。我们也可以从国际经验来了解一下，遗产税具备的几个特点，从而对该税种也有一定的认知。

第一，遗产税与赠与税一般如影随形，开征遗产税基本上都会配套征收赠与税，且赠与税会有追溯期。第二，税基以所有的资产计算，包括现金资产和非现金资产。当资产比例中不易变现的重资产比重过大，税金筹备会成为一个很大的问题。第三，先完税再继承。在遗产税税款缴清前，其遗产不得被分割、交付遗赠，不得办理转移登记，且税金必须现金缴纳，全球范围不乏因为交不起税而放弃继承的案例。第四，按照累进税率计算，资产净额越高，征收的遗产税越多。虽然无法预测什么时候开征遗产税，但是一定要有此意识，并且适当做些规划。第五，若家族不做规划，从第一代到第二代，会有很大的税务成本，更不用说投资亏本的概念了。

关于遗产税的税源问题，与财富管理师的工作关系非常紧密的一点，就是保险金的规划。目前，保险金不仅免征个人所得税，从国际惯例来看，它也是免征遗产税的：死亡理赔金不属于遗产，没有被征收遗产税的风险（必须指定受益人）。根据我国保险法规有关条文规定的精神，人身保险金能否列入被保险人的遗产，取决于被保险人是否指定了受益人。指定了受益人的，被保险人死亡后，其人身保险金应付给受益人；未指定受益人的，被保险人死亡后，其人身保险金应作为遗产处理，可以用来清偿债务或者赔偿。

我们可以简单地算一笔账，我们每挣到100元，除去税收的钱，未来如果征收遗产税，再扣除一部分，最终还能够剩下多少？因此，谁是你资产的最大股东？相信大家心中都有答案。对于遗产税的税源问题，早做准备才能有备无患。

本节案例中，小林没有移民美国，也没有在美国居住超过183天，那么，他怎么会面临被征遗产税的风险呢？原来，在美国，对于美国境内资产的继承规定是内外有别的。对于美国本国的税收居民，美国遗产税中有高额的免税额部分，2015年是543万美元，2018年美国税制改革后，每人遗产税和赠与税的免税额度提升为1118万美元，个人每年赠与税额度为1.5万美元，会与遗产税免税额度联动计算，超过部分会从遗产税免税额当中扣除。夫妻间的赠与则无任何金额限制，也无赠与税的问题；2019年，赠与税及遗产税免税额为每人1140万美元，夫妻二人共同的免税额度为2280万美元。超过免税额者，缴40%的赠与税及遗产税。需要注意的是，即使小林的妻子之后取得了美国身份，可以享有优惠的免税额度，但如果妻子先于小林去世，而夫妻中最后的继承人小林仍是非美国籍，那么小林一家被征遗产税的隐患仍然存在。

而对于非美国税收居民，遗产税的免征额只有6万美元，这也就意味着200万美元只能扣除6万美元，剩下的194万美元需要缴纳40%的税。那么，这样一笔款项从何而来？保险将是一个很好的解决方案。因此，作为财富管理师，我们应建议客户配置一定金额的寿险，以应对有可能发生的遗产税和赠与税税源准备问题，利用寿险的杠杆撬动现金流，为继承人提供更多的流动性。另外，对于客户来说，可以将房产持有方式转换为公司持有，发生所有权转移时，转移公司股权即可，但是相应的房产税的价格也会提高。

🕐 **精进时刻**

按照国际经验，遗产税的征收有哪些特点？

_____

_____

_____

CRS时代的大额保单规划

近10年来，全球财富管理的法律与税务环境与之前相比发生了翻天覆地的变化，当全球各国及各大金融机构尚为FATCA的落地执行忙得不可开交之际，OECD又以不可思议的速度推行了CRS并取得了巨大的成果。自2016年年底以来，CRS风暴席卷全国，无论高净值人群还是中产家庭，都非常急迫地想知道在CRS时代该如何规划自己的财富，尤其是对于有涉外身份、涉外资产的家庭。陈女士就是这些客户中的一员。

风险案例

陈女士是一位企业家，今年53岁，她刚刚卖掉手上的一家企业，到手资金有8000万元。基于自己的年龄越来越大，陈女士暂时不愿意过多地把资金投入实业中，希望休息一段时间后，再寻找合适的项目或者做些金融投资。早年的外贸生意让陈女士在海外积累了不少资产。陈女士单身多年，有一个儿子，今年26岁，已经结婚生子。

2018年9月30日，中国与其他参与CRS的辖区完成首次辖区间的信息交换，以后也将每年定期进行辖区间的信息交换。各种消息都在指向同一件事情——税务透明。只要个人的海外金融账户资产总额超过100万美元，账户信息就会被税务局上报和交换，如果个人不能解释清楚这笔资金的来源，就会惹上麻烦。陈女士听说CRS不仅会把自己的海外账户信息交换给国内相关部门，还会让自己面临税务、法律以及隐私泄露的风险，心中难免有些不安。

面对这些政策的不确定性，陈女士也在市场上听了各种讲座，并且找了一些专业机构进行咨询。其中不乏被推荐移民国外或者买个小岛护照，甚至去柬埔寨等未签署CRS的国家或地区置产等方案。

虽然对这些方案的合理性心存疑虑，但是陈女士又不知道在这样的形势下，究竟应该如何规划自己的财富才合理，听说保险有保底利率，能够"避税""避债"，她想，是不是也该考虑一下？陈女士考虑拿出收入的20%做一个大额保单的规划，只希望自己辛苦积攒的家底能够更安全一些。

风险分析

2017年7月1日，CRS全球征税正式开启。一大波高净值人士的核心信息变得透明，也催生了一波如陈女士一样因为担心而引发的焦虑。CRS的推出旨在通过加强全球税收合作，提高税收透明度，打击利用跨境金融账户逃避税的行为，为各国加强国际税收合作、打击跨境逃避税提供了强有力的工具。

税务安排的基本逻辑是水往低处流。事实上，不仅仅是跨国之间的税务安排须遵循这一基本逻辑，即便在同一个主权国内，以往常用的企业所得税规避方式，也会遵循从高税率地区搬到低税率地区的原则。例如，前两年火爆的霍尔果斯，还有之前的林芝等地区，因为当地政府实行了优惠的税收政策，很多公司尤其是传媒影业纷纷到当地设立公司，以此降低公司的税负。当然政策是否具有稳定性，那是另一个层面的问题了。

之前有人说，人有三样东西无法隐瞒，分别是咳嗽、爱情和穷困，在CRS时代，这句话可以稍作修改：人有三样东西无法隐瞒——咳嗽、爱情和收入。以往不自行去申报或许还能心存侥幸，在CRS的机制下，每个人都没有秘密可言，这就要求每个人建立合情、合理、合法的节税机制。那么，究竟谁的资产将通过CRS被披露？笔者认为，主要受影响的是持有境外金融资产的中国居民。

那么，为什么会实行CRS？主要在于全球税基侵蚀和利润转移（Base Erosion and Profit Shifting，BEPS）行动的全面落实与推进。从世界范围看，各国独立行使税收主权，造成各国税制不匹配。在以往的国际经验中，很多跨国集团或高净值人士在进行税务安排时，运用各个国家或地区税收政策上的差异，通过一些巧妙的安排，如剥离属地或剥离属人的方法，将收入尽可能地留存到税率低的国家或地区。根据OECD统计，全球每年有4%~10%的企业所得税因跨境逃避税流失，每年税收损失为1000亿~2400亿美元。这样的税制差异和规则错配势必侵蚀正常主体的税基，造成这些主体在税收方面的损失。这也正是CRS会在全球展开的原因。CRS的出现将上述税务安排的空间压缩了。

中国在2018年全面落实BEPS行动。根据OECD官网截至2018年11月的数据统计，2017年9月，包括百慕大、英属维尔京群岛、开曼群岛、卢森堡等"避税天堂"在内的49个司法管辖区进行首次信息交换。中国个人及其控制的公司在这些国家或地区开设的银行账户信息（截至2016年年底）将主动呈报给中国税务机关。2018年9月，中国开始实施金融账户涉税信息自动交换标准，与其他各国（包括澳大利亚、加拿大、新加坡等）一起着力提高涉税信息的透明度，为坚决打击国际逃避税提供信息支撑，中国个人及其控制的公司在52个司法辖区开设的银行账户信息（截至2017年年底）将会主动呈报给中国税务机关。

此外，于2019—2020年进行首次信息交换的辖区有7个，未确定首次交换信息日期的发展中国家及地区有42个[①]。这一系列的举措意味着，将来在这

---

① 以上内容中涉及的信息交换辖区详见经济与合作发展组织官网。

100多个国家和地区之间税收居民的个人收入信息将变得透明化，利用剥离属地的方式进行税务安排的空间将会变得前所未有的狭小。

CRS的全面落地让很多富豪开始焦虑，事实上，在还没有开启CRS之前，不同税域之间就存在各种各样的双边税收协定。双边税收协定主要是为了消除双重征税，稳定税收待遇；适当降低税率，分享税收收入；减少管理成本，合理归属利润；当然，还有非常重要的一个诉求——防止偷税漏税。

2017年3月，普华永道的一位税务专家到私人银行家俱乐部论坛分享了一个案例，这是前几年发生的一个真实案例。有一对中国夫妻要移民到加拿大，移民之前在国内有企业，移民到加拿大之前，他们将股权转移到了没有移民的家人名下。加拿大也进行全球课税，当地税务局很困惑，为什么这对夫妻每年只申报几万加元的收入，却住着豪宅、开着豪车？其生活水平与收入状况严重不符，是不是有些资产隐藏在加拿大境外？

按照中加双边税收协定的规定，加拿大税务部门会与中国税务部门沟通，说认为此人的资产状况与现实生活水平不匹配，请协助调查。后来，通过中方税务部门核查发现，原来这对夫妻虽然居住在加拿大，但是每年都有境外的亲戚向他们进行大额资金的赠与。对于加拿大税收居民，接受来自非本国税收居民的赠与，本身是不需要纳税的，所以这对夫妻并没有偷税漏税，在加拿大的税法体制下也没有做错任何事情。

但是我们只猜中了故事的开头，而没有猜中故事的结局。在调查案件的过程中，中国税务部门在协助加拿大税务部门调查这个案件的过程中，逐渐深入了解到一些新的线索，发现这些钱的来源有些问题。不查不要紧，一查发现了惊人的秘密。原来，这对夫妻的父母以股东借款的名义从私营企业中直接取现再赠与他们。按照我国税法的规定，从公司借款一年不还，则视同股东分红。最终，加拿大政府没有课到税，中国税务机关反而追缴回来数千万元的税金。由此可见，双边税收协定的威力。

事实上，加拿大本身是不征收遗产税的，但继承人继承财产时需要缴纳所得税，其所得税就被视同遗产税。很多人会存在侥幸心理，认为自己只是一个小人物，没有人会发现自己的行为，或者被发现的概率很小，而现在人人都身处其中。

这个案例也给我们的客户提了一个醒，在做海外资产布局时，必须认真研究相应的政策，以免遭遇不必要的税务方面的麻烦。

更严重的是，国内目前拥有海外金融资产的高净值人群中，一些客户并非通过合法合规的正规渠道完成换汇资金出境，一旦个人海外资产信息被回溯，他们面临的就不仅仅是补缴税收的问题，还有可能需要承担利用地下钱庄转移资金出境的法律责任。

在CRS框架下，哪些信息需要交换？OECD发布的共同申报准则用300多页的篇幅规定了哪些信息需要交换、如何交换以及相关的尽职调查等。简而言之，在中国，对个人来讲，下列信息需要交换：姓名、地址（出生日期和地点可以交换但不是必须）、税收居民所在地、账号、税务登记号码（TIN）、年末账户余额和价值、利息、股息、买卖金融资产的收益、账户所在的金融机构的名称。对公司账户来讲，需要看公司是积极所得类型公司还是消极所得类型公司。如果公司是消极所得类型公司（投资所得占50%以上），需要将控制人作为情报交换的对象。而对于控制人，则要根据金融行动特别工作组（Financial Action Task Force，FATF）关于反洗钱的行动建议来判定。

情报交换有无门槛、漏洞？对于已有的个人账户，没有门槛，即无论金额多少，均在情报交换的范围内。对于已有的公司客户，金额在25万美元以下的可以不在情报交换的范围之内。对于新开设的个人账户或者公司账户，无论金额大小均需进行情报交换。多边自动情报交换是国际社会与跨境逃避税斗争而编织的巨网。如此巨网，有漏洞在所难免。而利用这些漏洞去违规操作是一个风险很大的行为。比如，纳税人可以选择将资金转移到没有进行情报交换的国家和地区，但是，该巨网实际上就是一个国际秩序。想将资金再次转回情报交换涵盖国家的金融机构，将非常困难——此时，体系内的金融机构将会进行非常严格的反洗钱调查。而负责制定国际反洗钱标准的FATF，已在2012年建议将逃避税（Tax Offences）作为反洗钱的前提。其后，许多国家（包括瑞士、新加坡等）都颁布了相关规定对FATF的建议进行落实。

税收居民身份是否重要？在金融机构决定情报交换的具体国家和地区时，个人税收居民身份所在地至关重要。因为税收居民身份所在地将决定税务情报向哪个国家和地区的税务机关提供。如果一个人被认为是中国的税收居民，其在新加坡、英国、澳大利亚、瑞士等地开设的账户信息，均须主动提交给中国税务机关。

需要注意的是，由于多边自动情报交换，拥有海外资产的高净值人士将不得不考虑其税务合规的问题。高净值人士税务安排的核心是税收居民身份的筹划。除非国家对公民进行征税（如美国），否则个人持有的护照只是判定税收居民身份时的一个考虑因素。在很多情况下，更重要的因素是纳税人实际居住的地点和居住时间。换言之，是"枕头"而不是"帽子"在判定纳税人的居民身份时更加重要。如果一个人持有安提瓜和巴布达（Antigua and Barbuda）或者圣基茨与尼维斯（Saint Kitts and Nevis）的护照，恐怕没有金融机构认可其是该国的税收居民。税务领域的多边自动情报交换已经打破传统的离岸生态。个人财富将会在阳光下进行重组，也会带来个人境外财富架构筹划的契机。

未申报境外收入会有哪些法律后果呢？对于中国税收居民全球所得征税，对境外所得未进行申报的中国个人可能面临如下行政责任和刑事责任。首先是行政责任，如果中国税收居民在境外的所得没有向中国税务机关申报，因而未在中国纳税，根据目前税收征管法的规定，这叫"偷税"，须就未申报金额缴纳50%以上5倍以下的罚款，且须就未申报金额每年缴纳大约18%的滞纳金。而且，这些责任没有追诉期限，即税务机关任何时候都可以追缴。《税收征管法》目前正在修改，对行政处罚和滞纳金的金额等可能会做出不同规定，但不大可能取消。其次是刑事责任，根据《刑法修正案》，纳税人采取欺骗、隐瞒手段进行虚假纳税申报或者不申报，逃避缴纳税款数额较大并且占应纳税额10%以上的，将构成逃避缴纳税款罪。尽管有"经税务机关依法下达追缴通知后，补缴应纳税款，缴纳滞纳金，已受行政处罚的，不予追究刑事责任"的规定，其适用也是有条件的。

成交攻略

关于CRS，大家都听过不少讲座，也有很多信息来源，对此我们该如何去做？很多人说CRS是狼来了，作为财富管理师，遇到客户询问CRS时，可以很客观地帮助客户分析这件事情，其中包含一定的逻辑：首先需要理清家庭成员的不同税收居民身份，不同税率的不同规定，是属人还是属地，不同税率相关税种的相关征收规定，不同国家之间有没有双边或多边的税收规定；其次利用相关规则制订合理方案；最后在专业税务师的协助下完成纳税。

在有关CRS的税务安排中，可以从以下3个层面去考虑，首先，税收居民身份是关键因素；其次，境外资产的存放地选择；最后，境外资产的持有形式，当然最终要回归到客户个人及其家族成员未来事业与家庭的发展需求上。例如，客户将来考虑在哪个国家进行事业的长期经营，其家庭居住重心会落在哪个国家等。根据客户的实际情况，合理降低税收成本，并在符合CRS与FATCA相关规定下实现全球资产最佳配置，并最终实现财富的保全与传承，是当前中国高净值人群税务安排最重要的课题。

税务的预防成本远低于补救成本，但是在整个税务安排的系统里，税务身份是比较复杂的。对于不同的资产类型，征税的规则也是不一样的，这块也需要事先进行梳理。因此，我们要保证给客户搭建的架构是合情、合理、合法的，经得住时间考验的，同时要保证其灵活性和私密性。最后，温馨提示：关于税务方面的落地方案，建议大家与经验丰富的税务相关专业人士进行沟通。

本案例中，陈女士希望将部分资金进行一些稳健的安排。建议陈女士用2000万～3000万元的资金做保险方面的配置。这样做，一方面可以解决自己的养老问题；另一方面可以趁着年纪尚可，做部分终身寿险的安排。

整套方案具备以下几个特点。

特点一：具备一定的杠杆效应。该方案可以实现人力资本杠杆化，杠杆率约2.15倍；同时现金价值可做保单质押贷款，提高杠杆率。需要注意的是，在投保该险种时，投保人需要进行健康核保以及财务核保。财务核保的资产证明额度一般为保额的3倍或年收入的20倍，以保险公司的要求为准。需要健康体检，默认最高保额为5000万元，超高保额可协商。

特点二：有条件的债务隔离。人寿保险是专属于债务人自身的债权，债权人无法行使代位求偿权；同时债权人无法主张退保本保单来偿还其债务，也无法直接向保险公司主张领取年金偿债（依据《合同法》第七十三条）。

相关阅读

《合同法》第七十三条　因债务人怠于行使其到期债权，对债权人造成损害的，债权人可以向人民法院请求以自己的名义代位行使债务人的债权，但该债权专属于债务人自身的除外。

代位权的行使范围以债权人的债权为限。债权人行使代位权的必要费用，由债务人负担。

特点三：专款专用，不易被挪用。本计划用终身寿险或终身年金保险进行规划，无法被挪作他用，保证专款专用。

财富管理中有一个非常大的不可控因素，即人本身。用保险这样制度化的金融工具可以较好地锁定该笔资产，防止人为挪用。保险并不是要改变人的生活，而是为了对冲风险，减少不确定性，从而保障被投保人的生活水平。

特点四：资金安全，固定预定利率。

（1）资金安全，避免亏损风险。保险资金运用必须稳健，遵循安全性原则，符合偿付能力的监管要求，银保监会对保险的投资渠道限制较多，资金相对安全。另外，保险年金按时按量领取：每年（每月）领取金额有保证，每年（每月）领取时间有保证。

（2）该方案保险采用预定利率精算，可规避未来有可能出现的低利率风险，实现稳定收益。

特点五：结合法律工具使用，降低风险。部分年金保险可搭建保险金信托架构，将身故受益人设定为信托，从而可以规避未来有可能发生的债务、婚姻及挥霍风险，使财富得以更好地传承。

特点六：免征个人所得税，未来有可能为遗产税税源做准备。死亡理赔金不属于遗产，没有被征收遗产税的风险（必须指定受益人）。

相关阅读

《中华人民共和国保险法》第四十二条

被保险人死亡后，有下列情形之一的，保险金作为被保险人的遗产，由保险人依照《中华人民共和国继承法》的规定履行给付保险金的义务：

（一）没有指定受益人，或者受益人指定不明无法确定的；

（二）受益人先于被保险人死亡，没有其他受益人的；

（三）受益人依法丧失受益权或者放弃受益权，没有其他受益人的。

受益人与被保险人在同一事件中死亡，且不能确定死亡先后顺序的，推定受益人在先。

陈女士同时拥有两种税收居民身份，在CRS实施的背景下，税务会呈现什么状态？对此，笔者也给出了相关建议。

（1）尽量选择成为低税率国家或地区的税收居民。

（2）若同时具备中国香港地区及内地税收居民身份，应善用相互之间的税收互惠协定。

（3）目前而言，本计划中涉及的养老年金领取免征个人所得税。

（4）若以中国内地税收居民身份投保，因为是在中国内地使用内地税收居民身份做养老年金安排，并不涉及CRS信息交换问题。

（5）若以中国香港地区税收居民身份投保，因为是在中国内地使用中国香港地区税收居民身份做养老年金安排，相关信息会交换到内地税务局，并由内地税务局将此信息交换至中国香港地区税务部门，但因为中国香港地区税收实行属地原则，本规划养老年金安排在中国内地，因此并不涉及中国香港的相关税收问题。

（6）对于只拥有中国香港地区税收居民身份的客户来说，只能用中国香港地区的税收居民身份进行投保。

（7）从中国香港地区的税法看，并未有针对该养老年金的相关税种，可能存在的风险是对该笔保费的来源进行一定的合规检查。

（8）税务安排的重点在于，规划的资金是否可以提交完税证明。

（9）可利用地域性税收优惠政策等方式合法、合理节税，建议寻找专业税务机构做进一步税优规划。

笔者为陈女士做了两个方案。第一个是终身寿险方案，趸交保费1390万元，保额3000万元，可实现人力资本的价值体现。第二个是养老年金方案，将1305万元作为生活永续现金流搭建基金，60岁开始每年可领取60万元直至终身，构建与生命等长的现金流。这两个保险产品均可搭配法律工具或信托工具，能够更好地规避由自然人持有资产带来的债务、婚姻及去世等风险。

因此，我们在探讨财富管理话题时，一定不能脱离风险谈财富；我们在做财富管理规划时，也必须考虑风险对财富的影响。这一切的基石在于高净值人士对自己实际财富状况的客观认知。结合自身的财富管理目标以及资产状况，采取适当的方式对风险进行管理才是解决之道。因为，只有真正剥离了风险的资产，才是真正的财富；只有被保全了的财富，才能真正顺利地传承下去！

🕐 精进时刻

CRS的实施对高净值人群的资产会产生哪些影响？

第 **6** 章

家族财富传承攻略

古人说："道德传家，十代以上；耕读传家次之；诗书传家又次之；富贵传家，不过三代。"如何打破"富不过三代"的魔咒，是摆在中国乃至全世界高净值人士面前的一个重要课题。财富管理领域的传承，其核心在于家族精神和文化的传承，家族人才辈出方是基业长青的可靠保证，而家族财富传承的关键在于构建精神、文化传承的物质基础与制度保障。

要实现家族财富传承，就要关注传承四要素：为何传？传给谁？传什么？怎么传？家族财富传承之难，难在每个问题都充满很多的变数和可能性，由此让传承增加了很多的不确定性。本章旨在从财富管理的角度，分析财富在传承过程中有可能遇到的风险以及相应的规划策略。

有控制力的财富传承

随着很多"创一代"到了退休的年龄，传承的问题逐渐显露，摆在他们的面前。随着家族核心创始人员的逐渐离任或离世，一个家族的发展必然会由创富过渡到守富和传富阶段。然而，对于很多企业家来说，其财富管理能力的提升速度似乎赶不上财富增长的速度。由于之前没有相关意识，不少民营企业家"原生态"的财富观所暴露的问题越来越多。如何实现有控制力的传承，成了高净值人士亟待解决的问题。

风险案例

林先生今年62岁，30多年前下海经商。乘着改革开放的春风，林先生的建筑事业做得非常红火，21世纪初国家大兴基础设施建设，林先生的建筑公司也日渐做大，成了有一定影响力的建筑集团。

随着国家"三去一补"政策的出台，建筑行业进入调整期。同时，因为年龄渐长，林先生也在考虑交接班的问题。林先生先后有两段婚姻，育有两个孩子。大女儿33岁，是中国香港户籍，是林先生与前妻所生，从小就出类拔萃，尤其喜欢运动。小儿子8岁，性情活泼，是林先生与现任妻子生的孩子。大女儿目前在家族企业里担任中层管理者，表现非常出色，已婚且育有一子，今年3岁。

前些年，林先生曾经因为身体原因住过一次院，之后在律师的建议下写过一份遗嘱，属意大女儿作为接班人，并在各种重大场合都带着大女儿出席。因为父亲与母亲离婚的事情，大女儿一直心存芥蒂，不太愿意与父亲交心。同时，对于接班这件事，林先生现任妻子也不止一次表达了不同的意见和想法，认为家产还是应该由儿子来继承。

时间长了，林先生心中不免产生了疑虑。对于接班这件事，真的是"传男不传女"吗？眼看自己年事已高，怎样才能把偌大的家产有秩序地传承下去，并且可以较好地避免家族成员之间的纠纷？遗嘱能够完全解决问题吗？林先生陷入了深深的沉思。

风险分析

改革开放40多年来，众多像林先生一样的中国民营企业家用勤苦、智慧与胆识，创造和积累了一定的财富。在过去的几十年里，他们的工作重心更多地聚焦在如何创造更多的财富上。而在进入"经济新常态"的时代背景下，国内经济整体呈现缓中趋稳、稳中有进的发展态势。

打拼得来的成功事业对于民营企业家来说意义非凡，每个企业家都希望自己的家族基业长青，事业得以长久延续下去。然而，创业难，守业更难，为何传？传什么？传给谁？怎么传？这是家族财富传承中必须仔细考虑的4个问题。在本节，我们将重点讨论家族财富传承的第一个问题：为何传？

家族财富传承的目的是什么？追本溯源，我们还是要回到原点，探索财富究竟是什么？我们与财富的关系是什么？从宏观层面来看，毋庸置疑，对财富的孜孜追求是人类社会持续欣欣向荣、不断创新发展最根本的动因。从微观层面来看，具体到某一个体，又如何进行分析？在创富初期，每个人几乎都会有一个目标，即享受财富，让家人过上更好的生活。当一个企业家或高净值人士积累了大量的财富之后，传承便成了一件"箭在弦上，不得不发"的事情。

综观这些年发生的案例，因为二代无意继承家族企业、对家族企业经营不善、二代婚姻变故等因素造成家族企业保全或传承失败的案例比比皆是。甚至有些企业家因为没有提前做好规划，当意外发生时，往往导致家族成员陷入纷争，使得现实发生的情况与心中之愿望背道而驰。对于这样一个"创造了60%的GDP，解决了80%的就业"的群体，做好财富的保全与传承规划，从某种程度上说也是间接照顾了成千上万的家庭。

2013年12月20日，柏联集团46岁的总裁郝琳先生（Lam Kok）在法国新收购的酒庄Chateau de La Rivière乘坐直升机失事身亡的新闻震动了整个西南商圈，机上另有一名翻译和郝琳的独子，郝林先生的妻子因惧怕乘坐直升机在最后一刻没有登机而幸免于难。此次郝琳先生收购酒庄，是想把西洋的红酒文化与中国普洱茶的茶文化结合，开发一个旅游地产项目，岂料遭此不测。柏联集团的市值当时大概是50亿元。2018年，柏联集团190亿元的财产争夺案上演续集，主角是郝琳的遗孀刘湘云和郝琳年近90岁的老父亲。郝琳有兄弟姐妹，但在这次事故中，唯一的儿子离开了。于是，案件的焦点锁定在于郝琳和他的儿子两人死亡时间谁先谁后。若孩子先走，那么除去夫妻共同财产之后，剩余部分由郝琳的父亲和妻子进行分割，郝琳的父亲占1/4。若郝琳先走，则分配的比例会有所变化，郝琳的父亲占1/6。若无法确定，则推定长辈先去世。郝琳的父亲依然将分得1/6。

通过这些案例，我们会发现，家族财富传承并没有想象中的那么简单。首先，在某种程度上，姻亲的继承权优先于血亲；其次，有些时候，最后获得财富的那个人，未必是亡者愿意的；若最后财富传承不做安排，出现的局面可能是家族成员之间的反目与争产。

有些人说，传承都是有钱人的事情，对于普通老百姓来说，这事远着呢！事实上，传承事件有可能就发生在你我身边，还记得2016年年底爆红网络的关于"小丽继承房屋"的帖子吗？父母的财产独生子女继承应该是人之常情、天经地义的事。然而偏偏有些时候，我们会发现事实与我们的想象大相径庭。我们一起来分析一下这个案例，独生子女继承父母房产真的不难吗？

故事发生在杭州，故事的主人翁小丽因为孩子上学了，想把原来登记在父亲名下的一套价值300万元的学区房过户到自己名下，结果在房管局遭到了拒绝。小丽拿着房产证和父母死亡证明去过户时，房管局说仅凭这些材料无法办理过户手续，小丽要么提供公证处出具的继承公证书，要么出示法院的判决书才能办理。小丽去了公证处，结果公证处让小丽把她父母的亲戚全部找到并带到公证处才能办理公证。这究竟是什么原因呢？原来这套房产是小丽父母的婚内共同财产，父亲去世后，1/2房产归母亲所有，剩余1/2房产属于父亲遗产，由母亲、小丽和奶奶（爷爷先于父亲去世）三人平分，母亲因此共分得2/3房产，小丽和奶奶各分得1/6房产。

奶奶过世后，属于奶奶的1/6房产由小丽父亲的4位兄弟姐妹继承，每人可分得1/24房产，因小丽的大伯和父亲先于奶奶过世，由晚辈直系血亲代位继承，小丽因此再获1/24房产……小丽的母亲现在过世，只有她一个继承人（小丽外公外婆早已去世），母亲的财产全由小丽继承，小丽因此又获2/3房产。

综上，小丽共获得1/6+1/24+2/3=7/8的房产。姑姑和姑父共有1/24的房产，二伯与前二婶各拥有1/48的房产份额，而大伯的三个儿子各拥有1/72的房产。在这个案例中，小丽作为独生女，竟然没有获得100%的父母房产，实在出人意料。小丽必须召集所有的遗产继承人到公证处办理继承权公证，才能拿着继承公证书到房管局办理过户手续，这也就是我们经常说的遗产继承中的继承权公证难题。

综上所述，财富的传承离我们其实并不遥远。案例中的林先生如果不提前做出规划，家族财富传承也会面临风险。首先，亲生子女并不一定是唯一继承人，其牵扯到的人员经常出乎意料。其次，法定继承的麻烦与风险，比想象中还要大，并可能会由此引发一系列的法律追问，例如，如何证明你爸是你爸？如何证明你是你父母唯一的孩子？再次，如何顺利通过继承权公证关？这其中包括所有权的确定以及其他人的配合程度。若能够顺利配合还可以，若不配合，或许就会陷入旷日持久的拉锯战之中。最后，在财富传承的过程中，必须提前规划，才能做到传承关爱而不传承麻烦。

成交策略

面对传承，林先生的担心不无道理。在本案例中，林先生采用的是遗嘱继承，其所面临的最具有普遍性的"关卡"便是"继承权公证关"。继承权公证是国家公证机构根据当事人的申请，依照法律规定证明哪些人对被继承人的遗产享有继承权并证明其继承活动真实、合法。继承权公证根据被继承人生前有无遗嘱分为依遗嘱继承、依法定顺序继承。《民法典》第一千一百二十七条规定了法定继承人的范围及继承顺序。第一顺序继承人为：配偶、子女、父母；第二顺序继承人为兄弟姐妹、祖父母、外祖父母。继承开始后，由第一顺序继承人继承，第二顺序继承人不继承；没有第一顺序继承人继承的，由第二顺序继承人继承。

被继承人可以随时分配自己的遗产。也就是说，被继承人可以立多份遗嘱。至于这些遗嘱的效力，根据原《中华人民共和国继承法》的规定，经过公证的遗嘱，要比一般遗嘱效力高，如果被继承人立有多份公证遗嘱，时间最晚的一份公证遗嘱效力最高。《民法典》中删除了"公证遗嘱效力优先"规定。也就是说，在判定各份遗嘱之间的效力时，公证遗嘱不再具备效力上的优先性，而是以最后订立的一份遗嘱为准。

如果继承人拿着被继承人所立的其中一份遗嘱到相关部门，要求继承遗产，在这种情况下，相关部门如果贸然进行相关操作，很有可能损害其他继承人的权利。为了更好地维护被继承人和继承人的合法权利，相关部门会要求继承人拿着遗嘱到公证部门进行继承权公证。由公证部门审查相关遗嘱的效力后，出具继承权公证书。继承权公证需要所有涉及的继承人（无论其是否为遗嘱继承人）共同配合前往公证处进行继承权公证，领取继承权公证书后，持该公证才能办理相关继承财产的过户手续。

高净值人士资产总量较大、资产形态各异、涉及继承人员较多，且有可能有海外身份，因此在继承权公证过程中，只要有一位继承人对遗嘱分配不认可或不予配合，或者由于各种原因而联系不上，都有可能导致整个继承过程的中断，结果往往是亲人互相起诉到法院，进行旷日持久的继承诉讼大战，长时间无法办理继承过户手续。

因此，在财富传承中，如何实现有控制力的转移和传承，是"林先生们"需要重点考虑的问题。无论法定继承、遗嘱继承、遗赠，还是生前赠与，有时候都很难完全实现被继承人的意愿，各种各样的变化导致难以做到真正意义上的有控制力地转移和传承。而通过大额保单的方式传承财富，则能够更好地实现有控制力的转移和传承。笔者在此提供以下3种方式供大家参考。

方式一：父母作为保单的投保人，拥有对保险财产的绝对权利，可以按照自己的意愿对保单进行设计，比如可随时通过撤销保险合同而获得现金价值；再比如可以与被保险人一起，随时更改受益人，在子女不孝或者挥霍败家时，通过这些方式保全家族财富，并在其做出让投保人满意的改变后，再重新购买保单或者重新变更收益，从而实现对家族财富的控制。

方式二：父母为子女购买的大额保险，或者以子女为受益人的大额保险，在子女离婚时，保单不会被分割，从而避免子女婚姻的变化给家族财富带来的分割风险，让自己创造的财富一直归自己掌控。

方式三：父母为子女购买的大额保险，或者以子女为受益人的大额保险，可以有效对抗子女有可能面临的债务，如果子女欠债，则因为这份合同并不属于孩子的财产就不会被债权人追偿，从而让父母依然掌控这部分资产。

当大额保单还没有理赔前，无论是有控制力的传承属性，还是较好的隐私保护功能，都能够得到很好的体现；但是当大额保单理赔以后，由于此时保险已经终止，就很难再用原有的保险架构进行财富传承的安排了，也就既无法避免受益人挥霍败家、债务连带、婚变分割等对财富的影响，也无法保护其资产的隐私。

家事无小事，传承亦无小事。面对如此复杂的家族环境和多样化、个性化的财富传承需求，很难用单一的工具进行筹划，因此，往往需要将多种工具组合使用，包括大额保险、私人信托、遗嘱、财产协议、赠与协议等。我们也建议将保险与遗嘱、财产协议、赠与协议等法律工具结合运用，以实现对保险理赔前后资产的保全与管理，既能最大限度地避免受益人挥霍败家、债务连带、婚变分割等对财富的影响，充分保护其资产的隐私，又能够较好地保护理赔前的资产的权益，从而更好地实现家族财富有控制力的传承。

例如，大额保单可以与遗嘱结合使用，以自己为投保人为子女购买大额保单，同时订立遗嘱，约定投保人身故后，保单的现金价值由指定的人继承；这就能够避免届时更改投保人的部分麻烦；又或者将大额保单与附条件赠与协议相结合，比如父母将现金赠与子女并签订附条件赠与协议，约定子女只能用这笔资金购买指定的大额保单，并且不能退保，若违背协议，则父母有权撤销赠与。

🕐 **精进时刻**

实现有控制力的财富传承关键点是什么？

_____

_____

_____

用"信托+保险"预防婚变对家族
财富的影响

投资大师沃伦·巴菲特说过，他一生中最重要的投资并不是买入哪只股票，而是选择和谁结婚。因为"结婚是我这辈子最大的投资，在选择伴侣这件事上，如果你错了，将让你损失很多。而且，损失的不仅仅是金钱"。比尔·盖茨也说过："找到合适的人结婚才是最聪明的决定！"婚姻的破裂是有代价的，除非做了充分的规划，否则很容易导致资产旁落；如果涉及公司股权的分割，则会影响公司股权的完整性。

风险案例

土豆网的案例大家应该都不会陌生。现在土豆网的全名叫作"优酷土豆"。事实上，土豆网成立于2005年1月，同年4月上线，一度是全国IT人士最看好的视频网站。优酷的创立整整晚了它一年半。然而，2010年3月，王微与杨蕾开始大闹离婚，双方对于婚内权益分割没有达成一致意见，在男方向纽约证券交易所递交招股文件后，女方向法院起诉，冻结了ICP持证公司的股权，"土豆"上市受阻。这场婚姻的闹剧最后以王微付出700万美元现金的代价结束。

等到王微解决了家务事、重启IPO的时候，美国资本市场早已风向大变，相比早8个月上市的优酷网，土豆网上市首日股价下跌12%，市值7.1亿美元；

而优酷网上市首日大涨161%，市值超过30亿美元。一家欢喜一家愁，对比鲜明，两家网站的差距也由此越来越大。与其说优酷网选择上市的时机非常恰当，倒不如说土豆网因为创始人的一段婚姻耽误了上市进程。2012年3月，土豆网最终被优酷网兼并，2012年8月，王微黯然离开自己一手创办的公司。一直宣扬"每个人都是生活的导演"的土豆网，最终难以主导自己的命运。

风险分析

我们从土豆网的例子中可以看出，上市公司必须股权结构绝对稳定，否则无法上市。若股权不稳定，企业也不能定增和被并购。除此之外，我们还可以从中获得一个最重要的启示，那就是"和气生财"。不少企业家挺过了创业初期的艰难、解决了商业模式的困顿、挨过了数轮融资的洗礼，却被婚姻破裂扼住咽喉，痛失企业发展良机。近年来，创业企业主要股东夫妻出现婚变而影响企业发展的事频频发生，比如真功夫公司股东之间的长期纠纷也主要是由股东婚变引起的。

在离婚案件中，因夫妻双方持股而引起的夫妻共同股权分割影响涉及社会、经济、法律、家庭等诸多方面，股权分割的最终结果必然会对企业的经营和管理产生蝴蝶效应。

因为土豆网的案例，创投界发明了一个新的条款——土豆条款。所谓"土豆条款"，通俗一点来说，就是在资本入股签订对赌协议时，签署的一种主要为了防止主要股东因为婚姻问题而影响公司上市进程的融资合同条款，内容一般包括：投资者要求"被投资公司（创业公司、标的公司）的CEO（首席执行官）、主要创始人结婚或者离婚必须经过董事会，尤其是优先股股东的同意后方可进行"。有些投资协议约定，创业公司的主要股东夫妻感情不出问题是投资的前提条件。婚姻自由是《民法典》中"婚姻家庭编"的基本原则，投资条款限制被投资公司主要股东的婚姻自由并不合法。因此我们只能将其作为参考依据，不能把它列入投资项目的硬性指标。

另一个典型的案例，是发生在2020年年初的三星集团"长公主"离婚案。三星集团"长公主"的丈夫是一名保镖，两个人并非门当户对，也没有太多的共同语言。后来两人的婚姻出现了危机，男方提起诉讼，要求女方分给他合计人民币69亿元的"分手费"，这毋庸置疑是个天价，后来经过韩国的法院判决，"长公主"仅支付给他合计8300多万元。

我们来看看，假如以中国法律为准，这个"渣男"要分得多少份额？我们看一下"长公主"的财产组成：婚前个人财产、婚后增值和收益、婚内的工资及薪金所得等。《民法典》及相关司法解释，对于夫妻共同财产的规定比较宽泛，即如无特别约定，婚姻期间取得的财产均为夫妻共同财产。婚内法定继承，也会算到夫妻共有财产之中，都应该对半进行分配。同时，绝大多数人在结婚时或结婚后不会对婚姻期间的财产与收入进行约定，共有就成为大多数夫妻默认的选择。原则上来说，夫妻共同财产在离婚时须平均分割。

这是按照中国的法律得出的结论。如果婚姻存续期间，男方有负债，那么还需要用两个人的共同财产去偿还。《民法典》出台之后，虽然共债共签的原则被确立，但是对婚姻共同财产的划分标准改变并不是太大，所以一旦发生婚姻关系的变动而又没有做好规划，就会对家族财富造成巨大影响。

前文提到的柏联集团的案例，假如郝琳的父亲也不在世了，他还有兄弟姐妹，加上他的儿子也不在了，那么他的第一顺位继承人是谁？是他的太太刘湘云女士。在这种情况下，他所有的资产都应该由第一顺位继承人也就是他的太太来继承；根据法律，他的兄弟姐妹是分不到遗产的。这与我们的想法有些不太一样。郝琳夫妻共同打拼下来的这些财产还是郝家的吗？至少大部分已经不是了；如果郝琳的儿子还在，还有一点关联，儿子也不在了，这些财产基本上就易姓了。

至于刘湘云未来是否再婚，财产会不会再次易姓，我们不得而知。我们只看到，这场涉及200亿元的财产之争时至今日还在继续，而主角就是郝琳先生的遗孀以及他已经90多岁的父亲。在家族财产继承人的问题上，不稳定的婚姻也会造成财富传承的阻碍。

从世界范围来看，大多数国家和地区对于遗产继承的规定基本上会更有利于姻亲，我国的《民法典》亦是如此。第一顺位继承人中包含姻亲，那么姻亲继承财产之后，是否有再婚的可能性？这就是不确定性，即风险。因此，如何隔离家族成员因婚姻问题导致的资产流失，如何确保家族资产尤其是家族企业股权的完整性，这在家族财富管理中是很重要的一个方面。

成交攻略

如何预防创业企业主要股东婚姻变化对企业发展、融资的消极影响？龙湖地产的掌门人给"土豆案例"中的主角们提供了完美的答案。这个案例之所以出名，并不是因为龙湖地产股权架构复杂、信托协议写得好，而是因为吴亚军和丈夫用好了信托这个工具。在公司上市之前，夫妻两人分别设了两个信托，把注册在英属维京群岛（The British Virgin Islands，BVI）的公司分别装了进去。龙湖地产是注册在开曼群岛的上市公司，从股权结构上，由两个BVI公司持股，再上面还有一层，把两个BVI装入了两个信托。两个BVI公司持有上市公司的股票，价值400亿元，男方拿小头，女方拿大头。装入信托之后，两个BVI公司股权的归属发生转移，由受托人持有。夫妻二人所属的家族成员是受益人。

上市公司的受益人是要被披露的，非上市公司的受益人是不被披露的。龙湖地产老板夫妻二人，通过这种协议的方案，采取信托方式分开，对境外公司的股权，一个信托持有45%，另一个信托持有30%。二人离婚过程也比较平和。公司上市后市盈率达20倍，两人都受益，买原始股的股民也受益。如无前述安排，就有可能出现离婚争端，公司上市就会受阻，即使成功上市，公司股票价值也可能受到影响。

2014年之前，在纽约证券交易所或香港证券交易所上市的公司，采用的基本都是红筹架构，把股票装入信托之中，受托人大多是UBS、宝盛、摩根等。装入信托的股票是夫妻共同财产，需要夫妻双方的同意函。若单方将属于共同财产的部分装入了信托，可能涉及损害另一方的合法权益，信托就有被击穿的可能。《中华人民共和国信托法》也有关于这方面的规定。

一家创业公司如果是在主要股东结婚之后被创立的，那么，主要股东个人名下登记的股权一般来说也是夫妻共同财产。在婚姻关系存续期间，创业公司获得融资，主要股东股权价值增加，该增值部分自然也属于夫妻双方共有。

另一种情况，夫妻一方在结婚前就已经成立了公司，在他/她婚后，他/她对公司的股权按照《民法典》规定，仍然是属于他/她个人的财产；但是，如果他/她的股权在结婚后发生了增值，比如获得了融资，原来价值100万元，现在价值1000万元，这个增值是他/她在结婚之后努力工作的结果，依据《民法典》及相关司法解释的有关规定，增值部分属于夫妻共同财产。因此，无论婚前创业还是婚后创业，在婚后一定时间内获得融资，使得股权价值增加的，一旦发生婚变，增值部分都会面临被分割。

因此，建议企业家人群在做财富规划时，把婚变因素对企业股权完整性的影响考虑进去，并采用合理的方式规避相关风险。

这种对家族财产的安排，实际上也是对家族的成员婚姻的一种保护。长期来看，它也促进了家族成员婚姻的稳定性。一旦离婚，提出离婚的一方如果不是家族血亲，就会丧失家族成员身份，进而丧失受益权。从这个角度讲，如果及早做出相应的安排，就能保护家族财富的稳定性。

另一个经典案例是邓文迪和默多克的离婚案。二人离婚的时候，因为默多克做了家族信托，对于她和默多克所生的两个孩子具有信托的收益权，但是并没有投票权，并且只分给邓文迪2000多万美元。因为进入家族信托，是家族的成员，就有受益权；如果不是家族成员，就没有受益权。

那么，大额保单在预防婚姻关系变化对家族财富的不利影响上可以起到什么作用呢？主要有两个。首先，通过确定的现金流安排使得家族成员免去后顾之忧；其次，通过保单形成一定的激励机制，从而让家族成员为实现家族的荣耀而不断努力。

《民法典》中的"继承编"和"婚姻家庭编"规定自然有其合理性和必要性，但对于个性化的家族财富管理而言，尤其是涉及巨额财富的保全与传承，往往要利用更为全面的法律和多样化的金融工具，提前进行规划和安排，既要维护姻亲，也要保护血亲，更要保护家族财富不因姻亲的变化而遭受损失。

面对这种两难选择，国外的百年家族普遍采用的方法值得我们学习和参考，那就是家族信托：通过家族信托架构，将家族企业或/和财富的所有权、经营权与受益权分离，解决"传给谁"的难题，从而实现家族财富传承的目的。在欧美有些国家，有些家族就设立了特殊的信托条款，以此保证财富尽可能归血亲。例如，对受益人的身份做出设定；对受益人领取收益金的条件进行设定；更有甚者，要求本家族成员只可以生孩子，不能结婚，孩子验明正身后便接回家族接受统一的家族教育。

没有能力或者没有意愿接班的子女，作为家族信托的受益人，无须直接参与家族企业或/和财富的直接经营，却可以享受其创造的价值；而家族企业的职业经理人或者家族财富的管理人员，则享有家族企业或/和财富的经营权，依托其专业能力，努力实现家族企业的发展壮大、家族财富的保值增值；家族信托的受托人则享有家族企业或/和财富的所有权，以名义所有者的身份，保护家族企业或/和财富的安全，使之不因家族成员的债务而被连带，不因家族成员的婚变而被分割，不因家族成员挥霍而被无谓消耗。

🕐 **精进时刻**

婚姻关系变化会对家族财富造成什么样的影响？

_____

_____

_____

以个人资产法人化化解代持风险

代持的状况在国内非常常见。所谓代持，就是将自己的资产登记在其他人或机构的名下，一般包括简单的资金代持和股权代持。代持的原因有很多种，中国人财不露白的文化传统，致使代持行为普遍存在。代持的风险与后果也往往让被代持人处于极其被动的境况。资产安全皆有可能不保，更不要提资产的传承了。因此，不到万不得已，我们不建议客户采用代持的方式处置自己的资产。

风险案例

胡先生是一家教育机构的董事长，因为一些历史原因，他将自己在公司的部分股份放在了一位堂弟小胡的名下。因为从小受财不露白观念的影响，胡先生觉得这样也不错，"败家小舅子"再也惦记不上自己的家产。胡先生每年给小胡一笔钱作为答谢。为了保险起见，胡先生还与堂弟签订了一份股权代持协议，言明胡先生教育集团40%的股权交由堂弟小胡代为持有。

代持的状态一直非常稳定，但这样的宁静后来被打破了。原来，小胡与其妻子刘某因为感情不和闹了好几次，刘某甚至回娘家住了多日。听到消息的胡先生有些坐不住了，找来律师进行咨询，发现风险还比较大。假若小胡和妻子刘某离婚，小胡名下教育公司的股权一定会被分割。

同时，律师表示，即使两人签订了"股权代持协议"，法院依然会根据企业对外进行的工商公示来判决小胡名下的股份为夫妻共同财产。听到这儿，胡先生更是坐立不安，于是开始考虑如何收回被代持的股权。然而当他找到堂弟说起这件事的时候，堂弟却不像刚开始那么合作，多次以各种理由拖延此事的推进。胡先生这才意识到，代持看似解决了部分问题，但同时也引发了一些新的问题。

风险分析

在现实生活中，找人代持是否就等同于万事大吉了？答案是否定的。很多人为了达到隐匿财产的目的，往往忽略了代持行为所引发的风险。从法律角度来看，代持确实可以让资产拥有者实现保护隐私或者隔离风险的目标，但是找自然人代持相当于规避了自己的法律风险，但同时意味着要承担另外一个自然人有可能产生的法律风险。若代持人欠债，则资产有可能被用作偿还债务；代持人若意外身亡，资产将会变成代持人的遗产，在代持人的继承人中进行分配；若代持人离婚，则将出现婚姻财产分割的问题；此外，还存在代持人反悔等道德风险。

代持往往会让被代持人辛辛苦苦创造出来的财富分分钟就化为乌有。例如找别人代持股权，公司上市了，3000万元资产变成10亿元资产，这时究竟谁会拥有主动权？当财富越滚越大时，那些当初不以为意的风险就会出现。

小马奔腾的案例也存在潜在的代持风险，目前，法院对此案中的代持事实并未认定，不过，我们从各大媒体的报道中可以看到代持给该案件带来的影响。

正当小马奔腾的发展蒸蒸日上时，创始人李明于2014年1月突然病故，随后不久，他的妻子金燕和姐姐李莉为抢夺小马奔腾的控制权，上演了"夺权大戏"。双方争论的焦点是股权代持。2014年10月29日傍晚，公司股东未经授权，直接从公司带走了小马奔腾的公章，同时，小马奔腾及其子公司的全部营业执照的正副本原件均不翼而飞。

李明的妻子金燕于2014年10月31日发表声明称：李明的遗产，包括他持有的公司股份，完全没有在合法继承人中进行确权分配；李明股份被代持的情况一直被隐瞒，某些股东有恶意侵占他人合法权益的嫌疑。

当时工商局网站显示，小马奔腾的大股东是一家名叫小马欢腾的公司（持股45.33%），而这家公司的股东分别为李明的妹妹李萍（持股50%）、李明（持股33%）、李明的姐姐李莉（持股17%）。在股权方面，李明的部分股份由姐姐李莉代持。然而，姐弟之间并未签订代持协议。李明去世后，金燕未拿到李明的遗产清单及代持股份，受限于李明在股权结构中所持股份不多，董事长金燕的话语权较弱，很多业务意向无法顺利落地。金燕与李莉、李萍之间的矛盾不断升级。

小马奔腾前副董事长钟丽芳在接受媒体采访时也表示："我们其实也并不能确认是否有代持，因为具体的股权细节是当年他们姐弟自己商定的，外人并不清楚，所以我没法回答有或没有。"股权代持的安排增加了小马奔腾控制权争夺战的复杂性。李明的遗孀金燕如果想要证明李明的股权被其他股东或者他人代持，将承担主要的举证责任。

对于突发情况可能带来的恶性结果，金燕表示无法估量。她也做出了五点声明，指出了公司内部存在的问题，但是这无法改变李莉凭借代持李明股份暂居上风的事实，金燕不得不暂别小马奔腾。

随着李明的离世和金燕的淡出，以及大量编剧和管理人才的流失，被冠以"影视圈新锐"称号的小马奔腾的发展轨迹走向了另一个方向。小马奔腾曾经出品众多叫好又叫座的影视剧，带给人们很多欢乐。无论如何，李明也想不到自己一手创办的公司命运会如此多舛。

根据《合同法》的基本原则，违反法律规定的约定是无效的，因此，对于为了规避法律的代持，隐名股东的资格也不能得到法律的认可。从私人财富管理的角度看，这意味着，李明辛苦创下的财富，可能落入姐姐李莉之手，并最终由李莉的子女继承，而李明的妻子和女儿却一无所获。

成交攻略

股权代持又称委托持股、隐名投资或假名出资，是指实际出资人与他人约定，以他人名义代实际出资人履行股东权利义务的一种股权或股份处置方式。《〈公司法〉司法解释（三）》对股权代持做了积极认定，如果隐名股东（实际出资人）与显名股东之间存在股权代持协议，并且能够提供实际出资证明，法院对于实际出资人的投资权益是予以认可的。虽然法律规定如此，但是举证却是比较难的，从小马奔腾的案例中可窥一斑。因此，一般情况下，不建议当事人采取代持的方式解决此类问题。

一般来讲，法院和第三人的认定以工商认定为准，作为隐名持股合同或者隐名协议，只是对内有效。举个例子，A和B签订了隐名投资协议，A为B代持B在某公司36%的股权，A后来对外负债，并且债权人请求法院执行A在该企业的股份，最终法院支持了债权人的诉求。在这段时间，B也提出了异议，并且经过仲裁确认了36%的股份就是B的，但是法院仍然进行了强制执行，执行的依据为善意第三人原则，债权人并不知道有股权代持协议。

那么，如果要采用代持的方法来安排资产，应该注意哪些方面呢？

首先，注意签订代持协议。案例中的胡先生在邀请堂弟代持股权时，就采用了签订代持协议的方法，这是最简单、直接的方式，也是最常用的方式。设立代持股时，双方签订明确的股权代持协议，在协议中明确约定双方的权利和义务，如被代持股权及其孳息的归属、对名义股东的补偿、违约责任等，特别是要约定高额违约责任。同时，建议资产所有人保存好详细的资产转移证明文件，并尽可能地保留资产的实际控制权。若有条件，可以考虑在签订股权代持协议的同时，签署被代持股权的股权转让协议或者股权期权购买协议，也可以让代持人将行使代持股份的权利独家授权给出资人。

其次，在办理股权代持的同时，可以办理股权质押担保，将代持的股份向实际出资人办理质押担保。这样就确保了代持股人无法擅自将股权向第三方提供担保或者出卖转让。再者，即使由于其他原因，比如法院执行或者继承分割需要变卖股权，实际出资人也可以以质押权人的身份，获得优先权。

在此，建议胡先生采用法人代替自然人的代持结构，这样更为稳妥。需要特别注意的是，一般的代持协议法律效力较低，甚至还会出现订立的内容无效的情况，因此资产所有人需要用更高层次的法律来保障。好的代持结构是用法人、机构来代替自然人的代持。比如选择专业的资产管理公司来持有股权，或者选择在境外免税地区设立离岸公司，通过股权结构来持有股权。

此外，还可以设置家族信托来代持资产。依据《中华人民共和国信托法》（以下简称《信托法》）的规定，委托人基于对受托人的信任，可以将其财产权委托给受托人，由受托人按委托人的意愿以自己的名义，为受益人的利益或者特定目的，进行管理或者处分。在这种法律框架下，委托人即资产的实际持有人，受托人即代持人。委托人可以根据自己的意愿设立家族信托，将其名下的现金、股权或不动产转移到家族信托中，并委托自己信任的受托人进行管理、处分，信托合同条款的订立受《信托法》约束，相比由自然人双方私下签署的代持协议，无疑具备更强的法律效力与保障。与前述方法相比，家族信托具有设立方便、费用低而专业度高以及法律效力最大化的特点，是很多高净值人士实现资产增值保值以及财富传承的首选。

需要提醒的是，高净值人士应聘请律师安排代持人和实际所有人双方直系亲属出具认可代持的书面声明，避免因代持人婚变或死亡导致亲属主张分割代持资产的风险。

实际出资人要增强证据意识，注意收集、保存代持股的证据。为了以防万一，实际出资人，一方面要签订全面、细致的代持股协议并及时办理公证；另一方面要注意收集、保存好证明代持股关系的证据，比如代持股协议、出资证明、验资证明、股东会决议、公司登记资料等。如果代持股人严重违约或者法院冻结保全执行代持股份，实际出资人可以及时提出诉讼或者执行异议来维护自己的合法权益。

自然人责任无限，生命有限；法人责任有限，生命"无限"。防范私人财富管理中的"代持风险"，核心在于"个人资产法人化"，其重点在于在公司资产之外，用完税之后的资金，搭建一个具有资产隔离效果的法律架构。大额保单是一种法律架构，能够起到资产界定作用，对于资产的安全性可以起到很好的隔离作用，从而提高私人财富传承的容错率。

🕐 精进时刻

代持的风险有哪些？

_____

_____

_____

设定防"败家子"计划

林则徐说过一段发人深省的话："子孙若如我，留钱做什么，贤而多财，则损其志；子孙不如我，留钱做什么，愚而多财，益增其过。"意思是，子孙如果像我一样卓越，那么，我就没必要留钱给他，贤能却拥有过多钱财，会消磨他的斗志；子孙如果是平庸之辈，那么，我也没必要留钱给他，愚钝却拥有过多钱财，会增加他的过失。这话说得何其透辟又何其超脱。接班人问题其实就是解决"传给谁"的问题。孩子从出生那一刻起，就是合法继承人，但他是不是合格的继承人，需要打一个很大的问号。

风险案例

秦女士今年59岁，是一位成功的企业家，经营着一家医美公司。秦女士做生意有眼光、有魄力，企业经营得有声有色。经过20年的辛苦奋斗，积累了不少的财富。目前，家庭净资产达8000万元，企业净资产达3亿元。秦女士的丈夫高先生，今年62岁，之前是一家大型企业的员工，目前处于退休状态。两人育有一子一女。

女儿高小贝（化名），35岁，离异单身，没有孩子。儿子高小宝（化名），33岁，已婚，育有一子小小高，4岁。高小宝从小娇生惯养，生活奢靡，经常在外面仗着父母的面子借债，年少时还有段时间沉迷于赌博。好在娶的媳妇不错，她经常能劝导高小宝。结婚以后，高小宝也不像以前那么荒唐了，人也成熟多了。但是对于继承家业，秦女士和高先生对儿子并不抱太大希望，只期盼他能够平平安安、不折腾过好日子就行。老两口就盼着教育好孙子小小高，将偌大的家业隔辈传承给孙子。

最近，秦女士家里的一套房准备出售，这套房是儿媳当年单位的福利房，当时夫妻俩刚开始建立小家庭，秦女士出资150万元全款买房。如今这套房子的价格涨了5倍，家里决定把这套房卖掉，卖房款以金融资产的方式留给孙子。在众多金融工具中，他们选择了大额保单。但是，在进行"投被受"架构①设计时，秦女士和儿媳都想当投保人。

风险分析

本案例中的秦女士，因为儿子胸无大志，被迫将希望放到了第三代身上，以谋求家族和企业的长远发展。在现实生活中，有不少家族因为种种原因，在二代中确实找不到合适的接班人。例如，现在一二代因为教育背景、成长经历的不同，在交接班的时候常出现"二代不愿接班，一代无人可传"的尴尬局面。

在中国，"子承父业""立嫡立长"是千年不变的基本原则。大多数中国企业家更倾向于将企业或财富传承给自己的孩子，尤其是儿子。但慢慢出现了很多的女接班人，如娃哈哈的宗馥莉、碧桂园的杨惠妍、新希望集团的刘畅、已任力帆董事的尹索微、康奈副总裁郑莱莉、通化万通总裁潘巍等都是"女承父业"。

无论是子承父业，还是女承父业，至少从表面上解决了"传给谁"的问题。但是，在现实中会有一些情况，让"传给谁"的问题变得扑朔迷离，比如

---

① 即投保时投保人、被保险人和受益人的设置。

子女愿意接班但没能力接班、子女有自己的个人志向不愿意接班，甚至子女根本就是败家子或者没有子女，等等。当发生无合适的接班人与企业家不愿意出售家族企业的情况时，是交由职业经理人管理，还是回馈社会？传承不力会给家族企业的经营带来严峻的挑战，这也是很多企业家面临的非常现实的两难选择。

在现实生活中，我们还会遇到一些客户希望把一部分财产直接留给孙子或者孙女的情况，但当我们查阅关于继承的法律法规时，发现了一个很有意思的现象：第一和第二顺序继承人中找不到孙子女、外孙子女。也就是说，孙子女和外孙子女对祖父母、外祖父母的遗产没有直接继承的权利。是法律有漏洞吗？其实不然，这是由继承本身的逻辑决定的，孙子女和外孙子女确实没有直接继承权，但他们有另外一个权力——代位继承权。《民法典》第一千一百二十八条规定：被继承人的子女先于被继承人死亡的，由被继承人子女的直系晚辈血亲代位继承。代位继承人一般只能继承他的父亲或者母亲有权继承的遗产份额。

因为被继承人子女的直系血亲（孙子女、外孙子女、曾孙子女……）有"代位继承权"，因此在逻辑上就无法为其设置继承顺位。假如设置其为第一顺位，那么孙子女和子女就会同时出现在第一顺位继承，这显然是不合理的！假如设置其为第二顺位？如果其父母还在世，其作为第二顺位继承人当然不能继承；如果其父母离世了，那么他将代位父母作为第一顺序继承人继承。其作为第二顺位继承人永远都没有继承的可能性，因而此设置就没有任何意义了。这就是第一、第二顺位继承人中都没有孙子女和外孙子女的原因。

新颁布的《民法典》中还增加了侄甥的代位继承权利，被继承人的兄弟姐妹先于被继承人死亡的，由被继承人的兄弟姐妹的子女代位继承。代位继承人一般只能继承被代位继承人有权继承的遗产份额。

举个例子，作为本案例中高先生的孙子，小小高对爷爷奶奶的遗产是没有直接继承权的，假如高先生和秦女士在遗嘱中说明给小小高留有资产，该遗嘱只能被认定为遗赠。但遗赠必须由受遗赠人在知道受遗赠后两个月内口头或书面表示接受遗赠，否则视为放弃遗赠！假如高先生和秦女士仙逝之后，小小高一直没有明确表示接受遗赠，一旦过了表示期限，该遗赠将失去效力，这笔遗产只能由高先生的儿女法定继承！这样就与高先生和秦女士最初的心愿背道而驰了。

在全球的财富型社会家族传承中，最有影响力的当属欧洲的罗斯柴尔德家族和北美的洛克菲勒家族，前者已传承300余年，而后者也已传承百年，富过七代。因此，在考虑"防败家子"计划时，不仅是财富上的充分给予，更重要的是做好家风管理，让接班人更有凝聚力，从而为家族的姓氏增添荣耀。

招商银行与贝恩公司联合发布的《2015中国私人财富报告》中提到：在对高净值人士的访谈过程中发现，较之于物质财富的传承，高净值人士，尤其是一代企业家，希望子女或其他家庭成员能继承宝贵的精神财富，受用一生。不少受访者表示，如果将大量的物质财富过早或没有规划和原则地交给子女，他们担心这样会滋养出子女不劳而获、好逸恶劳、游手好闲等不良心态，不利于培养子女的自主意识和创造力。"授人以鱼，不如授人以渔"，秉承这样的观念，许多受访者希望有规划、有原则地将物质财富传承给子女，同时期待他们养成独立自主的品格和独当一面的能力，能够正确地认识和运用家族财富，让财富成为生活和事业的助力，而非阻力。

成交攻略

对于"防败家子"计划，笔者建议从两个方面进行规划：物质层面和家风建设。在本节案例中，对于物质层面的安排，可以以秦女士为投保人，被保险人设为高小宝，生存受益人设为高小宝，死亡受益人设为小小高，购买大额年金保单以及健康保险（医疗保险及重大疾病保险）。这样可以给高小宝创造一笔伴随其一生的现金流，每月给他和儿媳妇足够基本生活支出的生活费，同时购买足够的医疗保险，保证高小宝的生活品质。这样安排可以实现以下几个功能。

第一，投保人为秦女士，保单属于秦女士的财产，这样可以避免高小宝挥霍保单本金。如果高小宝负债，则保单本身不能成为高小宝的可清偿财产，但可以给高小宝提供稳定的现金流。而对于秦女士去世导致投保人权益转移的问题，可以参考前文关于债务隔离部分给出的方法加以改进。例如，可引入律师作为遗嘱的执行人，或者采用保险金信托的方法，等等。

第二，当高小宝没有负债时，在投保人秦女士的安排下，高小宝可以每月全额领取年金作为生活费，保证其生活品质。一旦负债，高小宝可以每月只领取基本生活费，将剩余部分继续放在保单的万能险账户中，利用保单权益不能被债权人代位获取的属性，可以很好地保护好年金财产。

第三，重大疾病及医疗保险可以给高小宝及其妻子提供很好的健康保障，并且这类保险因为人身属性较强，可以较好地隔离债务风险。所以，只要高小宝踏踏实实地过日子，不折腾，就能够获得稳定、有品质的生活。

而对于小小高的隔代传承，可以有不同的产品设计和操作路径，在与几家保险公司的核保人员以及法务沟通之后，我们给出的建议如下：建议秦女士采用保险金信托的方式进行规划。

假如客户财产达不到保险金信托的起点，直接用大额保单的规划是否可行？我们一起来思考一下。假如奶奶和妈妈拿出一笔钱，为孩子做规划，但是二者相互不信任，都害怕投保人会把这个钱退了，然后拿去挥霍。4岁孩子的隔代投保，有些保险公司是可以的，那么是否可以在保单中加上一个特殊的约定：投保人放弃退保的权利，放弃保单质押贷款的权利？答案是不可以。保单的现价是投保人的绝对权利，想退就随时可以去退。

那么，如果两人私底下签订一份法律协议，说明放弃退保权和现金价值的贷款权，是否可行？这只能在民事上做出两方面的约束，终究是不完美的；签订协议也仅仅是在妈妈和奶奶之间起到约束作用，不能限制保险公司，就不能为其退保。利用保险金信托的"双签原则"，可以较好地解决以上问题。因此我们会看到，在实务中，也许一种工具就可以解决问题，但是更多的时候需要配搭不同的工具，才能建立更完备的防守系统。这需要我们开拓思路，为解决客户问题寻找最佳方案。

对于家风建设方面，很多人会认为，对中国家庭来说会不会太远？大部分家庭刚刚迈入小康生活，家风家训的建立，好像不太现实。但是真的很远吗？其实，每一个家族都会有想永久保存、流传的"传家宝"。它有可能是一件物品，也有可能是一门手艺；有可能是一手创办的企业，也有可能是一篇家训；有可能是创一代毕生所积累的财富，也有可能是一种精神。

与创一代辛苦创下的物质财富相比，精神财富同样需要被妥善地传承。而且，物质财富的传承和精神财富的传承应该是相辅相成的，两者同时传承才能使家族财富传承效率最大化。物质财富是载体，只有在安全系数更高的物质财富架构基础之上，精神财富的传承才能够更顺利地传承，同时，精神财富又可以更好地指导物质财富传承的落地，从而实现无形财富有形化。

通俗来讲，家风建设就是为富裕家族延续"家"而制定"家法"，治理"家业"，实行"家教"，管理"家事"，到传承"家产"等各方面提供综合解决方案和顶层设计并监督执行。同样重要的是，财富型家族传承，必然要建立起家族的内在学习机制，与社会进行积极的、经常性的互动，不断为家族注入正能量和新能量，保持家族的活力。财富家要想建立起学习机制，首先自然是人心向善，其次是创一代一定要向子女传授赚钱的真本事。

🕐 精进时刻

你的家庭/家族是否立过家风？

_____

_____

_____

不同财产类型的传承规划

财富一般分为两大类型：物质财富和精神财富。物质财富常聚焦在房地产、金融资产、知识产权、艺术品以及企业等方面，精神财富更强调的是家族精神和家风，比如父辈们开拓进取、艰苦奋斗的作风，家族成员对财富的理解，家庭成员的财商教育等。本节我们将重点针对物质财富的传承类型（企业除外）进行阐述，一起来看看物质财富在传承中会遇到什么问题以及如何妥善解决。

风险案例

冯先生是一位二线城市的房地产开发商，因为家里早些年做地产项目的缘故，冯先生手里有几十套房产，均分布在一线城市以及冯先生的老家省会城市。其中大部分是住宅，还有少量商铺及写字楼。冯先生有两个儿子、一个女儿，均为30多岁。大儿子育有一儿一女，小儿子育有一女，女儿尚未婚配。早些年，冯先生的儿子和女儿在美国留学时，冯先生在美国加利福尼亚州和中国香港等地也置办了几套房产。

目前，冯先生的大部分房产已经脱手，但是由于历史原因，他手中的房产依然不少，伴随着开征房产税的话题逐渐被热议，冯先生感受到了压力，这些年陆续卖掉了一些，但是房产占家族资产的比例依然较大。这些房产主要放在冯先生及其太太的名下，儿子和女儿很早就拥有了自己专属的公寓。

除此之外，冯先生还拥有几层写字楼及酒店。其中有两层写字楼是以企业的身份持有，冯先生是这家企业的大股东，有绝对控股权。之前在讨论售卖写字楼相关事宜时，其他小股东意见未达成一致。另外，在老家的房子因为购房政策的原因，被放在了亲戚的名下。虽然其制定了一些禁售的措施，但是显然治标不治本。到了该传承的年龄，冯先生想逐步把房产传给儿孙。

在冯家，冯太太掌管财权，因为之前做小额信贷亏掉不少钱，冯太太这些年投资风格稳健了不少，经常到银行听听讲座，买买银行理财产品。此外，冯先生及太太还比较喜欢古玩字画和珠宝。近年来，大额保单的功能深入人心，冯太太在理财经理的建议之下，准备给自己的几个孙辈每人配置50万元年缴保费的大额年金保单。

风险分析

现实生活中，像冯先生这样房产占据家庭资产大比例的高净值家庭不在少数，因此，在考虑传承问题时，必须考虑不同资产类型的持有及转移成本。

《2019私人财富报告》对中国私人财富市场个人持有的可投资资产的情况进行了统计。从图6-1可以看出：2018年，中国个人持有可投资资产总体规模为190万亿元，其中现金存款及房地产拔得头筹。受宏观经济形势的影响，中国个人整体资产规模的增速相应放缓，2016—2018年复合平均增长率为7%。由于"房住不炒""资管新规""去通道、去刚兑"等政策的影响，投资性不动产、银行理财产品及其他境内投资中基金专户、券商资管、信托等均受影响。其中，人寿保险的增速虽然放缓，但它依然是各类资产中增长速度最快的。

图6-2则反映了2015—2019年中国高净值人群境内可投资资产配置比例。从资产配置组合上看，高净值人群对单一资产依赖度下降。2015年高净值人群财富相对集中在股票和公募基金上，2017年财富主要集中在银行理财产品、信托和股票上，2019年最大单一资产占比进一步下降，高净值人群依据市场情况和监管影响进行资产配置的分散与调整。

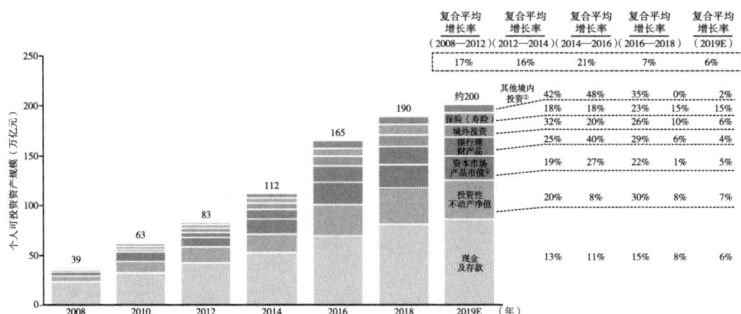

图6-1　2008—2019年中国个人持有的可投资资产总体规模

注：①包括个人持有的信托、基金专户、券商资管、私募股票投资产品、黄金、私募股权、互联网金融产品等

　　②包括个人持有的股票、公募基金、新三板和债券

资料来源：招商银行&贝恩公司，《2019中国私人财富报告》。

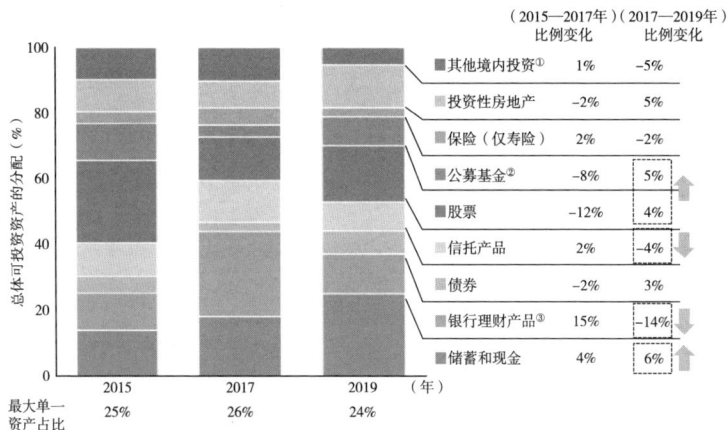

图6-2　2015—2019年中国高净值人群境内可投资资产配置比例

注：①其他境内投资包括私募股权基金、私募证券投资基金、黄金、对冲基金以及收藏品等

　　②公募基金包括货币型基金、债券型基金、股票型基金和混合型基金

　　③银行理财产品包括净值型理财产品（浮动收益）和非净值型理财收益（稳定/预期收益，含结构性存款）

资料来源：《2019中国私人财富报告》。

250

在思考家族财富传承问题时，高净值人士不仅要考虑"传什么"的问题，还要考虑"怎么传"的问题。什么类型的资产更便于传承？是否需要梳理转化？如何分配权重？采取何种架构？时间点如何规划？这些都是高净值人士在做传承规划时绕不开的话题。

有人认为，"创一代"的钱花不完，直接给下一代就好了。然而，大量的案例证明，这种原生态的传承观抗风险能力是极低的。不信我们来看个案例。罗邦鹏于1966年创办了海翔药业，该公司位于浙江省台州市，前身是黄岩县海门镇日用化工厂，1980年更名为浙江省海门区化工二厂。之后几度更名和进行股权结构转换，最终成立浙江海翔药业股份有限公司，并于2006年12月在深圳证券交易所中小板上市。从2007年起，罗邦鹏逐步退居幕后，其子罗煜竑于2009年4月当选为董事长。2010年9月，罗邦鹏将其所持有的3480万股（占总股本的21.68%）海翔药业股份转让给罗煜竑，后者以24.67%的持股比例，成为海翔药业实际控制人。

2014年5月8日，海翔药业公告宣称，4月30日，东港工贸集团实际控制人王云富，以3.8亿元的总价（单价为6.4元/股），受让公司大股东罗煜竑持有的海翔药业5940万股股份（占总股本的18.31%）。本次交易完成后，海翔药业实际控制人将变为王云富，罗煜竑不再持有公司股份。令人唏嘘的是，将一个乡镇日化工厂打造成上市公司，罗邦鹏耗费了40年，而其子罗煜竑掌舵不到4年（2010年9月至2014年5月）的时间，罗家就失去了对海翔药业的控制权。

2016年11月，在一次家族传承的国际交流会中，笔者聆听了杜邦家族第五代传人皮埃尔·杜邦先生对家族传承的感悟与经验。杜邦家族是世界500强中最长寿的公司，皮埃尔先生为我们介绍了整个家族的发展历史以及现状，在谈到杜邦家族传承方式时，皮埃尔先生聊到了很多细节。例如，在他这一辈，堂表兄弟姐妹已经有两三百人，并不是每个家庭成员都在家族企业中担任职务，但是，整个家族人才辈出，在不同的行业和领域都做出了傲人的成绩。最后，皮埃尔先生用了比较长的时间描绘了家族聚会的场景。例如，家族每年会定期举办家族聚会，分布在各行各业的家族成员汇聚一堂，共同重温家族的起源，让家族文化又一次深植每个家族成员的心中。皮埃尔先生强调，家族传承给后代的是一种宝贵的精神品质，这才是基业长青的基础，因为所有的事都是人做出来的。

只要你用心去体会，传承其实无处不在。例如，一些前辈并没有留下传世的财富，但是作为他们的后人，还在享用他们创造的物质财富吗？显然是不可能的。但是他们留下的精神财富不仅能够惠泽后人，甚至能够惠泽整个中华民族。因此，现在很多家族也开始意识到家风以及家族文化建立的重要性，很多金融机构（如家族办公室）在为高净值人群做财富传承规划时，也会有家风传承的设置，这里传承的就是精神财富。

我们可以看出，家族的财富源泉是企业，而一家伟大企业的基业长青，关键内核在于企业家精神的驱动，需要一个又一个具备企业家精神的企业家或者职业经理人不断地为之注入新的活力，实现良性的新陈代谢。企业家精神不倒，则企业、家族生生不息。

成交攻略

以下我们针对较为常见的资产类型的传承做些简单的分析。

首先是不动产的传承。大部分中国人偏爱不动产，很多高净值人士也是通过房地产的配置完成了原始积累。然而，第一，目前国内二三线城市房价风险非常高，一线城市房价风险也在积蓄。第二，房产税试点已在进行，未来很有可能全面铺开，那么高净值人士将会面临每年高额的房产税，房产持有成本升高。第三，代持的自然人风险也是一个潜在问题。第四，如果儿子直接继承房产，因其外籍身份，且他打算在国外长期生活，那么依照我国法律规定，外籍人士持有中国的住宅地产继承手续将较为复杂。因此，将来国内的几套房产要传给儿子会有困难。第五，虽然发生概率较小，但还是需要警惕美国境内资产由非美国税收居民继承时的遗产税风险，因为对于非美国税收居民来说，遗产税的免税额仅有6万美元。

在冯先生的案例中，他可以根据房产的价值、地区分布以及房产性质等进行妥善处理，可以将部分房产出售，将重资产变为轻资产。对于境外的房地产，需要检视一下持有的方式，尽量避免自然人持有，可以用信托架构持有，以需要照顾的人为受益人，提前进行有控制力的传承。在此首先需要提醒的是，假如有子女有美国身份，如果用公司持有再进行传承也可以，但是这种做法面临的税费会比较高，成本比较大。

其次是古玩字画的传承。古玩字画等艺术品亦可以装进家族信托进行传承。事实上，信托持有艺术品从法规上来说并没有障碍。需要提醒的是，因为艺术品估值难、保管难，实际操作并不太容易。另外，艺术品也分很多种类型，目前国际上通行的做法是，从拍卖公司买来的可能需要交遗产税，但如果是祖传的或者未查到交易方式取得的，应该不用交遗产税，但中国目前没有开征遗产税，如果开征，到时对艺术品会怎么约定目前不得而知。

再次是知识产权的传承。公民的著作权系专属性质的权利，其中的人身权利，如署名权与修改权等，只能归著作权人所有，不能列入遗产，也不能继承。但是个人著作权中的财产权利，如作品的稿酬，出版、改编、上演作品所得报酬等，则可列入遗产继承。法人或非法人单位为著作权人时，其财产权利不属于公民个人，也不能作为遗产被继承。继承著作权是继承人在著作权保护期间内，即作者生前及死亡后50年之内，可以继承被继承人的作品使用权、发表、复制、发行作品的权利和获得稿酬权。

我国原《继承法》第三条规定，遗产包括"公民的著作权（版权）、专利权中的财产权利"。而《民法典》第一千一百二十二条规定，遗产是自然人死亡时遗留的个人合法财产。依照法律规定或者根据其性质不得继承的遗产，不得继承。后者虽然没有以枚举的方式列明，但是"个人合法财产"实际上对于遗产的定义起到了扩充作用。同时，《著作权法》第十九条第一款规定：著作权属于公民的，公民死亡后，其作品的使用权和获得报酬权在本法规定的保护期内，依照继承法的规定转移。这一规定表明著作权属于公民的，公民死亡后，其享有的著作权中的财产权利在法律规定的保护期限内，可以由著作权人的合法继承人继承。

根据《著作权法》第十九条第二款的规定，著作权属于法人或者其他组织的，法人或者其他作者变更、终止后，其作品的使用权和获得报酬权在本法规定的保护期内，由承受其权利义务的法人或者其他组织享有。这里未提到作品的署名权、修改权及保护作品完整权问题。

最后是金融资产的传承。这里的金融资产包含银行理财产品、信托和股票以及现金存款。在考虑传承金融资产时，高净值人士应更多关注收益率、资产的保值增值等。

我们会发现一个现象，处于创造财富阶段时，高净值人士会更关注两个词：一个是报酬；另一个是风险——投资的风险或财务上的风险。总的来说，就是报酬率，关心的是自己能挣多少钱。但是，如果站在守富与传富的角度看，报酬率就不是问题了。

时间越短，你越会聚焦于报酬率；而时间拉长则需要考虑，现在你名下的财富10年后还是你的吗？10年后你想用就用得到吗？10年后你想将财富传给谁？你想交给谁，交得出去吗？你交的人愿意接，接得下吗？这中间有太多不确定因素，事实上，报酬率在其中的影响力反而越来越弱。在财富增长的过程中，很多问题慢慢浮现，你会发现这些问题在你创造财富的阶段是没有遇到过的，也没想过的。

综上所述，对于本案例中的冯先生，建议首先对资产进行梳理，然后按照不同资产转移时有可能出现的情况以及相关税费进行资产的优化，从而设定合理的传承方案。

🕐 精进时刻

不同类型资产面临的传承问题是什么？

_____

_____

_____

构造家族财富传承系统

根据马太效应，穷者愈穷，富者愈富。作为一个整体，社会上的有些人总是给人一种印象，他们的财富疯狂地积累着，然而，任何一个单个的财富家族，其拥有的财富都将会经历盛极而衰的过程。回顾中华几千年的历史，那些曾经富可敌国的家族，最终都湮灭于历史的长河之中。因此，对于任何一个特定的财富家族来说，一旦失去了持续创造新财富的能力，家族财富的积累与传承过程往往就会被不断出现的各种天灾人祸打断。

风险案例

康先生今年58岁，是一家新能源企业的老板。康太太56岁，是一家上市企业的中层管理人员。两人育有一儿一女，儿子今年31岁，已婚，并于前年给康家添了一个大胖小子。康先生有意让儿子接班，在儿子从美国的大学毕业回国之后，康先生便先后安排他进了银行和投行等机构工作，因此积累了不少金融相关工作经验，目前儿子在自家企业中担任中层管理者。女儿24岁，在美国读研究生，相对哥哥选择回国，妹妹更希望将来留在美国。目前，她在美国谈了一个男朋友，是一个在美国留学的澳大利亚籍华裔留学生。

康母现年81岁，身体颇为硬朗，康父已逝。康先生有一个妹妹，现年50岁。妹妹与妹夫婚姻关系恶化，已经分居半年。康太太有两个弟弟，大弟弟50岁，在康先生企业帮忙，主管行政。小弟弟48岁，经营着一家物流企业。

　　康先生的企业总资产为10亿元左右，每年盈利3000万元，康先生持有公司股份61%。康先生涉足新能源行业较早，因为占据了一定的市场先机，企业发展状况较好，因此积累了不少财富。但近两年来行业竞争加剧，是创新还是转型？是向内控潜还是向外拓展？怎样才能让企业获得更好的发展？这些问题一直困扰着康先生。

　　康先生每年收入大概在1500万元，目前拥有现金资产2亿元，部分存在银行，部分投资于私募股权基金。家庭花销每年为500万元左右。如今年纪大了，康先生开始考虑家庭财富管理与传承的问题。康先生认为，挣的钱已经够这辈子花了，达到了富裕的层次，但是若想基业长青，也许还需要几代人的共同努力。看到很多朋友因为各种各样的风险，让自己的家族返贫或者陷入非常被动的境地，康先生希望能够有一个机制让自己的家族持续兴旺发达。

风险分析

　　事实上，康先生对于传承的想法非常具有代表性。中国有句古话叫作"君子之泽，五世而斩"。历史上有无数的案例说明，家族财富的传承对于财富的积累起着很重要的作用，传承一旦失败，往往会导致家族多年积累的巨额财富瓦解。那么，财富能否跨越时代，恒久传承？中国老话说"富不过三代"，苏格兰谚语说"父母买，子修建，孙儿卖，重孙街上当乞丐"，西班牙俚语说"酒店老板，儿子富人，孙子讨饭"，德国人则用创造、继承、毁灭来描述三代人的命运。在世界范围内，能够历经百年而不衰的财富家族凤毛麟角，由此可见，财富顺利实现百年传承是一件小概率事件。

　　我们可以根据以下数据[1]，一起探讨一下家族企业传承难的共性问题。在

---

① 金李，袁慰.中国式财富管理：不可不知的未来财富管理知识［M］.北京：中信出版社，2017。

美国，90%的企业由家族控制。英国最大的8000家企业中，76%是家族企业，创造英国70%的国民生产总值。法国最大的200家企业中，50%是家族企业。根据美国学者克林·盖尔西克的研究，世界上80%的企业属于家族企业，世界500强中40%由家族所有或经营。国外的研究资料也表明，家族企业中位寿命为25岁。美国布鲁克林家族企业学院的研究表明，70%的家族企业没有传到第二代，88%的家族企业没有传到第三代，只有3%的家族企业第四代仍然在经营。

根据《家族杂志》2004年6月的统计，只有不到30%的家族企业能存活到第二代，只有10%的家族企业能存活到第三代，只有4%的家族企业能存活到第四代。为什么家族企业在一代又一代的转型过程中会遇到这样的困难？因为，在家族或家族企业发展的道路上，会有各种各样的原因或风险导致企业传承失败。在财富管理的过程中，需要未雨绸缪，预防的风险包括：人身安全出现意外、家庭发生变故以及企业经营状况恶化。甚至有人戏称，家族顺利传承有六防：防儿媳、防女婿、防小三、防分家、防败家、防篡位。

针对东南亚以华人为主的国家的家族企业研究显示，华人家族企业上市公司（通常规模较大，比较规范，公司治理结构清晰，业绩良好）在第一代向第二代交棒的时候，其公司市值在5年内平均缩水六成左右。针对A股市场进行的类似研究表明，A股上市企业在经历传承时市值平均缩水四成以上。

比如海鑫钢铁，就是因为企业创始人遭遇意外，儿子仓促接班，最终企业经营不善导致破产；另一个是小马奔腾的案例，也是因为掌舵人李明突然离世，整个企业陷入失控的境地，亲人也陷入权力的纷争。这些都是典型的企业领头人出现人身风险从而导致企业传承困局的案例。另外，企业传承问题多集中在"传给谁"和"怎么传"这两个基本要素上。有一些企业还没走到传承这一步的时候就已经失败了，当传承被提上日程时，原生态的财富管理方式让很多企业创一代遭遇传承难题。

在整个传承过程中，为何要传承？传什么？传给谁？每个企业家的答案都是非常个性化的，因此在传承的形态上也会有非常大的差异。传长还是传贤？是分家还是保持家族财富的完整性？选用什么传承工具？各种工具如何搭配？捐赠、慈善等方式如何引入？海外成熟的经验如何本土化？以上问题，需要高净值人群运用大智慧去思考、去解决。

从对世界奢侈品家族的分析来看，有的品牌现在还在创立它的家族手里；有的家族只有品牌的所有权，品牌经营权则属于他人；有的品牌则完全脱离了原家族，与创立它的家族没有任何关系……这些都是典型的代表。比如香奈儿和迪奥，这两家企业的创始人都没有结婚，也没有子女，但是为什么企业品牌还能够传承到现在，而且都保留了当初确立时的品牌基因？再比如路易·威登（LV），这个品牌与LV家族已经没有任何关系了。在财富传承的过程中，会有很多分叉路口，让家族面临不同的抉择。

尽管如此，在国外，依然有很多家族在传承方面做得非常出色。比如美国的洛克菲勒家族，这个大家耳熟能详的家族从19世纪中叶到现在历经6代150余年，其间经历两次世界大战及诸多经济危机，依然屹立不倒，而且家族财富更是稳中有升，其资产遍布全球，并创立多家慈善机构。时至今日，这个家族仍继续运用其巨大的财富力量影响着世界。再比如法国的穆里耶兹家族，从1900年开始，经历4代、100多年，家族成员将近800人，其中有500多人持有家族企业的股份，这当中又有250人直接参与了家族企业的经营。而其家族企业则由若干独立运营的子公司组成，拥有数十万名员工，年营业额数百亿欧元，其中不乏欧尚集团、迪卡侬等世界级巨头。除此之外，还有意大利的安东尼家族，德国的罗斯柴尔德家族，美国的肯尼迪家族、杜邦家族和沃顿家族……这些百年家族的经验，值得中国的家族尤其是超高净值家族参考和借鉴。

成交攻略

说到企业的传承，我们不妨先来思考这样一个问题：企业家创建一家企业的目标究竟是什么？在吴晓波老师企投会"避免败局"的一次课上，吴老师把企业家做企业的心态分为3种：养娃、养猪和养马。养娃的心态，就是无限责任公司，与企业同生共死，砸也要砸自己手里；养猪的心态，简单来讲就是养肥了拿去卖，理性，只为经济利益，不存在很多感情的纠葛；养马的心态，既可以一路相依相伴，也可以许它一个美好的未来。

对于大部分中国的创一代而言，养娃的心态更为普遍。企业如同他们的孩子，凡事亲力亲为，他们与企业有很深厚的感情羁绊。当年岁渐长，不得不交班的时候，这些创一代还是希望企业能够得以顺利传承。然而我们看到的现实情况是，很多二代（包括儿子和女儿）或者不愿意接班，或者没有能力接班。

从财富管理的角度来看，我们也会发现，创业与守业不一样，创一代和二代在企业中的地位也不一样。创业一般要求有一个性格强势、做事果断的领导者，这样企业才能迅速、高效地发展，企业的元老们对创一代都是比较臣服的，而且经过多年的磨合，关系自然比较融洽。家族财富达到一定程度后，就应该守业了。古话说，"创业难守业更难"。"求快"相对容易，"求稳"其实更难，更何况"守业"的二代掌门人能力、资历、人际关系资源等与"创一代"都会有一些差距。

另外，假如孩子有移民身份，那么制造业等行业的家族企业，在没有外资限制的情况下，还需要考虑境外控股架构的设立，以保证将来股权能被顺利地转移至儿女手中，而不至于在创一代离世之后因为继承手续的问题而使企业面临风险。

事实上，家族企业的传承应该是一个系统工程，需要早做准备。中国人的平均寿命是77岁（2018年），而企业的寿命往往不会超过20岁，不管是东方还是西方，大多数企业家的生命周期是超过企业的生命周期的。如果有一天，企业的成长超越了创始人的成长，创始人如果不改变管理风格，很有可能成为企业的天花板，从而阻碍企业的发展。

当一家企业从零发展到一的时候，创始人起决定性的作用。当企业慢慢壮大后，后期逐渐需要职业经理人的介入。这两种身份其实是有很大冲突的。有人把企业家和职业经理人的关系比作油和水的关系。一家企业发展早期，企业的规章制度可以说是围绕创始人设计的，一般也是比较混乱的。而当企业发展步入正轨，引入职业经理人的时候，职业经理人往往会在混乱之中迷失方向。因为他所看到的并不是他所希望的。职业经理人带来秩序、结构和规则，需要为企业的转型做好准备。所以当企业家决定把钥匙交出来的时候，职业经理人会再次量体裁衣，裁出来衣服的样子很有可能是均码，让大多数人都能够穿上它。

企业在发展过程中，通常会经历不同的周期。伊查克·爱迪思（Ichak Adizes）是美国最有影响力的管理学家之一，是企业生命周期理论创立者和组织变革与组织治疗专家。他把企业生命周期分成了10个阶段，如图6-3所示。每个阶段发展的特点不一样，战略和组织形式都要进行相应的调整以适应企业的发展。

在家族企业的传承方面，我们建议康先生，首先要做好家族企业的治理。对于家族企业的管理规则，管理学泰斗彼得·德鲁克先生进行过相当精辟的总结，并写到了他的著作里。德鲁克认为，"家族企业管理"中的控制词不是"家族"，而必须是"生意"。在打理这个"生意"的过程中，有三条规则是必须特别注意和遵守的。

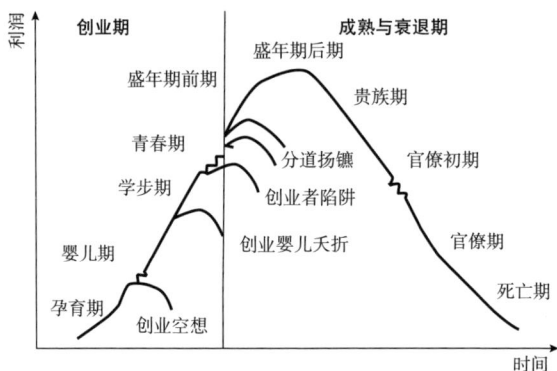

图6-3 企业生命周期的10个阶段

第一条规则：除非家庭成员至少和任何非家庭成员雇员一样能干，而且工作也至少同样努力，否则他们不会在公司里工作。在一次与中国读者的见面会中，爱迪思也提道："全世界的创业者，（在将企业）交给子女继承时，要问自己这样一个问题：如果按照正常途径招聘，你会将企业的某个职位交给自己的能力尚未达标的孩子吗？"

第二条规则：无论公司管理层有多少家庭成员，以及他们的效率如何，一个高职位总是由一个非家庭成员的局外人担任。这个职位要么是财务主管，要么是研究主管，这两个职位的技术资格是最重要的。

第三条规则：家族管理的企业（可能是最小的企业除外）越来越需要非家庭专业人员担任关键职位。无论在制造业，还是在市场营销、金融、研究、人力资源管理等领域，对知识的要求越来越高，除了最有能力的家庭，其他任何家庭都无法满足。

即使是忠实遵守这三条规则的家族管理企业，也会陷入困境，并可能因管理层的继承问题而分崩离析。"企业需要什么"和"家庭想要什么"，二者往往会发生冲突。只有一种解决方案，那就是将继承决定委托给既不是家庭成员也不是企业成员的外部人士。对此，德鲁克先生还给出了行动要点：了解家族企业的最高管理层，询问他们计划如何处理"进入下一代"的管理层继任问题。确定这些计划是由业务问题、家族问题驱动的，还是由二者的组合驱动的。

从国际经验来看，一个可行的办法就是传股权，运用家族信托架构，引入家族董事会机制，用职业经理人进行管理。家族信托的架构结合家族委员会或者家族董事会机制，是国内家族企业可以参考的一种治理机制。股权结构的合理安排和聘任优秀的职业经理人，是企业成功传承的前两大重要因素。其中，合理的股权结构能制衡各方利益，保障公司重大战略的高效制定，是公司平稳发展的基石；优秀的职业经理人拥有较强的管理能力和执行力，可推动股东决策的顺利落地，同时不易受制于家族内部利益。创一代应该在企业进入平稳发展期后，逐步引入这些机制，这样可以使家族企业由一个人的独裁变成家族成员的共同治理，通过"法治"代替"人治"，完善家族的利益分配和激励机制。这样的机制设计有以下几个好处。

第一，降低企业对创始人的依赖程度，可以防止因企业创始人突然离世造成企业经营混乱。同时，因为董事会相对稳定，可以很好地传承企业的管理和文化。

第二，二代掌门人接班初期完全可以依赖董事会进行工作，这样对其个人能力要求不那么高，能够有效降低二代接班的难度。

第三，通过权力制衡，防止二代独断专行，导致家族企业经营失败，也可以防止二代挥霍家族资产。

第四，家族成员利益分配相对确定，激励机制相对完整。这样可以减少家族成员之间的利益冲突，降低内耗，同时也能激励家族内有能力的成员努力工作。

第五，当家族内部人才比较缺乏时，也方便引入和管理有能力的职业经理人。当然，职业经理人的道德风险也是必须予以考虑的，国内职业经理人治理企业的环境还不成熟，如果后代不接班，又没有绝对可靠的职业经理人，那么将来企业大股东利益受损甚至企业经营失败的风险都是比较大的，因此，如果没有足够把握，其实将企业在很好的情况下高价出售也是一个不错的选择。

此外，我们不能照搬境外的成功经验，毕竟家族基金会或家族信托不是灵丹妙药，而家族财富传承是系统工程。事实上，在这样一个系统工程中，大额保单也许只是特别小的规划部分，所起到的作用也比较有限。然而，正如高楼大厦是由小小的钢材、水泥、砂料、石材等建成的，这一个个小小的细节方案也构成了一个个家族的综合传承方案。传承不是继承，家族财富在下一代手中的分割和分配不是传承。家族财富传承要兼顾物质财富和精神财富的传承，要重视家业的传承甚于家族财富在家庭成员之间的分配和传递，只有把家业传承下去并使其继续繁荣，家族财富才有源头活水，绵延不绝，惠及子孙，家族才可能富过三代。同时，这对我国民营经济的持续、稳健发展也具有极其重要的作用。家业在，人心在，中国富裕家族的明天才会更美好，家族财富传承才不仅仅是梦想。

🕐 **精进时刻**

如何实现家族企业基业长青？

_____

_____

_____

后记：进攻或可试错，防守无法重来

历时一年多的时间，本书的写作任务终于完成了。其间几易其稿，不断地修改、调整创作思路，尤其是新的法律政策不断更新，《民法典》的通过与施行，司法解释的废旧立新，对本书的创作影响着实不小，其过程如同怀胎十月，实属不易。同样，一朝小生命诞生，则所有的不快、难受全都烟消云散，心生欢喜。在整个创作过程中，我经历了不少人和事，借后记与广大读者朋友们分享一下自己的一些感悟。

关于大额保单成交难

因书结缘，得以认识很多理财师朋友，不时有理财师朋友向我诉说自己在大额保单成交路上遇到的各种问题。2019年秋天，接到一位业务伙伴小楠的电话，她在移民咨询公司做了10多年，在移民业务方面是一把好手。近两年，因为移民业务的萎缩以及考虑照看小孩的问题，小楠转行进入保险行业。经过一段时间的职业重塑，她觉得自己准备充分，开始开发当年的移民客户。正好赶上4.025%预定利率的产品停售，全网热销，小楠希望给客户做些推荐。

然而在与客户进行了一些沟通之后，她遇到一些阻碍。客户问小楠：是购买国内的保险好还是境外的保险好？会不会有CRS的问题？现在想把一些资产做些提前传承该怎么做？小楠感觉这些问题超出了自己的认知范围，打电话向我求助。为了进一步了解信息，我也简单地问了几个问题：客户家里各成员的移民身份目前是什么状况？分别是什么国籍？父母可健在？客户的资产状况怎样？财富来源是什么？都是什么类型的资产？放在哪里？在谁的名下？除了客户的移民身份，小楠表示对其他信息都不是太了解。

原来，早些年移民咨询公司的作业模式是帮助客户顺利取得绿卡即可，并不会过多地关注客户整体资产状况，更鲜少有从客户整体财富的角度全盘考虑移民前后资产的安排，因此关于客户的情况知之甚少。可想而知，这个客户离大额保单成交还有挺长的一段路要走。这就如同大夫不了解病情，根本没有办法开出对症的药方。于是，我对小楠说，让她继续跟进客户，保持沟通，同时更深入地了解客户信息。

关于"大额保单成交难"这个问题，小楠的案例并不是第一个，也不是最后一个。见过一些业务伙伴，入行多年，有很多大客户朋友，却只成交几万元的保单。除了生老病死残，不知道如何开口与高价值客户谈财富风险的话题，之前碰过一谈就失败的情况，索性就不谈了。还有些业务伙伴，学习了不少的产品知识，但是客户的问题一旦"超纲"，他就手足无措了。还有些业务伙伴向我吐槽，说自己一直崇尚专业精神，但是业绩并不理想，而隔壁团队那个看上去一点儿都不专业的大姐，频频出大单。究竟是自己不够努力，还是自己技不如人？为什么最后客户问完保险方案还是要回去找大姐？大额保单交易的本质究竟是什么？

大额保单销售中的供需连

在商业社会中，我们每天都在经历各种各样的交易。线上的、线下的，直播的，似乎没有交易，生活就寸步难行，保险也是众多交易中的一种。我们发现，不管哪种方式，成交都是销售过程的最终目标。那么，什么原因会让你决定从兜里掏钱购买一样东西？

经济学基本原理告诉我们，市场由供需两端组成，之所以能够成交，本质上是供需双方相互认同、相互匹配的一个状态。但有时我们会发现，用户其实并不太清楚自己到底需要什么，或者是不太了解有哪些东西能够满足自己的需求；而产品端有时则搞不清用户的需求，人性那么复杂，到底应该抓住哪个需求点呢？这时就催生了一个第三方，即连接端。

连接端负责什么，就是在供需两端架起一座桥梁，特别是让需求方更能理解自己到底需要什么。连接端可能是线上的App，可能是李佳琦这样的主播，也可能是经纪人或代理人。供给、需求、连接三者是实现成交的关键因素。用户对自己的需求越清楚，对于相关的产品越理解，对于连接的方式越认同，成交也就水到渠成。

供需连模型是现代商业社会很重要的一个思维模型，保险行业也一样，要推动大额保单成交，保险从业人员也要思考保险背后的供需连。只不过在做保险营销的供需连模型时，保险行业又有其特殊性。保险本身是一个看不见的商品，无法试用，保险销售又涉及很多专业知识，相对其他商品来说，保险的购买更是一个冷决策。李佳琦的口红涂上去立刻就能看到效果，保险产品不能说先试试看。因此，保险营销人员在供需之间的连接显得尤为重要。

保险这个行业之所以能够存在和发展，根本原因在于它解决了最基本的人类对安全的需求：损失补偿，转移风险。保险公司通过精算确定费率，客户以一定的价格购买一张保单，让他的未来风险能够被转移，双方因此成交。

但是，现实的情况往往比这要复杂得多，随着人们消费习惯的变化和产品供给的变化，我们发现用户的需求层次也变得越来越丰富，除了刚性需求，还延伸出除基本需求之外更多的隐性需求。高端用户，不仅需要精确的转移风险，还要追求极致的性价比，更渴望成交前充分的情感沟通，以及始终专业的保险服务。而仅仅有供给端的产品，显然不能充分解决这些问题，所以就需要专家团队，为用户和产品架起可以信赖的桥梁。

一场长期主义的战役

作为保险代理人、经纪人、财富顾问，我们可以通过专业的手段，挖掘和引导用户的风险管理需求；可以利用人工智能技术设计最完善的保险方案；可以通过专业化的服务，解决用户的后顾之忧；甚至通过充满温度的聆听与沟通，满足用户更高层次的情感需求，建立牢固的信任关系……对于供需连的问题，我们理解得越深刻，就越容易在供需之间实现平衡，也就越容易促成保险交易。然而，回过头来，我们会发现，懂得了很多的道理，还是过不好这一生。学了很多的知识，还是卖不好保险。

在与客户沟通时，我们经常会陷入一个误区，想当然地把我们认为最好的东西一股脑儿介绍给客户，但是客户未必欣然接受。"是我们觉得更重要，还是客户觉得更重要？"如何让客户同频，最后达成共识，这是我们需要提升的另外一个技能：如何与客户不带产品地聊天。那么，"不说产品，我还能说些什么""聊风险聊需求"。我还不会聊，怎么办？基于这个需求，笔者在2019年整理了一个需求分析体系，将需求分为6个模块共36个需求风险点，分别是人身风险、品质生活、婚姻财富、家企隔离、税务安排、财富传承，并录制了网课《大额保单的36个需求分析》，供理财师朋友们参考与客户交流的话题。

需求挖掘之后，就是供给的问题了。我们需要对自己的产品足够了解，而大额保单的销售并不仅仅是保险产品单兵作战，经常需要结合其他诸如法律工具、家族信托、家族基金会等工具为客户制订方案。这就需要我们多方了解和学习，不仅要学习金融相关的知识，还需要跨界了解法律、税务甚至医学等知识。

我们可以通过KYC+KYP，逐渐完善财富管理行业知识与技能体系的拼图。大额保单的成交，注定是长期主义的学习和经验的积累。不同的人在理解用户和理解产品的能力上存在巨大差异。这也是逐渐认知自我（Know

Yourself，KYS）的一个过程。真正理解用户需求、理解产品特点的人，真正了解自己，才能成为架设起供需两端的桥梁。

组合式创新

2013年至今，笔者组织过多场财富管理行业的沙龙，因此结缘了不同细分领域的理财师，也有机会与大家进行交流。笔者发现，不同领域的理财师对于财富的保值增值和保全传承有着不同甚至截然相反的看法。

例如，偏投资型的理财师就会说"你们天天说保全传承，还不是为了骗客户买保险，投资回报那么低，我才不让客户投呢。保险这东西，我只认消费型定期寿险、定期重大疾病保险，终身型的保险完全没有必要，年金险更是扯淡。"在与资管行业的朋友聊天时，他们也曾与笔者辩论过类似的观点："大额年金在我看来完全没有必要，我们采用'家族信托+资管'的方式可以完美解决客户生活现金流和传承的问题，收益比保险好太多了。"

而专注保障和传承的理财师经常遇到投资就发怵，更多的时候是从投资有风险、黑天鹅事件等角度告诫客户。见过一些极端的人，他们认为天下只有保险独好。其实，我们自己心里很清楚，在建议客户在做资产配置时，保险只占10%～20%。事实上，我们并不是非此即彼的对立面，而是一个系统内的有机组合。不同阵营的人完全没有必要针锋相对，多一些沟通和了解，多一些设身处地的思考，才能营造更好的市场环境，从而更好地推动这个行业的良性发展。

其实，当我们要解决一个问题时，"简一化"反而是最好的思维模型。第一性原理就给我们提供了这样的思考方式，它的关键在于把事情拆解到基本要素，找到那个"一"。财富管理看似纷繁复杂，其实就是在做一件事情，帮客户管理好财富，归总起来无非就是财富的创、守、享、创，这些细分之间可以有很多的组合式创新。在合规的基础上，通过拆解基本要素，并把基本要素重新组合，从而寻找更好的解决方案。

关于行业价值的重塑

似乎每一年的年关都比较难过，某一年春节过年之前，我就接到一个朋友的电话，语气非常焦急。原来这位朋友是《大额保单操作实务》的读者，因为父亲企业的贷款到期，他隐约感到家族财富存在一些风险，于是从网上找到我的电话，致电给我。

电话接通以后，他大概介绍了当时家族财富面临的问题和心中的担忧。原来，这位朋友家里是做传统制造业的，在银行有数额不菲的贷款。因为信用联保诱发的一系列债务问题，包括担保协议的签署等，客户非常担心家庭的资产会被贷款吞噬，所以特地给我致电。通过后来的沟通，我为这位客户提供了一些解决问题的思路及专业意见。因为客观现实需要先行处理债务的问题，财富规划方面没有实际的落地。不过在此过程中的一些建议，缓解了客户的焦虑。

"我父亲是董事长和大股东，62岁了，辛辛苦苦一辈子也就那么点存款，一心扑在工作上，对风险都没有注意防范，作为儿子对一些新的知识吸收较快，想着能想到一些方法可以对这些财产做好保护。"

"如果可以早一点接触到像你们这样的专业人士，遇到问题的时候可以在身边提个醒，给个建议，或许我们家现在面对的情况不会这么被动。"

我当时看到这样的文字，内心十分感动，一方面因为儿子对于父亲的情感；另一方面体会到了作为理财师的职业价值，理财师是可以成为值得别人信赖的伙伴的。

"007"①是保险从业人员的行业价值吗？也许是，但是绝对不符合想走

---

① 罗振宇在2020年12月31日《时间的朋友》直播过程中，声称保险业务员要做客户的"007"，随时待命，在保险圈引起了很大的争议。

专业道路的保险理财师的职业价值观。

中国的财富管理行业方兴未艾，在各个行业中，以保险从业人员人数最多。截至2020年年底，全国保险公司共有个人保险代理人900万人左右。2020年前三季度，全国个人保险代理人渠道实现保费收入1.8万亿元，占保费总收入的48.1%。各项政策纷纷出台，独立理财师、家族办公室，各个领域的不断研讨，都给了我们新的机会，如何给时光以价值，重塑职业的价值，浇铸行业的勋章，需要你我一步一个脚印地走出来。

结语

以上这些片段或故事，给我的触动非常大。在与广大读者朋友及客户朋友们交流的过程中，我发现，尽管我们会做这样那样的安排，但是现实中依然经常会上演"家庭财富败局"的戏码。作为财富管理人员，我一直希望能够通过自己的专业帮助财富家庭实现财务的健康与安全，破解这些"财富小败局"。

有人说：选择了理财/财富管理行业就等于选择了终身学习。通过自己的亲身体验，我认为确实如此！"奴徒工匠师家圣"，不敢言师，唯有以"徒"的心态，以"匠"的精神不断打磨自己的专业技能，以微不足道之力传播财富正能量，帮助更多的家庭破解"财富小败局"。时间仓促，本书还有很多不足之处，望海涵。再次感谢在写作过程中帮助过我的朋友，感谢一路相随的读者小伙伴。

曾祥霞

2020年12月30日

参考文献

[1] 吴晓波.大败局[M].杭州：浙江人民出版社，2013.

[2] 彼得·德鲁克.创新与企业家精神[M].蔡文燕，译.北京：机械工业出版社，2007.

[3] 伊查克·爱迪思.企业生命周期[M].王玥，译.北京：中国人民大学出版社，2017.

[4] 金李，袁慰，等.中国式财富管理：不可不知的未来财富管理知识[M].北京：中信出版社，2017.

[5] 曾祥霞，贾明军，刘长坤，陈云.大额保单操作实务[M].北京：法律出版社，2017.

[6] 乔尔 L 弗雷施曼，丁斯科特·科勒，史蒂文·辛德勒.基金会案例：美国的秘密[M].北京师范大学社会发展与公共政策学院社会公益研究中心，译.上海：上海财经大学出版社，2013.

[7] 李泳昕，曾祥霞.中国式慈善基金会[M].北京：中信出版社，2019.

[8] 华杉.华杉讲透孙子兵法[M].南京：江苏文艺出版社，2015.